RUSSISCH

für den Maschinenbau

Lehrmaterial
für die Sprachkundigenausbildung
Stufe II b

VEB Verlag Enzyklopädie
Leipzig

Als Lehrbuch für die Ausbildung an Universitäten und Hochschulen der DDR anerkannt.

Berlin, März 1987   Minister für Hoch- und Fachschulwesen

Autorenkollektiv:

Prof. Dr. Gerhard Fischer,	Technische Hochschule Karl-Marx-Stadt, Sektion Fremdsprachen — federführender Autor —;
Dr. Karl Forner,	Technische Hochschule Karl-Marx-Stadt;
Eva Lipatow,	Technische Hochschule Karl-Marx-Stadt;
Helga Gumpert,	Technische Hochschule Karl-Marx-Stadt;
Anneliese Schindler,	Technische Hochschule Karl-Marx-Stadt;
Dr. Ursula Weber,	Technische Hochschule Karl-Marx-Stadt;
Ludmila Heckendorff,	Technische Hochschule Karl-Marx-Stadt;
Irina Dickomey,	Technische Hochschule Karl-Marx-Stadt

Tonbänder, Dias sowie ein Lehrerbeiheft zu diesem Lehrbuch werden vom Institut für Film, Bild und Ton, Krausenstraße 9—10, Berlin, DDR - 1080, herausgegeben und vertrieben.
(Bestellnummern: MBH 338, HR 389)

Russisch für den Maschinenbau : Lehrmaterial für d. Sprachkundigenausbildung Stufe II b. — 6., unveränd. Aufl. — Leipzig : Verlag Enzyklopädie, 1988. — 268 S. : Ill.

ISBN 3-324-00082-3

ISBN 3-324-00082-3

6., unveränderte Auflage
© VEB Verlag Enzyklopädie Leipzig, 1988
Verlagslizenz Nr. 434-130/188/88
Printed in the German Democratic Republic
Grundschrift: Extended
Gesamtherstellung: IV/2/14 VEB Druckerei „Gottfried Wilhelm Leibniz",
4450 Gräfenhainichen · 6840
Einbandgestaltung: Rolf Kunze
LSV 0854
Best.-Nr.: 576 437 0
01200

Vorwort

Das Lehrmaterial ist vor allem für die fachsprachliche Ausbildung von Studenten der Fachrichtungen des Maschinenbaus in der russischen Sprache gedacht. Auswahl und Reihenfolge der Themen sind deshalb auf die entsprechenden Grundstudienpläne abgestimmt. Für die Gestaltung war das „Modell der Sprachkundigenausbildung der DDR, Stufe II b" richtungweisend. Es ist das Ziel gestellt, vor allem die Lese- und Übersetzungsfähigkeit zu entwickeln. Das kann jedoch nicht ohne die gleichzeitige Schulung des Hörens und Sprechens erfolgen. Aus diesem Grunde ist für die Wortschatzeinführung die audio-visuelle Methode gewählt.

Die dargebotenen Wortschätze haben grundlegende Bedeutung für Themen, die charakteristisch für den Maschinenbau sind, gleichzeitig aber den wissenschaftlich-technischen Fortschritt in der allgemeinen sprachlichen Kommunikation widerspiegeln. Bei der Bereitstellung des Wortschatzes wurde keine vollständige oder systematische Übersicht im Sinne der technischen Wissenschaften angestrebt. Auch sind Sätze bzw. Kontexte, mit denen das neue Sprachmaterial eingeführt wird (Sequenz A), keine Definitionen, die den Ansprüchen auf Vollständigkeit für das jeweilige Fachgebiet standhalten. Es geht vielmehr darum, typische Lexik in typischen Verknüpfungen vorzuführen, um eine Grundlage für die Einprägung, Festigung und Anwendung zu schaffen.

Die Gegenüberstellung der Sätze bzw. Kontexte in russischer Sprache mit den Entsprechungen in deutscher Sprache sind nicht als Übersetzungen anzusehen, sondern als Semantisierungshilfen. Deshalb wurde auf die Einhaltung stilistischer Normen der deutschen Sprache verzichtet, wenn Wortfolge oder Grundbedeutungen in der russischen Sprache verdeutlicht werden sollten.

Die Grammatik ist in Schwerpunkten behandelt (Sequenz B), deren Auswahl durch Erfahrungen in der fachsprachlichen Ausbildung bestimmt ist. Die Übungen sind in präkommunikative (Sequenz A, B) und kommunikative (Sequenz C, D) unterteilt und führen auf der letzten Stufe an die Sprachpraxis heran.

Der Programmkomplex 0 soll dazu dienen, die Studierenden mit der Arbeit in einem audio-visuellen Fremdsprachenkabinett vertraut zu machen und auf die Hörschulung zu orientieren. Deshalb stützt er sich auf eine Thematik, die von der Schule her bekannt ist. Man kann das Lehrmaterial aber auch ohne technische Unterrichtsmittel einsetzen. In diesem Fall kann auf den Programmkomplex 0 verzichtet werden.

In den Programmkomplexen ist mit fortschreitender Numerierung in den Sequenzen D dem Übersetzen und Lesen ein immer größerer Platz eingeräumt worden. Damit wird dem Hauptziel der Ausbildung entsprochen.

Vorwort

Die nichtprogrammierten Sequenzen D eignen sich für den Kontaktunterricht. So ist im Material der Ansatz für Unterrichtsmittelkomplexe geschaffen, die nach den Gegebenheiten ergänzt werden können.
Da sich in den fachspezifischen Komplexen — z. B. in PK 7 und 8 — die thematische Vielfalt vergrößert, sind sie etwas weiter ausgebaut worden, um Lehrenden und Lernenden die Möglichkeit zur Auswahl und Akzentuierung zu geben.
Die Komplexe 10—12 sind nicht programmiert, weil so ermöglicht werden soll, sie nach den Anforderungen bestimmter Fachrichtungen auch eher zu behandeln. Aus diesem Grunde ist ihre Lexik so kommentiert, daß sie an die ersten Programmkomplexe anschließt.
Die Wortliste erfaßt den im Lehrmaterial verwendeten Wortschatz und enthält Hinweise, in welchen Komplexen er zum ersten Mal auftritt. Nicht aufgenommen wurden die Internationalismen, die in Ausgangs- und Zielsprache mit gleicher Bedeutung verwendet werden.

Bedeutung der Symbole:

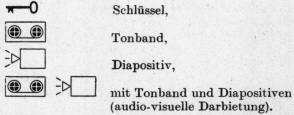

Schlüssel,

Tonband,

Diapositiv,

mit Tonband und Diapositiven (audio-visuelle Darbietung).

Methodische Hinweise zur Arbeit mit dem vorliegenden Material sind in einem Beiheft zum audio-visuellen Teil gegeben, der vom Institut für Film, Bild und Ton produziert wurde.

Die Verfasser danken zahlreichen Fachkollegen für Ratschläge bei der linguistischen Gestaltung, an erster Stelle Doz. Dr. Baumann und Doz. Dr. Gründler, besonders auch Dr.-Ing. Börner, Dr.-Ing. Gumpert, Dr.-Ing. Herfurth, Dr.-Ing. Matthes, Dr.-Ing. Pfeiffer, Dr.-Ing. Riedel, Dr.-Ing. Ziegert, Dipl.-Ing. Mattmüller, Dipl.-Ing. Riedel, Dipl.-Ing. Swetlana Richter und Dipl.-Ing. Christa Schneider für wertvolle Hinweise zur Sicherung der Wissenschaftlichkeit bei der Darstellung technischer Sachverhalte.

Die Autoren

Inhaltsverzeichnis

0.1.	Thema: Советский Союз Zur Aussprache im Russischen	7
0.2.	Thema: Полезные ископаемые СССР Zum Sprechtempo	10
0.3.	Thema: Машиностроение в СССР Die Satzintonation im Russischen	13
1.1.	Thema: Народное хозяйство Der erweiterte einfache Satz (Subjekt- und Prädikatsgruppe) . .	17
1.2.	Thema: Народное хозяйство (2) Die Formen des Prädikats Synonyme für „sein", „darstellen"	20
1.3.	Thema: СЭВ Das Prädikat in aktiver und passiver Form	24
2.1.	Thema: Электрическое поле Das kongruierende Attribut	36
2.2.	Thema: Электрическая цепь Das Genitivattribut	40
2.3.	Thema: Электронные приборы Das Genitivattribut (2)	45
3.1.	Thema: Статика Die Partizipialkonstruktion	52
3.2.	Thema: Статика (2) Die Partizipialkonstruktion (2)	55
3.3.	Thema: Динамика Die Partizipialkonstruktion (3)	58
4.1.	Thema: Материалы Die Komparation der Adjektive	66
4.2.	Thema: Свойства металлов Die Komparation der Adverbien	71
4.3.	Thema: Термическая обработка Möglichkeiten der Komparation bei prädikativem Gebrauch . .	77
5.1.	Thema: Виды соединений деталей машин Das Relativpronomen „который"	88
5.2.	Thema: Оси, валы и их опоры Nachgestelltes „который"	91
5.3.	Thema: Передачи Das Relativpronomen „который" (2)	95
6.1.	Thema: Сварка Die Präpositionen „по, в, на, при"	103
6.2.	Thema: Автоматическая сварка под флюсом Die Präpositionen „по, в, на, при" (2)	106
6.3.	Thema: Пайка Die Präpositionen „по, в, на, при" (3)	110

Inhaltsverzeichnis

7.1.	Thema: Литейное производство Die Adverbialpartizipien	118
7.2.	Thema: Обработка давлением' Die Adverbialpartizipien (2)	129
7.3.	Thema: Обработка резанием Die Adverbialpartizipien (3)	139
8.1.	Thema: Размеры, отклонения и допуски Wiederholung der Partizipien	149
8.2.	Thema: Посадки Wiederholung der Partizipialkonstruktion	156
8.3.	Thema: Средства измерения Wiederholung der Partizipien (2)	162
9.1.	Thema: Автоматизация производственных процессов Der Passivsatz	176
9.2.	Thema: Типы автоматизированного оборудования Die Partizipialkonstruktion mit erweitertem Attribut	181
9.3.	Thema: Автоматы Die Konjunktionen „если", „чтобы" und das Adverbialpartizip auf „-я".	185
10.	Thema: Термодинамика	195
10.1.	Thema: Введение в термодинамику	195
10.2.	Thema: Основные понятия термодинамики	198
11.	Thema: Тепловые двигатели	201
11.1.	Thema: Двигатели внутреннего сгорания	201
11.2.	Thema: Газовые турбины	204
12.	Thema: Насосы и компрессоры	208
12.1.	Thema: Классификация и области применения насосов	208
12.2.	Thema: Насосы вытеснения	210

Schlüssel (zu den PK 1—9) 214

Anhang

Größenvorsätze und Maßeinheiten 234
Verzeichnis des Wortschatzes (russisch-deutsch) 236
Abkürzungsverzeichnis 266
Quellenverzeichnis 267

PK 0 · PA 1 · SQ A

LE 0 Wortschatz zur Wiederholung:

знать — wissen, kennen; се́вер — Norden; юг — Süden; восто́к — Osten; за́пад — Westen; Ледови́тый океа́н — Eismeer; Ти́хий океа́н — Stiller Ozean; пе́рвый — erster; социалисти́ческий — sozialistisch; госуда́рство — Staat; основа́тель — Gründer, Schöpfer; мир — Welt, Frieden; грани́ца — Grenze; необходи́мый — notwendig, unentbehrlich; наро́дное хозя́йство — Volkswirtschaft; са́мый большо́й — größter; кру́пный — groß, bedeutend; райо́н — Bezirk, Gebiet; яви́ться/явля́ться — sein; огро́мный — riesig, gewaltig; нау́ка — Wissenschaft; се́рдце — Herz; го́род-геро́й — Heldenstadt

LE 1 Neue Lexik:

поле́зные ископа́емые	Bodenschätze
подраздели́ть/подразделя́ть на что	einteilen
име́ть	besitzen, haben
име́ться	vorhanden sein
име́ется, име́ются	es gibt

LE 2 Schauen Sie auf das Bild, hören Sie den Satz, sehen Sie den Satz, vergleichen Sie mit dem deutschen Satz, hören Sie den Satz noch einmal und wiederholen Sie:

1. СССР — самое большое государство мира. — Die UdSSR ist der größte Staat der Welt. 2. На севере — Ледовитый океан. — Im Norden ist das Eismeer. 3. На юге — горные районы. — Im Süden sind Gebirgsgegenden. 4. На востоке — Тихий океан. — Im Osten ist der Stille Ozean. 5. Брест — город-герой на западной границе СССР — Brest, die Heldenstadt an der Westgrenze der UdSSR 6. Ленин — основатель первого в мире социалистического государства. — Lenin ist der Gründer des ersten sozialistischen Staates der Welt. 7. Столица СССР — Москва, огромный многомиллионный город. — Die Hauptstadt der UdSSR ist Moskau, eine riesige Millionenstadt. 8. Красная площадь — сердце Москвы. — Der Rote Platz ist das Herz Moskaus. 9. Московский Государственный университет — центр науки и культуры СССР. — Die Moskauer Staatliche Universität ist ein Zentrum der Wissenschaft und

Kultur der UdSSR. 10. Это промышленные центры СССР. — Das sind die Industriezentren der UdSSR. 11. Это карта полезных ископаемых Советского Союза. — Das ist die Karte der Bodenschätze der Sowjetunion. 12. Полезные ископаемые необходимы для народного хозяйства. — Bodenschätze sind für die Volkswirtschaft unentbehrlich. 13. Полезные ископаемые подразделяются на металлические, неметаллические и горючие. — Die Bodenschätze werden in metallische, nichtmetallische und Brennstoffe eingeteilt.

LE 3   Übersetzen Sie:

1. СССР является самым большим государством мира. 2. СССР имеет крупное народное хозяйство. 3. В СССР имеется много полезных ископаемых. 4. Ископаемые подразделяются на металлические, неметаллические и горючие. 5. Ископаемые необходимы для народного хозяйства. 6. СССР первое в мире социалистическое государство. 7. Москва — самый большой город СССР. 8. Сердце Москвы — это Красная площадь. 9. Московский Государственный университет является центром науки и культуры.

LE 4   Neue Wörter mit bekannten Elementen:

1. гор/á — Berg, гóр/ный — Gebirgs-, Berg-
2. гор/éть — brennen, гор/ю́чий — brennbar
3. промы́шл/енность — Industrie, промы́шл/енный — Industrie-

LE 5   Internationalismen:

центр; культýра; металли́ческий; неметалли́ческий; многомиллио́нный

PK 0 · PA 1 · SQ B

LE 1   Zur Aussprache im Russischen

Die wichtigsten Eigenarten der gesprochenen russischen Sprache zeigen sich bei der Unterscheidung harter und weicher Konsonanten (Erweichung: Palatalisation), der Verbindung von Lauten und Wörtern (Assimilation)

und vor allem in der veränderten Aussprache der unbetonten Vokale (Reduktion), im Sprechtempo und in der Satzintonation.
Es ist deshalb notwendig, sich beim Abhören der Tonbandtexte auf diese Merkmale einzustellen. Durch bewußtes Hören kann man das Verstehen und das Sprechen ständig verbessern.

LE 2   Zur Reduktion

Sind Vokale nicht betont, werden sie kürzer ausgesprochen und erhalten dabei eine andere Klangfarbe, z. B. он — она́, дом — дома́.

LE 3   **Hören Sie und sprechen Sie nach! Beachten Sie die Aussprache der nichtbetonten Vokale „o" und „e":**

большо́й, госуда́рство, моря́, хозя́йство, поле́зный, ископа́емые, горю́чий
СССР — большое государство; моря Ледовитого океана; восточная граница; развитие народного хозяйства; на севере территории

PK 0 · PA 1 · SQ C

LE 1   Hören Sie folgende Sätze und beachten Sie die Aussprache der nichtbetonten Vokale „e, o"! Wiederholen Sie die Sätze! Vergleichen Sie Ihre Aussprache mit der richtigen! Hören Sie die Sätze noch einmal:

1. СССР является самым большим государством мира. 2. СССР имеет много полезных ископаемых. 3. Полезные ископаемые подразделяются на металлические, неметаллические и горючие.

0.1.

LE 2 🞊 🞊 Hören Sie den Text und beachten Sie dabei die Aussprache! Lesen Sie den Text laut! Vergleichen Sie Ihre Aussprache mit der richtigen!
Hören Sie den Text noch einmal:

Советский Союз — самое большое государство мира. На севере — моря Северного Ледовитого океана, на юге — горы. В СССР много полезных ископаемых. Они необходимы для развития народного хозяйства. Полезные ископаемые подразделяются на металлические, неметаллические и горючие.

PK 0 · PA 2 · SQ A

LE 0   Wortschatz zur Wiederholung:

строительство — Aufbau; главный — Haupt-; время — Zeit; настоящее время — Gegenwart; мировой — Welt-; условие — Bedingung; развитие — Entwicklung; водить *unbest.*, вести *best.* — führen, durchführen, betreiben; провести/проводить — durchführen; железо — Eisen; важный — wichtig; значение — Bedeutung; находиться — sich befinden

LE 1 🞊 🞊   Neue Lexik:

природный	Natur-
природный газ	Erdgas
доля	Anteil
запасы	Vorräte
месторождение	Lagerstätte
разведка	Erkundung
добыча	Gewinnung
представлять собой кого/что	sein
планомерный	planmäßig
размещение	Verteilung
редкий	selten
руда	Erz
отрасль	Industriezweig
производительная сила	Produktivkraft
чёрная металлургия	Eisenhüttenindustrie

LE 2 🔘🔘 ⊳▯ Schauen Sie auf das Bild, hören Sie den Satz, sehen Sie den Satz, vergleichen Sie mit dem deutschen Satz, hören Sie den Satz noch einmal und wiederholen Sie:

1. Хром, никель, цинк, алюминий — это металлические полезные ископаемые. — Chrom, Nickel, Zink, Aluminium (— das) sind metallische Bodenschätze (Metalle). 2. Горючие полезные ископаемые — это торф и природный газ. — Brennstoffe (— das) sind Torf und Erdgas. 3. Строительные материалы являются неметаллическими полезными ископаемыми. — Baustoffe sind nichtmetallische Bodenschätze. 4. Более 40% мировых железнорудных запасов приходится на долю СССР. — Mehr als 40% der Eisenerzvorräte der Welt entfallen auf die UdSSR. 5. За годы социалистического строительства проведена огромная работа по разведке месторождений полезных ископаемых. — In den Jahren des sozialistischen Aufbaus wurde eine gewaltige Arbeit zur Erkundung der Lagerstätten von Bodenschätzen durchgeführt. 6. Чёрная металлургия СССР представляет собой важную отрасль народного хозяйства. — Die Eisenhüttenindustrie der UdSSR ist ein wichtiger Zweig der Volkswirtschaft. 7. В настоящее время добыча руды развивается. — In der Gegenwart entwickelt sich die Gewinnung von Eisenerz. 8. Добыча руды ведётся во всех экономических районах. — Die Erzgewinnung wird in allen Wirtschaftsgebieten betrieben. 9. Развитие чёрной металлургии важно. — Die Entwicklung der Eisenhüttenindustrie ist wichtig. 10. Важное условие — планомерное размещение производительных сил. — Eine wichtige Bedingung ist die planmäßige Verteilung der Produktivkräfte.

LE 3 Übersetzen Sie:

1. Полезные ископаемые имеют большое значение для развития народного хозяйства. 2. За годы социалистического строительства проведены большие работы по разведке новых месторождений полезных ископаемых. 3. В настоящее время добыча железной руды ведётся во многих районах СССР. 4. Развитие чёрной металлургии является важным условием построения социализма.

LE 4 🔘🔘 Neue Wörter mit bekannten Elementen:

1. приходи́ть — kommen, приходи́ть/ся на что — kommen, entfallen auf
2. да́ль/ше — weiter, даль/не́йший — weiterer
3. желе́з/о — Eisen, руд/а́ — Erz, желез/но/ру́д/ный — Eisenerz-

LE 5 🔊 **Internationalismen:**

ба́за — Basis, Grundlage; хром; цинк; ни́кель; алюми́ний; вольфра́м; молибде́н; торф; газ; экономи́ческий — Wirtschafts-, ökonomisch

PK 0 · PA 2 · SQ B

LE 1 🔊 **Zum Sprechtempo**

Im Russischen werden beim Sprechen und Lesen die Wörter im Satz miteinander verbunden. Das erweckt oft den Eindruck eines höheren Sprechtempos. Charakteristische Verbindungen entstehen u. a. aus der Verschmelzung von Präpositionen mit dem folgenden Wort:

окно́ — на_окно́ — на_окне́, како́й — на_како́м
моя́_кни́га, моя́_статья́
зна́ю — не_зна́ю — не_зна́ем
пя́тый, авто́бус; пя́тый_авто́бус
на_пя́том_авто́бусе, на_остано́вке_авто́буса
за_го́ды_социалисти́ческого_строи́тельства
во_всех_райо́нах, разви́тие_чёрной_металлу́ргии
в_Москве́, в_СССР, в_настоя́щее_вре́мя
в_стране́, в_це́нтре, в_хозя́йстве

LE 2 🔊 **Im russischen Aussagesatz wird die Stimme am Ende des Satzes gesenkt:**

1. Чёрная металлу́ргия — ва́жная о́трасль наро́дного хозя́йства. 2. Поле́зные ископа́емые име́ют большо́е значе́ние для разви́тия наро́дного хозя́йства. 3. В настоя́щее вре́мя добы́ча руды́ ведётся во всех кру́пных райо́нах страны́.

PK 0 · PA 2 · SQ C

LE 1 🔊 Hören Sie die Sätze, beachten Sie die Aussprache der nichtbetonten Vokale, der Endungen und die Verbindung der einzelnen Wörter im Satz! Hören und wiederholen Sie die Sätze! Vergleichen Sie die Aussprache! Hören Sie die Sätze noch einmal:

1. Горючие полезные ископаемые — это торф и природный газ. 2. Более 40% мировых железнорудных запасов приходится на долю СССР. 3. За годы социалистического строительства проведена огромная работа по разведке новых месторождений. 4. В настоящее время добыча руды ведется во всех районах.

LE 2 🔊 Hören Sie den Text! Beachten Sie die Aussprache und die Betonung im Aussagesatz! Lesen Sie den Text und vergleichen Sie die Aussprache! Hören Sie den Text noch einmal:

Полезные ископаемые имеют большое значение для развития народного хозяйства каждой страны. За годы социализма в Советском Союзе проведена большая работа по разведке новых месторождений полезных ископаемых. Более 40% мировых запасов железной руды находится на территории СССР. В настоящее время во всех крупных районах страны ведется добыча руды. Развитие черной металлургии является важным условием построения социализма.

PK 0 · PA 3 · SQ A

LE 0 Wortschatz zur Wiederholung:

промы́шленность — Industrie; веду́щий — führend; ра́ньше — früher; организова́ть — organisieren; произво́дство — Produktion; сло́жный — kompliziert; заво́д — Werk; тяжёлый — schwer, Schwer-; вы́полнить/выполня́ть — erfüllen; заня́ть/занима́ть — einnehmen; игра́ть — spielen; игра́ть роль — eine Rolle spielen

O.3. 14

LE 1 🔲 **Neue Lexik:**

располага́ть чем	verfügen über
вы́пустить/выпуска́ть	herstellen, ausstoßen
разнообра́зный	verschiedenartig
стано́к	Werkzeugmaschine
металлоре́жущий стано́к	spanende Werkzeugmaschine

LE 2 🔲 Schauen Sie auf das Bild, hören Sie den Satz, sehen Sie den Satz, vergleichen Sie mit dem deutschen Satz, hören Sie den Satz noch einmal und wiederholen Sie:

1. Основой народного хозяйства является тяжелая промышленность. — Die Basis der Volkswirtschaft ist die Schwerindustrie. 2. Важную роль в народном хозяйстве СССР играет металлообрабатывающая промышленность. — Eine wichtige Rolle in der Volkswirtschaft der UdSSR spielt die metallverarbeitende Industrie. 3. СССР располагает развитой машиностроительной и металлургической промышленностью. — Die UdSSR verfügt über eine entwickelte Maschinenbau- und Eisenhüttenindustrie. 4. Станкостроение является ведущей отраслью машиностроения. — Der Werkzeugmaschinenbau ist der führende Zweig des Maschinenbaus. 5. Раньше станкостроение было развито только в центральных районах страны. — Früher war der Maschinenbau nur in den zentralen Gebieten des Landes entwickelt. 6. Советское станкостроение выпускает сложные и разнообразные станки. — Der sowjetische Maschinenbau liefert komplizierte und verschiedenartige Werkzeugmaschinen. 7. Большое значение имеет производство металлорежущих станков. — Eine große Bedeutung besitzt die Produktion von spanenden Werkzeugmaschinen. 8. Станкостроительные заводы выполняют и перевыполняют свой план. — Die Werkzeugmaschinenbetriebe erfüllen und übererfüllen ihren Plan. 9. Производство металлорежущих станков занимает важное место. — Die Produktion von spanenden Werkzeugmaschinen nimmt einen wichtigen Platz ein.

LE 3 Übersetzen Sie:

1. Тяжелая промышленность является основой народного хозяйства каждой страны. 2. Машиностроительная и металлообрабатывающая промышленность играет важную роль в развитии народного хозяйства. 3. Ведущей отраслью машиностроения является станкостроение.

LE 4   🔊 Neue Wörter mit bekannten Elementen:

1. маши́н/а — Maschine, стро/е́ние — Bau, машин/о/стро/е́ние — Maschinenbau, машин/о/стро/и́тельный — Maschinenbau-
2. мета́лл — Metall, обраба́тыв/ать — bearbeiten, металл/о/обраба́тыв/ающий — metallbearbeitend
3. стано́к — Werkzeugmaschine, станко/строе́ние — Werkzeugmaschinenbau
4. выполня́ть — erfüllen, пере/выполня́ть — übererfüllen
5. разви́т/ие — Entwicklung, разви́т/ый — entwickelt

LE 5   🔊 Internationalismen:

экспорти́ровать

PK 0 · PA 3 · SQ B

Die Satzintonation im Russischen

LE 1   🔊 Beachten Sie die Aussprache und die Betonung der folgenden Sätze! Die sinngemäße Satzintonation läßt kleine Pausen an den Stellen entstehen, die durch Striche gekennzeichnet sind:

1. СССР распола́гает | разви́той машинострои́тельной промы́шленностью.
2. Большо́е значе́ние | име́ет произво́дство металлоре́жущих станко́в.
3. Ра́ньше | станкостроение бы́ло ра́звито | то́лько в центра́льных райо́нах страны́.

LE 2   🔊 Hören Sie folgende Sätze! Beachten Sie das Sprechtempo! Hören Sie die Sätze noch mal und wiederholen Sie die Sätze im gleichen Sprechtempo:

1. Сове́тское станкостроение | выпуска́ет сло́жные и разнообра́зные станки́. 2. Тяжёлая промы́шленность | явля́ется осно́вой | наро́дного

хозяйства каждой страны. 3. Ведущей отраслью машиностроения | является станкостроение. 4. Завод выполнил план | по производству металлорежущих станков.

РК 0 · РА 3 · SQ C

LE 1   ⊕ ⊕   Hören Sie den Text! Beachten Sie die Verbindung der einzelnen Wörter! Achten Sie auf die Betonung im Aussagesatz und auf das Sprechtempo! Hören Sie den Text noch einmal:

Металлургия и машиностроение — это важнейшие отрасли тяжелой промышленности. В СССР машиностроение высоко развито. Ведущей отраслью машиностроения является станкостроение.
В настоящее время станкостроение в СССР развивается быстрыми темпами. Советское станкостроение выпускает сложные и разнообразные станки. Эти станки экспортируются во многие страны мира. Важное место занимает производство металлорежущих станков.

LE 2   ⊕ ⊕   Hören Sie folgende Fragen! Achten Sie auf die Intonation des Fragesatzes! Die Stimme wird am Ende des Fragesatzes nicht gehoben:

1. На что подразделяются полезные ископаемые? 2. Сколько процентов мировых железнорудных запасов приходится на долю СССР? 3. Какая отрасль машиностроения является ведущей? 4. Какие станки выпускает советское станкостроение?

PK 1 · PA 1 · SQ A

LE 0   Wortschatz zur Wiederholung:

создáть/создавáть — schaffen; создáние — Schaffung; выполнéние — Erfüllung; предприя́тие — Betrieb; достúгнуть/достигáть — erreichen; продáть/продавáть — verkaufen; произвóдство — Produktion; получúть/получáть — erhalten; повы́сить/повышáть — erhöhen; стать/станови́ться — werden; существовáть — existieren, vorhanden sein; игрáть роль — eine Rolle spielen; другóй — anderer; крýпный — groß; большóй — groß; связь — Verbindung; óбщество — Gesellschaft; оснóва — Grundlage, Basis; трудя́щийся — Werktätiger; ведýщий — führend; успéшный erfolgreich; развúтие — Entwicklung; значéние — Bedeutung; промы́шленность — Industrie; станóк — Werkzeugmaschine

LE 1   Neue Lexik:

óтрасль	Zweig
объём	Umfang, Volumen
благосостоя́ние	Wohlstand
объединéние	Vereinigung
закóн	Gesetz
имéть	haben, besitzen
сырьё	Rohstoff, Rohstoffe
тóпливо	Brennstoff, Brennstoffe
текýщий	laufend
преимýщество	Vorzug, Vorteil
разлúчный	verschieden, unterschiedlich

LE 2   Schauen Sie auf das Bild, hören Sie den Satz, sehen Sie den Satz, vergleichen Sie mit dem deutschen Satz, hören Sie den Satz noch einmal und wiederholen Sie:

1. Произвóдство состои́т из разли́чных отраслéй. — Die Produktion besteht aus verschiedenen Zweigen. 2. Óтрасль имéет разли́чные фóрмы объединéний. — Ein Zweig hat verschiedene Formen von Vereinigungen. 3. Мéжду отрасля́ми существýют свя́зи. — Zwischen den Zweigen gibt es Verbindungen. 4. Объединéние состои́т из разли́чных предприя́тий. — Die Vereinigung besteht aus verschiedenen Betrieben. 5. Предприя́тие продаёт свою́ продýкцию. — Der Betrieb verkauft seine Pro-

dukte. 6. Предприятие получает различную продукцию. — Ein Betrieb erhält verschiedene Produkte. 7. Предприятие получает сырье и топливо и продает станки. — Der Betrieb erhält Rohstoffe und Brennstoffe und verkauft Werkzeugmaschinen. 8. Государственный план — основа производства. — Der Staatsplan ist die Grundlage der Produktion. 9. Пятилетний план — это государственный план. — Der Fünfjahrplan ist ein Staatsplan. 10. Перспективный план играет большую роль в планировании. — Der Perspektivplan spielt eine große Rolle bei der Planung. 11. Текущий план — это план для данного года. — Der laufende Plan ist der Plan für das jeweilige Jahr. 12. Планомерность — это один из законов социалистического общества. — Planmäßigkeit ist ein Gesetz der sozialistischen Gesellschaft.

LE 3 ⚙—O Übersetzen Sie:

1. Между отраслями, объединениями и предприятиями существуют связи. 2. Предприятия должны продавать свою продукцию. 3. Предприятия продают свою продукцию и за это получают станки, сырье и топливо. 4. Планомерное развитие народного хозяйства — это преимущество социалистического общества. 5. Трудящиеся реализуют государственный план. 6. Промышленная отрасль состоит из многих предприятий. 7. Развитие производства в социалистическом обществе повышает материальное благосостояние народа. 8. Предприятия реализуют план.

LE 4 ⊙⊙ Neue Wörter mit bekannten Elementen:

1. госуда́рств/о — Staat, госуда́рств/енный — Staats-, staatlich
2. пяти/ле́т/ка — Fünfjahrplan, пяти/ле́т/ний — Fünfjahr-
3. план — Plan, план/и́рование — Planung, пла́н/овый — Plan-, план/оме́рность — Planmäßigkeit
4. стоя́ть — stehen, со/стоя́ть из — bestehen aus, со/стоя́ть в чём — bestehen in
5. осно́в/а — Grundlage, основ/но́й — Grund-, Haupt-
6. у/вели́ч/ить — vergrößern, steigern, erhöhen; увелич/е́ние — Steigerung, Vergrößerung
7. да/ть — geben, да́/нный — gegeben
8. произво́д/ство — Produktion, производ/и́ть — produzieren

LE 5 ⊙⊙ Internationalismen:

перспекти́вный план; проду́кция — Produktion, Erzeugnisse; реализова́ть; акти́вность; ко́мплекс

PK 1 · PA 1 · SQ B

LE 1   Der erweiterte einfache Satz

Die syntaktische Struktur des erweiterten einfachen Satzes mit normaler russischer Wortfolge ohne nachdrückliche Hervorhebung eines bestimmten Satzgliedes:

    Subjektgruppe
    В наше время перспективный план

    Prädikatsgruppe
    играет большую роль в планировании.

Kern der Prädikatsgruppe	Ergänzungen
играет	большую роль (в планировании) в наше время

Перспективный план играет большую роль в наше время.
Перспективный план в наше время играет большую роль.
Перспективный план играет в наше время большую роль.

LE 2   Unterstreichen Sie in folgenden Sätzen die Prädikatsgruppe und übersetzen Sie:

1. Активность имеет большое значение. 2. Активность трудящихся имеет большое значение. 3. Активность трудящихся всегда имеет большое значение. 4. Предприятия продают свою продукцию. 5. Трудящиеся активно выполняют годовой план. 6. Объединение состоит из различных предприятий. 7. На практике перспективные и текущие планы играют большую роль.

LE 3   Übersetzen Sie die Sätze und unterstreichen Sie die Subjektgruppe:

1. План первого года по реализации промышленной продукции выполнен всеми заводами. 2. План по производству большинства важнейших видов промышленной продукции также выполнен. 3. Перевыполнение годового плана по увеличению общего объёма промышленного производства создаёт предпосылки для успешного выполнения заданий пятилетнего плана.

1.1.

KÜ ■—O Übersetzen Sie die Sätze und bestimmen Sie den Kern der Prädikatsgruppe:

1. Укрепление предприятий, создание объединений (комбинатов) имеют большое значение для нашей экономики. 2. На крупных предприятиях производят большую часть промышленной продукции. 3. Производственное объединение (комбинат) — это единый производственно-хозяйственный комплекс. 4. Эти объединения становятся основой промышленности. 5. Объединение в едином хозяйственном комплексе повышает уровень производства. 6. Эти объединения быстро и эффективно решают вопросы производства. 7. Объединения различных отраслей промышленности достигли больших успехов в работе.

PK 1 · PA 1 · SQ C

LE 1 ■—O ⦿⦿ Hören Sie den Text und geben Sie den Inhalt in deutscher Sprache wieder:

Социалистическое производство

Социалистическое производство состоит из многих различных отраслей, объединений и предприятий. Между ними существуют тесные связи. Предприятия должны продавать свою продукцию и за это они получают станки, сырьё и топливо.
Социалистические предприятия работают на основе государственных планов. Основная форма государственных планов — это пятилетний план. Планомерность — это закон социалистического общества. Поэтому планомерность народного хозяйства имеет большое значение.

PK 1 · PA 2 · SQ A

LE 0 Wortschatz zur Wiederholung:

соста́вить/составля́ть — aufstellen; испо́льзование — Benutzung; жизнь — Leben; зада́ча, зада́ние — Aufgabe; вид — Art; сло́жный — kompliziert

LE 1 Neue Lexik:

у́ровень	Niveau
обеспе́чить/обеспе́чивать	gewährleisten, sichern
осуществи́ть/осуществля́ть	realisieren, verwirklichen
произвести́/производи́ть	produzieren
составле́ние	Aufstellen, Aufstellung
рост	Wachsen, Wachstum
повыше́ние	Erhöhung, Steigerung
предусмотре́ть/предусма́тривать	vorsehen
рассчита́ть/рассчи́тывать	berechnen
испо́льзовать	benutzen, verwenden
определи́ть/определя́ть	bestimmen, festlegen, definieren

LE 2 Schauen Sie auf das Bild, hören Sie den Satz, sehen Sie den Satz, vergleichen Sie mit dem deutschen Satz, hören Sie den Satz noch einmal und wiederholen Sie:

1. Планирование — это составление и реализация плана. — Planung, das heißt Aufstellen und Realisierung des Planes. 2. Планомерность — основа социалистического производства. — Planmäßigkeit ist die Grundlage der sozialistischen Produktion. 3. Активность трудящихся обеспечивает успех. — Die Aktivität der Werktätigen sichert den Erfolg. 4. Важная задача производства — повышение уровня жизни. — Eine wichtige Aufgabe der Produktion ist die Erhöhung des Lebensniveaus. 5. Предприятия достигают повышения эффективности. — Die Betriebe erreichen eine Erhöhung der Effektivität. 6. Используются два вида планов. — Es werden zwei Arten von Plänen benutzt. 7. Перспективные планы осуществляются выполнением годовых планов. — Perspektivpläne werden durch die Erfüllung der Jahrespläne realisiert. 8. Конкретные задачи предприятия определяются планом. — Konkrete Aufgaben eines Betriebes werden vom Plan bestimmt. 9. Перспективные планы рассчитаны на несколько лет. — Perspektivpläne sind für einige Jahre berechnet. 10. Задачи предусмотрены перспективным планом. — Die Aufgaben sind durch den Perspektivplan vorgesehen.

LE 3 Übersetzen Sie:

1. Годовой план выполняется рабочими. 2. Перспективные планы составляются на основе текущих планов. 3. Высокие темпы развития обеспечиваются планомерностью. 4. Связи между отраслями и пред-

приятиями становятся более сложными. 5. Предприятия производят станки. 6. Трудящиеся выполняют годовой план. 7. Активность трудящихся обеспечивает выполнение планов. 8. реализовать задачи плана

LE 4   Neue Wörter mit bekannten Elementen:

1. год — Jahr, год/овóй — Jahres-

LE 5   Internationalismen:

тéмпы — Tempo; конкрéтный; реализáция; эффектѝвность

PK 1 · PA 2 · SQ B

LE 1   Die Formen des Prädikats

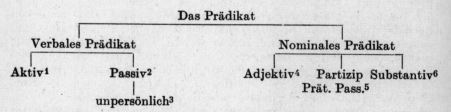

1. Предприятие продает продукцию. — Der Betrieb verkauft die Produkte. 2. Продукция продается предприятием. — Die Produkte werden vom Betrieb verkauft. 3. Составляют план. / План составляется. — Man stellt einen Plan auf. / Der Plan wird aufgestellt. 4. Темпы развития техники высоки. — Das Entwicklungstempo der Technik ist hoch. 5. План выполнен рабочими. — Der Plan wurde von den Arbeitern erfüllt. Задача выполнена инженерами. — Die Aufgabe wurde von den Ingenieuren erfüllt. Проблемы решены техниками. — Die Probleme wurden von den Technikern gelöst. 6. Государственный план — основа производства. — Der Staatsplan ist die Grundlage der Produktion.

LE 2   Synonyme für „sein", „darstellen"

„есть, являться, представлять собой":

         Производство — это сложный организм.
         Производство есть сложный организм.
         Производство является сложным организмом.
         Производство представляет собой сложный организм.

LE 3   Setzen Sie in den Satz alle möglichen Formen von „sein" ein:

Выполнение текущих планов — основа перспективных планов.

KÜ   Übersetzen Sie die Sätze und bestimmen Sie das Prädikat:

1. Трудящиеся составляют план. 2. Планомерностью обеспечиваются успехи в работе. 3. Реализуют пятилетний план. 4. Эти проблемы стали сложными. 5. Задачи успешно решены. 6. Эти отрасли по характеру производства различны. 7. Это предприятие очень большое. 8. Активность трудящихся важна для выполнения годового плана. 9. Задачи производства становятся сложными. 10. Выполнен текущий план. 11. Государственный план является основой производства.

PK 1 · PA 2 · SQ C

LE 1   Hören Sie den Text und geben Sie den Inhalt in deutscher Sprache wieder:

В социалистическом обществе государственный план является основой производства. Успешное выполнение плана повышает жизненный уровень народа.
Повышение жизненного уровня является важной задачей трудящихся ГДР. Трудящиеся ГДР активно работают для выполнения этой важной задачи. С 1951 года предприятия ГДР начали работать по пятилетнему плану. Пятилетние планы определяют конкретные задачи предприятий.

LE 2   Übersetzen Sie:

1. Народное хозяйство ГДР развивается планомерно. 2. Главная задача новой пятилетки состоит в повышении материального и культурного уровня жизни народа. 3. Основной формой перспективных планов являются пятилетние планы. 4. Современное производство представляет собой сложный организм. 5. Годовой план успешно выполняется рабочими завода. 6. В этом году предприятия нашего города успешно выполнили план.

PK 1 · PA 3 · SQ A

LE 0   Wortschatz zur Wiederholung:

товáр — Ware; международный — international; рабóта — Arbeit; помóчь/помогáть — helfen; решúть/решáть — lösen, beschließen; наýка — Wissenschaft; совремéнный — modern; сотрýдничество — Zusammenarbeit; вáжный — wichtig

LE 1   Neue Lexik:

оборýдование	Ausrüstung, Ausrüstungen
разделéние трудá	Arbeitsteilung
сотрýдничать	zusammenarbeiten
странá-член	Mitgliedsland
СЭВ (Совéт Экономúческой Взаимопóмощи)	RGW
товáры широ́кого потреблéния	Konsumgüter
товáры нарóдного потреблéния	Konsumgüter
оказáть/окáзывать пóмощь	Hilfe leisten, helfen
усовершéнствовать/совершéнствовать	vervollkommnen
совершéнствование	Vervollkommnung
производúтельность трудá	Arbeitsproduktivität
наýчно-исслéдовательский	Forschungs-
исслéдование	Forschung
развúть/развивáть	entwickeln

LE 2 Schauen Sie auf das Bild, hören Sie den Satz, sehen Sie den Satz, vergleichen Sie mit dem deutschen Satz, hören Sie den Satz noch einmal und wiederholen Sie:

1. Развивается сотрудничество социалистических стран. — Es entwickelt sich die Zusammenarbeit der sozialistischen Länder. 2. Важнейшим инструментом этого сотрудничества является СЭВ. — Wichtigstes Instrument der Zusammenarbeit ist der RGW. 3. Страны-члены СЭВ помогают друг другу. — Die Mitgliedsländer des RGW helfen einander. 4. Важная задача СЭВ — это международное разделение труда. — Eine wichtige Aufgabe des RGW ist die internationale Arbeitsteilung. 5. Важна координация научно-исследовательских работ. — Wichtig ist die Koordinierung der Forschungsarbeit. 6. Важную роль в этой системе играет Советский Союз. — Eine große (wichtige) Rolle in diesem System spielt die Sowjetunion. 7. Советский Союз экспортирует специальное оборудование. — Die Sowjetunion exportiert Spezialausrüstungen. 8. Промышленное производство стран СЭВ повышается. — Die Industrieproduktion der RGW-Länder erhöht sich.

LE 3 Übersetzen Sie:

1. СЭВ был основан в 1949 году. 2. Важная задача СЭВ состоит в планомерном развитии народного хозяйства. 3. Совет Экономической Взаимопомощи — организация нового типа. 4. В Совете Экономической Взаимопомощи сотрудничают многие социалистические страны. 5. В системе социалистических стран важную роль играет СССР. 6. СЭВ оказывает помощь странам-членам в координации народнохозяйственных планов. 7. Повышение производительности труда является важной задачей СЭВ. 8. СЭВ решает задачи международного разделения труда. 9. СССР играет ведущую роль в осуществлении социалистической интеграции. 10. ГДР экспортирует в другие страны товары широкого потребления, а также станки и оборудование.

LE 4 Neue Wörter mit bekannten Elementen:

1. оснóв/а — Grundlage, Basis, оснóв/ывать — gründen
2. связ/ь — Verbindung, свя́з/ывать — verbinden

LE 5 Internationalismen:

процéнт — Prozent, Prozentsatz; инструмéнт — Instrument, Werkzeug; импортúровать; экспортúровать; специáльный; харáктерный; проблéма; национáльный; систéма; организáция; интегрáция; координáция; экономика — Ökonomie, Wirtschaft; тип; прогрессивный; мéтод

PK 1 · PA 3 · SQ B

LE 1   Das Prädikat in aktiver und passiver Form

Aktivformen der transitiven Verben bezeichnen eine Handlung, die unmittelbar auf ein Objekt gerichtet ist; dabei fallen grammatikalisches und logisches Subjekt bzw. Objekt zusammen:
    Активность трудящихся обеспечивает успехи.
    gramm. = log. Subjekt   gramm. = log. Objekt,
aber in der Passivform:
    Успехи обеспечиваются активностью трудящихся.
    gramm. Subjekt = log.   gramm. Objekt = log. Subjekt
    Objekt

Das Passiv tritt im technischen Russisch in zwei Formen auf: als verbale und als nominale Form:
    Успехи обеспечиваются активностью трудящихся.
    Die Erfolge werden durch die Aktivität der Werktätigen gewährleistet.
    Успехи обеспечены активностью трудящихся.
    Die Erfolge wurden durch die Aktivität der Werktätigen gewährleistet / sind durch die Aktivität der Werktätigen gewährleistet.

Es ist stets an das Passiv zu denken, wenn das gramm. Subjekt des Satzes ein unbelebtes Substantiv ist, das Prädikat vom unvollendeten Aspekt in der 3. Person gebildet wurde und die Endung „-ся" aufweist und der Passivform des Verbs ein präpositionsloser Instrumental folgt (log-Subjekt).

LE 2   Übersetzen Sie die Sätze in verschiedenen Varianten und bestimmen Sie das Prädikat:

1. Страны-члены СЭВ достигают больших успехов в народном хозяйстве. 2. Успехи достигаются активностью трудящихся. 3. Успехи достигнуты активностью трудящихся. 4. Перспективные планы ис-

пользуются трудящимися. 5. Перспективные планы использованы трудящимися. 6. Развитие новой отрасли предусматривается планом. 7. Развитие новой отрасли предусмотрено планом.

LE 3   **Setzen Sie den entsprechenden Prädikatskern ein!**
Verwenden Sie dabei die untenstehenden Verbformen:

1. Заводы ... текущие планы. 2. Предприятия ... свою продукцию. 3. Годовой план ... рабочими. 4. План был успешно ... 5. В социалистическом обществе жизненный уровень народа ... 6. Активность трудящихся ... для выполнения планов. 7. Предприятия ... между собой.

используют, выполнен, продают, повышается, выполняется, важна, связаны

KÜ 1   π—0   **Setzen Sie die Aktivsätze ins Passiv:**

1. Рабочие выполняют государственный план. 2. Предприятия реализуют пятилетний план. 3. Комбинат выполнил текущий план. 4. Рабочие составляют новую программу. 5. На этом предприятии используют новую технику. 6. Эти заводы экспортируют машины. 7. Прогрессивные методы повышают производительность труда. 8. Этот завод импортирует новое оборудование. 9. Рабочие решают сложные проблемы. 10. Этот завод выполняет пятилетний план.

KÜ 2   π—0   **Übersetzen Sie die folgenden Sätze ins Russische und verwenden Sie dabei Synonyme:**

1. Die Betriebe verwenden laufende Pläne. 2. Die Aktivität der Werktätigen spielt eine große Rolle bei der Planerfüllung. 3. Die Arbeiter und Ingenieure realisieren den Fünfjahrplan. 4. Die Produktion von Konsumgütern wird erhöht. 5. Die Realisierung der Hauptforderungen der wissenschaftlich-technischen Revolution ist Grundlage für die Steigerung der Arbeitsproduktivität. 6. Die Nutzung der besten Methoden in der Produktion ist notwendig. 7. Dieser Industriezweig produziert hauptsächlich Konsumgüter. 8. Mit Hilfe der neuen Technik erreichen die Betriebe eine bessere Qualität der Produkte.

1.3.

РК 1 · РА 3 · SQ C

LE 1   Hören Sie den Text und geben Sie den Inhalt in deutscher Sprache wieder:

Советский Союз и братские страны оказывают помощь друг другу в развитии национальной экономики. Важнейшим инструментом экономического и научно-технического сотрудничества является Совет Экономической Взаимопомощи.
Одна из основных задач СЭВ — это совершенствование международного разделения труда. Между странами-членами СЭВ широко развивается научно-техническое сотрудничество. Для этого сотрудничества характерна координация важнейших научно-исследовательских работ.
В системе экономического сотрудничества стран-членов СЭВ важную роль играет Советский Союз. СССР экспортирует сырье, топливо, специальное оборудование и товары широкого потребления, а получает из других социалистических стран другие товары.

LE 2   Antworten Sie auf folgende Fragen:

1. В чем помогают друг другу социалистические страны и СССР? 2. Что является важнейшим инструментом научно-технического сотрудничества? 3. Какая задача СЭВ является одной из основных? 4. Какое сотрудничество развивается между странами-членами СЭВ? 5. Какую роль играет СССР в системе СЭВ? 6. Что экспортирует СССР?

LE 3   Übersetzen Sie und unterstreichen Sie die Subjekt- und die Prädikatsgruppe!
Erklären Sie die Formen des Prädikats:

1. Международное разделение труда — это одна из важнейших задач СЭВ. 2. Важным условием составления перспективных планов является научный прогноз. 3. Современное производство представляет собой сложный организм.

LE 4   π—0   Übersetzen Sie:

1. Предусмотрено повышение производительности труда. 2. Этот план рассчитан на несколько лет. 3. Разнообразны проблемы планирования. 4. Сложна связь между этими предприятиями. 5. Выполнен пятилетний план. 6. При выполнении государственных планов важна активность трудящихся. 7. Важно планирование производства на несколько лет. 8. Необходима координация отдельных планов.

LE 5   π—0   Übersetzen Sie:

1. Die Erfolge in der Planerfüllung werden durch die Aktivität der Arbeiter gewährleistet. 2. Eine Erhöhung der Arbeitsproduktivität ist vorgesehen. 3. Der Anteil (доля) der Produktion von Konsumgütern ist hoch. 4. Der Anteil (удельный вес) der Industrieproduktion ist hoch. 5. Der Jahresplan wurde aufgestellt und erfüllt. 6. Die Aufgabe ist kompliziert. 7. Die Aufgaben des Fünfjahrplans wurden durch die Werktätigen realisiert.

LE 6   Text zum verstehenden Lesen:

Сотрудничество в области науки и техники

Научно-техническая революция объективно оказывает большое влияние на процесс интернационализации производства и всей экономической жизни. Сейчас даже для самых крупных и высокоразвитых в экономическом отношении стран очень трудно и практически даже невозможно опираться лишь на собственные силы в достижении научно-технического прогресса в важнейших областях производства, поскольку[1] научные изыскания[2] требуют много времени и огромных материальных средств[3], больших расходов[4] на подготовку высококвалифицированных научно-технических кадров.

Общественный строй[5], характер отношений между социалистическими государствами создают объективные предпосылки[6] для всестороннего сотрудничества в развитии науки и техники на основе международного социалистического разделения труда в целях быстрого подъема производительных сил, повышения жизненного уровня трудящихся, успешного соревнования мировой социалистической системы с системой капитализма.

Ускорение темпов развития научно-технического прогресса является одной из важнейших задач, стоящих перед странами-членами СЭВ. Опыт стран-членов СЭВ свидетельствует о том, что развитие социалистической экономической интеграции самым тесным образом связано с их сотрудничеством в области науки и техники. В развитии этого сотрудничества осуществляется концентрация научных сил, материальных и финансовых ресурсов.

Использование научных кадров, научно-исследовательского и производственного потенциала стран-членов СЭВ на основе разделения труда приобретает в современных условиях особо важное значение, оно позволяет существенно расширить фронт научных исследований проектно-конструкторских и экспериментальных работ, ускорить решение общих для стран-членов СЭВ проблем, обеспечить более эффективное использование полученных результатов.

[1] da [2] Untersuchungen [3] Mittel [4] Ausgaben [5] Gesellschaftsordnung [6] Voraussetzung

PK 1 · SQ D

LE 1 ★—O Übersetzen Sie mit Hilfe des Wörterbuchs und der angegebenen Vokabelhilfen:

влия́ние (на кого/что) — Einfluß; ока́зывать, име́ть влия́ние — Einfluß ausüben; внедре́ние (во что) — Einführung; измене́ние — Veränderung; ка́чество — Qualität; в ка́честве (чего) — als; ка́чественный — qualitativ; показа́тель — Kenngröße, Kennziffer; сре́дство — Mittel; сте́пень — Grad, Stufe; эконо́мия — Einsparung

Научно-технический прогресс и производительность труда

Научно-технический прогресс оказывает большое влияние на экономическую структуру народного хозяйства и производительность общественного труда.

Под научно-техническим прогрессом понимают совершенствование техники и технологии производства, внедрение в производство достижений науки и техники, изменения в средствах производства, которые обусловливают повышение производительности труда и улучшение качества продукции.

Производительность в узком ее понимании как производительность только живого труда недостаточно характеризует технический прогресс. Только экономия совокупного труда может быть обобщающим показателем степени технического прогресса. Таким образом, основным показателем научно-технического прогресса является повышение производительности общественного труда (эффективности произ-

водства), то есть уменьшение совокупных затрат живого и овеществленного труда на единицу продукции, на единицу национального дохода.
Развитие социалистической экономики в большой степени определяется внедрением в производство новейших результатов научно-технической революции, повышением эффективности производства, особенно, ростом производительности труда, который является решающим фактором в наращивании экономической мощи страны.

LE 2   Übersetzen Sie die nachfolgenden Sätze unter Beachtung der zu den Substantiven gehörenden Verbformen:

выполнение, оборудование, оснащение, объединение, планирование, повышение, производство, разделение, связь, совершенствование, составление, уменьшение, обобщение, улучшение, влияние, внедрение, изменение, условие, экономия

1. Предприятия оснащаются новой техникой. 2. Достижения науки и техники внедряются в производство; они обусловливают повышение производительности труда. 3. Годовой план выполняется рабочими. 4. Отрасли промышленности объединились; это влияет на качество работы этих отраслей. 5. Повышается производство товаров народного потребления. 6. Планы разделяются на текущие и перспективные. 7. Предприятия одной и той же отрасли связаны между собой. 8. Рабочие этого завода перевыполняют пятилетний план. 9. Техники, инженеры и новаторы совершенствуют оборудование завода. 10. С помощью этого метода рабочие улучшили качество продукции. 11. Перспективные планы составляются на основе реализации текущих планов. 12. Важно обобщать опыт лучших рабочих, техников и инженеров. 13. Изменились отношения между отдельными предприятиями и отраслями. 14. Посредством этого способа уменьшаются затраты живого труда.

LE 3   Übersetzen Sie die nachfolgenden Sätze unter Beachtung der zu den Verben gehörenden Substantive:

использовать, обеспечивать, определять, осуществлять, расти, удовлетворять, решать, обобщать, улучшать, влиять, уменьшать, внедрять, обусловливать, экономить, выполнять

1. Решение этих задач оказывает большое влияние на выполнение плана. 2. Внедрение в производство новых методов повышает экономию материала. 3. Уменьшением затрат времени на обработку

1.D. 32

деталей повышается эффективность работы. 4. Использованием опыта новаторов рабочие достигают улучшения качества работы. 5. Повышение производительности труда ведёт к лучшему удовлетворению материальных потребностей трудящихся. 6. Рост производительности труда является решающим фактором в экономической борьбе с капитализмом. 7. Важная задача социалистического производства — это обеспечение народа товарами широкого потребления. 8. Важно определение основных задач.

LE 4 ↱⊙ **Übersetzen Sie mit Hilfe des Wörterbuchs und der angegebenen Vokabelhilfen:**

взаи́мный — gegenseitig, wechselseitig; взаи́мно — Wechsel-; возникнове́ние — Entstehung, Auftreten; зави́симость — Abhängigkeit; необходи́мость — Notwendigkeit; разрабо́тка — Ausarbeitung, Entwicklung; углубле́ние — Vertiefung; управле́ние (кем/чем) — Leitung, Steuerung; управле́нческий — Leitungs-

О развитии социалистической экономики

Под влиянием научно-технической революции в народном хозяйстве постоянно расширяются и углубляются производственные связи между его отраслями. Этот процесс объективно ведёт к интеграции общественного производства, возрастанию взаимной зависимости темпов и эффективности развития отраслей народного хозяйства.
В связи с дальнейшим развитием экономики необходимо принципиальное совершенствование существующей практики планирования и управления народным хозяйством. Задача состоит в постоянной модернизации применяемых методов, которые должны отражать те важные особенности, которые возникают в связи с развитием научно-технической революции и достижением более высокого уровня социалистической экономики.
Таким образом, важнейшим моментом разработки народнохозяйственных планов должны стать определение социально-экономических задач общественного развития в конкретный исторический период и подчинение развития экономики наиболее эффективному достижению этих целей.

LE 5 **Erschließen Sie mit Hilfe des jeweils ersten Wortes die Bedeutung der folgenden Wörter:**

высокий — повысить/повышать — повышение; скорый — ускорить/ускорять — ускорение, скорость; великий — увеличить/увеличивать — увеличение, величина; производство — произвести/производить —

производственный, производительность, производительный; общий — обобщить/обобщать — обобщение; лучше — улучшить/улучшать — улучшение; меньше — уменьшить/уменьшать — уменьшение; основа — основать — основной, в основном; широкий — расширить/расширять — расширение; новый — обновить/обновлять — новатор; старый — устареть/устаревать — устаревший

LE 6   ⚊O   Übersetzen Sie ohne Wörterbuch:

Повышение технического уровня производства

Главным фактором роста производительности труда должно быть повышение технического уровня производства на основе развития и внедрения новой техники и прогрессивных технологических процессов широкого применения комплексной механизации и автоматизации.
Научно-технический прогресс обеспечивает рост социалистического производства, экономию труда и улучшает условия труда. Научно-технический прогресс есть целесообразное[1] использование людьми природных богатств, законов природы[2] и общественного развития для производства материальных благ[3]. Высокий технический уровень производства обусловливается созданием и развитием материально-технической базы социализма и на ее основе созданием и развитием материально-технической базы коммунизма.
Материально-техническая база социализма характеризуется крупным[4] машинным производством. Оно становится материальной основой индустриального развития всех отраслей народного хозяйства. Социалистические производственные отношения[5] способствуют[6] техническому совершенствованию машин и их внедрению в народное хозяйство.

[1] zweckmäßig   [2] Natur   [3] Güter   [4] groß, Groß-   [5] Verhältnis
[6] beitragen, begünstigen

LE 7   Übersetzen Sie die folgenden Verben, Substantive, Adverbien sowie Wortverbindungen und stellen Sie Synonympaare und -gruppen nach folgendem Muster zusammen:

       осуществлять — реализовать

товары широкого потребления, применять, осуществлять, реализовать, товары народного потребления, применение, осуществление, использование, реализация, использовать, с помощью, играть большую роль, главным образом, играть важную роль, в основном, иметь применение, играть ведущую роль, при помощи, предметы потребления

3 Russ. Maschb.

LE 8 ↝─O Übersetzen Sie mit Hilfe des Wörterbuchs und der angegebenen Vokabelhilfen:

де́йствие – Wirkung; разли́чие – Unterschied; размеще́ние – Verteilung, Anordnung, Standortverteilung; сближе́ние – Annäherung; установле́ние – Festlegung, Einstellung, Herstellung; це́лый – ganz; цель – Ziel, Zweck

Социалистическая экономическая интеграция

Разделение труда в социалистических странах и между ними осуществляется на основе использования объективно действующих экономических законов социализма. Углубление международного социалистического разделения труда является прочной основой ускорения экономического развития, укрепления экономической мощи социалистических стран и их содружества в целом.

Экономическая интеграция стран социализма представляет собой планомерно регулируемый процесс сближения, взаимного согласования и оптимизации их национальных хозяйственных структур в международном комплексе, формирования глубоких и устойчивых связей по кооперации в ведущих отраслях производства, науки и техники.

Целью международного социалистического разделения труда являются повышение эффективности общественного производства, достижение высоких темпов роста экономики и благосостояния трудящихся во всех социалистических странах, индустриализации и постепенное преодоление различий в уровнях экономического развития стран социализма. Планомерное разделение труда между социалистическими странами способствует установлению правильных пропорций в народном хозяйстве каждой страны, рациональному размещению производительных сил в масштабе мировой социалистической системы, эффективному использованию трудовых и материальных ресурсов.

LE 9 ↝─O Übersetzen Sie ohne Wörterbuch:

Комплексная программа социалистической экономической интеграции

При разработке Комплексной программы дальнейшего углубления и совершенствования сотрудничества и развития социалистической экономической интеграции стран-членов СЭВ исходили из того, что основные экономические задачи социалистических стран в перспективе могут быть успешно решены только на основе социалистической экономической интеграции.

В Комплексной программе дается характеристика достигнутых[1] успехов и определяются основные принципы, цели и пути дальнейшего

углубления и совершенствования экономического и научно-технического сотрудничества и развития социалистической экономической интеграции стран-членов СЭВ. Для осуществления этих целей Комплексная программа предусматривает:
— систематические взаимные консультации по основным вопросам экономической политики;
— расширение непосредственных[2] связей между соответствующими[3] органами и организациями стран-членов СЭВ, возможные организационные формы и функции международных экономических организаций, создаваемых заинтересованными странами;
— развитие сотрудничества в области[4] планирования;
— сотрудничество в области науки и техники;
— сотрудничество в области стандартизации;
— развитие сотрудничества в области промышленности.
Комплексная программа социалистической экономической интеграции рассчитана на 15—20 лет и содержит[5] необходимые экономические и организационные мероприятия[6], которые будут осуществляться поэтапно, в предусмотренные сроки[7], с учетом[8] интересов каждой страны и содружества в целом.

[1] *siehe:* достигнуть / достигать   [2] direkt   [3] entsprechend   [4] Gebiet, Bereich
[5] enthalten   [6] Maßnahme   [7] Termin, Frist   [8] unter Berücksichtigung

PK 2 · PA 1 · SQ A

LE 0   Wortschatz zur Wiederholung:

сам — selber, selbst; необходи́мый — notwendig; созда́ть/создава́ть — schaffen; свобо́дный — frei; изве́стный — bekannt; приня́ть/принима́ть — annehmen; оцени́ть/оце́нивать — einschätzen; почти́ — fast; вокру́г чего — um, herum; движе́ние — Bewegung; отсу́тствовать — fehlen; назва́ть/называ́ть — nennen; усло́вие — Bedingung

LE 1 Neue Lexik:

электри́ческий ток	elektrischer Strom
электри́ческое по́ле	elektrisches Feld
си́ла по́ля	Feldstärke
напряжённость по́ля	Feldstärke
различи́ть/различа́ть	unterscheiden
равноме́рный	gleichmäßig, homogen
одина́ковый	gleich, identisch
проводни́к	Leiter, Leitung
име́ется, име́ются	es gibt, es ist vorhanden
заря́д	Ladung
положи́тельный	positiv
отрица́тельный	negativ
те́ло	Körper
равнове́сие	Gleichgewicht
сво́йство	Eigenschaft
раздели́ть/разделя́ть на что	einteilen in, teilen, unterteilen
поддержа́ть/подде́рживать	stützen, aufrechterhalten
возни́кнуть/возника́ть	entstehen
перемести́ть/перемеща́ть	ausrichten, bewegen, verschieben
бу́ква	Buchstabe
род	Art
противополо́жный	entgegengesetzt
направле́ние	Richtung

LE 2 Schauen Sie auf das Bild, hören Sie den Satz, sehen Sie den Satz, vergleichen Sie mit dem deutschen Satz, hören Sie den Satz noch einmal und wiederholen Sie:

1. Это электрическое поле. — Das ist das elektrische Feld. 2. Электрическое поле — основа электроэнергии. — Das elektrische Feld ist die Grundlage der Elektroenergie. 3. Основной характеристикой электрического поля является вектор напряженности E. — Die Hauptkenngröße des elektrischen Feldes ist der Feldstärkevektor E. 4. Напряженность поля — векторная величина. — Die Feldstärke ist eine vektorielle Größe. 5. Различают равномерные и неравномерные электрические поля. — Man unterscheidet homogene und inhomogene elektrische Felder. 6. Различные тела делятся на проводники и непроводники (диэлектрики). — Die verschiedenen Körper werden in Leiter und Nichtleiter (Dielektrika) unterteilt. 7. В проводниках имеются свободные электрические заряды. — In den Leitern gibt es freie elektrische Ladungen. 8. Электрические заряды разделяются на положительные и отрицательные. — Elektrische Ladungen werden in positive und negative unterteilt. 9. В диэлектриках почти не существует свободных зарядов. — In den Nichtleitern gibt es fast keine freien Ladungen.

LE 3 Übersetzen Sie:

1. Для получения электрической энергии необходимо создать и поддерживать электрическое поле. 2. Электрическое поле возникает вокруг электрических зарядов. 3. Электрический заряд обозначается буквой q. 4. Электрический заряд является одним из основных свойств электрона. 5. Электрическое поле представляет собой особый вид материи. 6. В равномерном поле напряженность E во всех точках одинакова. 7. В металлах положительное направление тока противоположно направлению движения электронов.

LE 4 Neue Wörter mit bekannten Elementen:

1. знач/о́к — Abzeichen, обо/знач/а́ть — bezeichnen
2. нос/и́ть — tragen, нос/и́тель — Träger
3. заря́д — Ladung, заря́ж/енный — geladen
4. на/пра́вл/ение — Richtung, на/пра́в/ленный — gerichtet
5. действ/и́тельный — wirklich, де́йств/ие — Wirkung, де́йств/овать — wirken
6. то́ч/ный — genau, то́ч/ка — Punkt
7. перемещ/а́ть — bewegen, перемещ/е́ние — Bewegung
8. вели́к/ий — groß, велич/ина́ — Größe, Betrag
9. измер/е́ние — Messung, измер/я́ть — messen

2.1.

LE 5 🔊🔊 **Internationalismen:**

электроэне́ргия; характери́стика — Kennziffer, Kenngröße; ве́ктор; ве́кторный; электро́н; интенси́вность; элеме́нт; структу́рный; ампе́р; диэле́ктрик — Nichtleiter

---

PK 2 · PA 1 · SQ B

LE 1 **Das kongruierende Attribut**

Kongruierende Attribute sind Adjektive, Partizipien, Pronomina, Ordnungs- und Grundzahlen:

adj. Attribut	Substantiv
электрическое	поле
part. Attribut	Substantiv
направленное	движение
pron. Attribut	Substantiv
эти	проводники
num. Attribut	Substantiv
первый	проводник
с двумя	проводниками

LE 2 ★—◯ Setzen Sie die in Klammern stehenden Attribute in die entsprechende grammatische Form und übersetzen Sie die Sätze ins Deutsche:

1. (Различный) тела, как известно, по (свой) свойствам делятся на проводники и диэлектрики. 2. В проводниках имеются (свободный) (электрический) заряды. 3. В металлах носителями (такой) зарядов являются электроны, которые потеряли связь со (свой) атомами. 4. Их принято называть (свободный) электронами. 5. (Свободный) электроны в (металлический) проводнике, который находится в (электрический) поле, под действием сил (поле) будут перемещаться в направлении, (противоположный) (напряжённость) (поле). 6. (Электрический) поле внутри (заряженный) проводника отсутствует при равновесии (заряд) в проводнике.

LE 3   Unterstreichen Sie die Attribute, bestimmen Sie die verschiedenen Arten der Attribute, übersetzen Sie ins Deutsche:

1. Направленное движение свободных заряженных частиц в проводнике под действием электрического поля называется электрическим током. 2. Электроны и ионы являются структурными элементами самих проводников. 3. В проводниках первого рода ток образуется свободными электронами. 4. Интенсивность электрического тока оценивается физической величиной, которая является силой электрического поля. 6. В металлах положительное направление тока противоположно направлению движения электронов.

PK 2 · PA 1 · SQ C

LE 1   Hören Sie den Text und geben Sie den Inhalt in deutscher Sprache wieder:

Различные тела, как известно, по своим свойствам делятся на проводники и непроводники (диэлектрики). В проводниках имеются свободные электрические заряды. В металлах носителями таких зарядов являются свободные электроны. Свободные электроны в металлическом проводнике, который находится в электрическом поле, под действием сил поля будут перемещаться в направлении, противоположном напряженности поля. Электрическое поле внутри заряженного проводника отсутствует при равновесии зарядов в проводнике.

LE 2   Antworten Sie auf die Fragen:

1. Как делятся тела по своим свойствам? 2. Какие заряды имеются в проводниках? 3. Как называются свободные заряды в металлах? 4. Почему перемещаются заряды в проводнике? 5. При каком условии отсутствует электрическое поле внутри заряженного проводника?

2.1.

LE 3 **Text zum verstehenden Lesen:**

Электротехника

Электротехника как наука является областью знаний, в которой рассматриваются, с одной стороны, электрические и магнитные явления, а с другой стороны, — практическое их использование. Современная энергетика — это в основном электроэнергетика. Электрическая энергия вырабатывается на станциях с электрическими генераторами.
Производство электрических машин и трансформаторов в настоящее время представляет собой одну из крупных отраслей промышленности. Станки и механизмы на фабриках и заводах имеют в большинстве случаев электропривод[1], т. е. приводятся в движение[2] при помощи электрических двигателей[3].
Непрерывно развивающееся практическое применение в технике различных электротехнических и радиотехнических устройств обусловливает[4] необходимость рассмотрения основных понятий об электрическом поле. Исследование некоторых явлений, исходя из[5] представлений об электромагнитном поле, позволяет[6] выйти из узкого круга понятий, связанных только с электрическими цепями, и более глубоко понять сущность электрических и магнитных явлений[7].

[1] Elektroantrieb [2] antreiben [3] Motor [4] bedingen [5] ausgehend von
[6] erlauben, gestatten [7] Erscheinung

PK 2 · PA 2 · SQ A

LE 0 **Wortschatz zur Wiederholung:**

переда́ть/передава́ть — übergeben, übertragen; тёплый — warm

LE 1 **Neue Lexik:**

про́вод   Leitung, Leiter, Draht
электри́ческая цепь   Stromkreis
вне́шняя цепь   äußerer Stromkreis, *auch* Verbraucher

внýтренняя цепь	innerer Stromkreis, *auch* Erzeuger
зáмкнутая цепь	geschlossener Stromkreis
электродвѝгатель	Elektromotor
электрѝческая лáмпочка	Glühlampe, elektrische Lampe
истóчник тóка	Stromquelle
потребѝтель	Verbraucher
преврати́ть/превращáть во что	umwandeln in
преобразовáть/преобразóвывать	umformen, umwandeln
постоя́нный ток	Gleichstrom
переме́нный ток	Wechselstrom
зажѝм	Klemme
избы́ток	Überschuß
недостáток	Mangel
протéчь/протекáть	fließen, durchfließen
напряжéние	Spannung
колебáние	Schwingung
частотá	Frequenz
ток проводѝмости	Leitungsstrom
частѝца	Teilchen

LE 2   Schauen Sie auf das Bild, hören Sie den Satz, sehen Sie den Satz, vergleichen Sie mit dem deutschen Satz, hören Sie den Satz noch einmal und wiederholen Sie:

1. Электрическая цепь состоит из источника электрического тока, потребителя и проводов. — Der Stromkreis besteht aus der Stromquelle (Spannungsquelle), dem Verbraucher und Leitungen. 2. Источники тока — это аккумулятор, генератор постоянного тока, генератор переменного тока. — Stromquellen sind der Akkumulator, der Gleichstromgenerator, der Wechselstromgenerator. 3. Потребители электрической энергии — это электрическая лампочка, электродвигатель и другие. — Verbraucher von Elektroenergie sind die Glühlampe, der Elektromotor und andere. 4. Внешняя и внутренняя цепи образуют замкнутую электрическую цепь. — Der äußere und der innere Stromkreis bilden den geschlossenen Stromkreis. 5. Между зажимами действует напряжение. — Zwischen den Klemmen wirkt eine Spannung. 6. В цепи энергия передается от источника тока к потребителю. — Im Stromkreis wird die Energie von der Stromquelle zum Verbraucher übertragen. 7. Электрическая энергия преобразуется в световую, тепловую и механическую. — Die elektrische Energie wird in Licht-, Wärme- und mechanische Energie umgewandelt. 8. В электродвигателях электроэнергия превращается в механическую. — In Elektromotoren wird die Elektroenergie in mechanische Energie umgewandelt. 9. Химические источники тока — эот гальванические элементы и аккумуляторы. —

2.2.

Galvanische Elemente und Akkumulatoren sind chemische Stromquellen. 10. Гальванический элемент — это первичный элемент. — Ein galvanisches Element ist ein Primärelement. 11. Аккумулятор — это вторичный элемент. — Der Akkumulator ist ein Sekundärelement.

LE 3 Übersetzen Sie:

1. Замкнутая цепь тока состоит из источника электрической энергии, проводника и потребителя. 2. По проводнику и потребителю протекает электрический ток. 3. По внешней электрической цепи ток течёт от плюса источника энергии к минусу, а по внутренней цепи ток протекает от минуса к плюсу. 4. Между зажимами источника тока действует напряжение.

LE 4 Neue Wörter mit bekannten Elementen:

1. свет — Licht, свет/овой — Licht-
2. перв/ый — der erste, перв/ичный — primär
3. втор/ой — der zweite, втор/ичный — sekundär
4. скор/ый — schnell, скор/ость — Geschwindigkeit
5. образов/ание — Bildung, Ausbildung, образов/ать — bilden

LE 5 Internationalismen:

аккумуля́тор; хими́ческий; гальвани́ческий; трансформа́тор; потенциа́л

PK 2 · PA 2 · SQ B

LE 1 Das Genitivattribut

Substantive mit Genitivattribut im Russischen entsprechen oft zusammengesetzten deutschen Substantiven, wobei im Deutschen das Genitivattribut vorangesetzt wird:

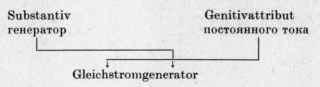

Weitere Beispiele:

сила тока — Stromstärke; единица измерения — Maßeinheit; движение электронов — Elektronenbewegung; колебание маятника — Pendelschwingung; частота колебаний — Schwingungsfrequenz; сила света — Lichtstärke; разность электрических уровней — Potentialdifferenz, Potentialunterschied

LE 2 ⊓—O **Übersetzen Sie:**

1. Сила тока измеряется в амперах. 2. Интенсивность электрического тока — это физическая величина, которая называется силой электрического тока. 3. Единица измерения электрического тока — ампер. 4. В металлах положительное направление тока противоположно направлению движения электронов. 5. Если скорость движения заряда с течением времени изменяется, то ток называется переменным. 6. Ток проводимости — это направленное движение свободных заряженных частиц в проводнике под действием электрического поля. 7. Трансформаторы напряжения служат для преобразования переменного напряжения.

KÜ ⊓—O **Bestimmen Sie die verschiedenen Arten der Attribute und übersetzen Sie folgende Wortverbindungen:**

электрическая цепь, замкнутая электрическая цепь, генератор постоянного тока, электрическая энергия, генератор переменного тока, электродвижущая сила, разность электрических уровней, разность электрических потенциалов

2.2.

PK 2 · PA 2 · SQ C

LE 1   🔘🔘   Hören Sie den Text und geben Sie den Inhalt in deutscher Sprache wieder:

Электрическая цепь

Для получения электрического тока необходимо иметь замкнутую электрическую цепь и внешний источник электрической энергии, который создает направленное движение электронов. Электрическая цепь состоит из источника тока (аккумулятор, генератор постоянного тока, генератор переменного тока), потребителя электрической энергии (электрическая лампочка, электродвигатель) и проводников. Сила, которая вызывает электрический ток в цепи, называется электродвижущей силой (э. д. с.). Для получения электрического тока в цепи необходимо иметь разность электрических уровней на зажимах источника тока, т. е. избыток электронов на одном электроде и недостаток — на другом.

LE 2   🔘🔘   Antworten Sie auf die Fragen:

1. Что необходимо для получения электрического тока? 2. Из чего состоит электрическая цепь? 3. Как называется сила, которая вызывает ток в цепи? 4. Что необходимо иметь для получения электрического тока в цепи?

LE 3   Text zum verstehenden Lesen:

Элементарные частицы, обладающие электрическим зарядом, и электромагнитное поле как особые виды материи

Элементарные частицы материи, обладающие[1] электрическими зарядами (например, электрон — отрицательным зарядом, протон — положительным), являются важнейшими структурными элементами атомов вещества[2] и поэтому, естественно, с электромагнитными явлениями связаны самые различные явления природы.
Элементарные заряженные частицы входят в состав[3] атомов и молекул вещества, но они могут быть и в свободном состоянии[4]. Они находятся в непрерывном[5] движении и окружены[6], как мы говорим, электромагнит-

ным полем. Обладающие электрическим зарядом частицы и их электромагнитное поле представляют собой особый вид материи.

Электрический заряд этих частиц является их важнейшим физическим свойством, характеризующим их взаимосвязь[7] с собственным электромагнитным полем и их взаимодействие[8] с внешним электромагнитным полем. Электрический заряд является основным отличительным[9] свойством этих частиц материи, обладающих также и другими свойствами — массой, энергией, импульсом и т. д.

Можно дать следующие определения:

Электрический заряд есть свойство частиц материи (вещества) или тел, характеризующее их взаимосвязь с собственным электромагнитным полем и их взаимодействие с внешним электромагнитным полем; имеется два вида, известные как положительный заряд (заряд протона и др.) и отрицательный заряд (заряд электрона и др.); количество[10] определяется по силовому взаимодействию тел, обладающих электрическими зарядами.

Для измерения электромагнитных величин мы будем пользоваться абсолютной международной системой единиц[11] СИ (Система Интернациональная). Эта система содержит шесть основных единиц: метр — единица длины, килограмм — единица массы, секунда — единица времени, ампер — единица силы тока, градус Кельвина — единица температуры и свеча[12] — единица силы света. Она охватывает[13] единицы механических, электромагнитных, тепловых и световых величин.

[1] besitzen [2] Stoff [3] gehören zu [4] Zustand [5] stetig, ununterbrochen
[6] umgeben [7] Wechselbeziehung [8] Wechselwirkung [9] Erkennungs-, unterscheidend [10] Menge [11] Einheit [12] Candela, cd [13] umfassen

---

PK 2 · PA 3 · SQ A

LE 0   Wortschatz zur Wiederholung:

прибо́р — Gerät, уча́сток — Abschnitt, Bereich, Strecke

LE 1   Neue Lexik:

дио́д — Diode
герма́ниевый дио́д — Germaniumdiode
кре́мниевый дио́д — Siliziumdiode

2.3.

зо́на — Band, Zone, Bereich
преобразова́ние — Umformung, Umwandlung
полупроводни́к — Halbleiter
выпрями́тель — Gleichrichter
электро́нный прибо́р — elektronisches Bauelement

LE 2 Schauen Sie auf das Bild, hören Sie den Satz, sehen Sie den Satz, vergleichen Sie mit dem deutschen Satz, hören Sie den Satz noch einmal und wiederholen Sie:

1. Электронные приборы делят на электровакуумные и полупроводниковые. — Elektronische Bauelemente werden in Elektrovakuum- und Halbleiterelemente unterteilt. 2. Основными классами полупроводниковых приборов являются полупроводниковые диоды и транзисторы. — Hauptklassen der Halbleiterbauelemente sind Halbleiterdioden und Transistoren. 3. Лампы, имеющие катод и анод, называют диодами. — Röhren, die eine Kathode und eine Anode haben, heißen Dioden. 4. Различают германиевые и кремниевые полупроводниковые диоды. — Man unterscheidet Germanium- und Siliziumhalbleiterdioden. 5. Основой такого диода является кристалл полупроводника. — Die Grundlage einer solchen Diode ist der Halbleiterkristall. 6. В кристалле имеются две зоны. — Im Kristall gibt es zwei Zonen. 7. Эти зоны имеют положительные и отрицательные свободные заряды. — Diese Zonen haben freie positive und negative Ladungen. 8. Транзисторы — это полупроводниковые триоды. — Transistoren sind Halbleitertrioden. 9. Транзистор представляет собой два диода с общей зоной. — Ein Transistor stellt zwei Dioden mit einer gemeinsamen Zone dar. 10. Один диод — это участок эмиттер-база. — Eine Diode ist die Emitterbasisstrecke. 11. Другой диод — это коллектор-база. — Die andere Diode ist die Basiskollektorstrecke.

LE 3 Übersetzen Sie:

1. Электронными называют приборы, основанные на использовании свойств потоков электронов и ионов. 2. Их делят на электровакуумные и полупроводниковые приборы. 3. Электровакуумными называют приборы, у которых основным рабочим процессом является движение электронов в высоком вакууме или в газе. 4. Электронными лампами называют приборы с термоэлектронным катодом и управляемым анодным током. 5. Полупроводниковыми называют приборы, основанные на использовании электрических явлений в полупроводниках. 6. Полупроводниковые диоды широко применяются в современной радиоэлектронной аппаратуре.

LE 4   🔊   Internationalismen:

транзи́стор; като́д; ано́д; криста́лл; газ; электрова́куум; televи́зор; трио́д; эми́ттер; ба́за; колле́ктор; радиоэлектро́нный; структу́ра; термоэлектро́нный; ла́мпа — Lampe, Röhre; генера́тор

PK 2 · PA 3 · SQ B

Das Genitivattribut (2)

LE 1   Verbinden Sie folgende Adjektive mit entsprechenden Substantiven:

внешний, внутренний, электрический, постоянный, переменный, свободный, положительный, отрицательный, полупроводниковый, электровакуумный

KÜ 1   ╼─О   Übersetzen Sie folgende Genitivattribute:

единица измерения, вектор напряженности, ток проводимости, колебания тока, источник тока, генератор постоянного тока, генератор переменного тока, часть энергии, разность потенциалов, поток электронов

KÜ 2   ╼─О   Setzen Sie die angegebenen Wörter im erforderlichen Fall ein:

1. Телевизор выполнен на ... приборах. 2. Электронные лампы являются ... приборами. 3. Электронная лампа, имеющая 2 электрода и называемая диодом, может пропускать ток только в ... направлении. 4. Действие электронной лампы основано на использовании потока ... электронов, движущихся в вакууме. 5. В настоящее время развитию ... аппаратуры уделяется ... внимание, так как ... приборы широко применяют во всех областях ... и техники. 6. Катод служит источником ... 7. Первая ... двухэлектродная лампа (диод) была создана в 1883 г. ... американским изобретателем Эдисоном.

полупроводниковый, важнейший, один, свободный, электронный, огромный, наука, электрон, простейший, знаменитый

2.3.

PK 2 · PA 3 · SQ C

LE 1   **Text zum verstehenden Lesen:**

Полупроводниковые выпрямители и преобразователи

Одной из основных проблем электротехники является проблема простого и экономичного преобразования переменного тока в постоянный и переменного тока одной частоты в переменный ток другой частоты.

Простые и экономичные преобразователи необходимы в электроэнергетике, в автоматическом управлении, радиоэлектронике и в других областях техники. Возможность создания простых и экономичных устройств имеет особое значение для мощных систем: электроприводов, преобразовательных установок[1], мощных систем управления возбуждением[2] генераторов и других. Рассмотрим основные сведения об устройстве и применении полупроводниковых преобразователей в таких мощных системах.

Вплоть[3] до тридцатых-сороковых годов почти исключительно[4] применялись электромашинные преобразователи, например, электропривод по системе генератор-двигатель, синхронный генератор с регулируемой скоростью, одноякорные[5] преобразователи.

Первые попытки[6] применения в электроприводе управляемых ионных приборов — тиратронов и ртутных выпрямителей[7] — относятся[8] к началу тридцатых годов. Такие установки не получили широкого распространения[9] по ряду причин, основными из которых являются относительно высокая стоимость[10], недостаточная экономичность, а иногда и недостаточная надежность[11]. Не получили широкого распространения и электровакуумные диоды.

Только с появлением простых, надежных и экономичных полупроводниковых приборов началось широкое и развивающееся применение электронных преобразовательных устройств в электроприводах, электроэнергетике и других областях.

Полупроводник является веществом, занимающим среднее положение между проводником и диэлектриком, его удельное электрическое сопротивление[12] лежит примерно в пределах[13] 10^{-6}—10^{-8} ом · м. В силовой полупроводниковой технике[14] применяются в основном химические элементы IV группы периодической системы: германий и кремний, имеющие кристаллическую структуру. Применяются полупроводники только с электронной проводимостью, протекание тока в них обусловлено перемещениями электронов. Наибольшее распространение получили кремниевые полупроводниковые приборы.

[1] Umformeranlage [2] Erregung [3] bis zu [4] ausschließlich [5] Einanker-
[6] Versuch [7] Quecksilberdampfgleichrichter [8] gehören zu, sich beziehen auf
[9] Verbreitung [10] Kosten [11] Zuverlässigkeit, Sicherheit [12] Widerstand
[13] Grenze, Bereich [14] Leistungselektronik

LE 2   Antworten Sie auf folgende Fragen:

1. Что является одной из основных проблем электротехники? 2. Какие преобразователи применялись в тридцатых-сороковых годах? 3. Какие диоды не получили широкого распространения? 4. Какие приборы получили широкое применение в электроэнергетике? 5. Какое положение занимает полупроводник?

PK 2 · SQ D

LE 1   Übersetzen Sie mit Hilfe des Wörterbuchs und der angegebenen Vokabelhilfen:

относи́тельный — relativ; распределя́ть — verteilen; в отли́чие от — im Unterschied zu; в сре́днем — durchschnittlich; о́пытным путём — experimentell

Электрическое поле

Опытным путем установлено, что все тела в природе состоят из большого количества электрически заряженных частиц материи. Если в теле находятся в среднем равные количества положительных и отрицательных электрических зарядов, то тело является электрически нейтральным. В электрически заряженном теле преобладают положительные или отрицательные заряды.
Электрически заряженное тело окружено электрическим полем. Электрически заряженные частицы материи и электрическое поле являются двумя неразрывно связанными между собой видами материи. В электрическом поле распределена энергия, но в отличие от заряженной частицы поле характеризуется относительно слабой плотностью

4 SKA Russ. Maschb.

2.D.

энергии. Электрическое поле характеризуется свойством передавать взаимодействие с очень большой, но вполне определенной скоростью. Если в электрическое поле, которое окружает заряженную частицу, внести другое электрически заряженное тело, то это заряженное тело будет испытывать действие силы поля, причем сила поля прямо пропорциональна величине заряда тела.

Характеристикой электрического поля является величина, называемая напряженностью электрического поля. Напряженность поля численно равна силе поля, действующей на тело, электрический заряд которого равен единице.

LE 2   **Teilen Sie untenstehende Adverbien nach ihrer Bildung in verschiedene Gruppen ein und übersetzen Sie:**

электрически, неразрывно, в отличие, относительно, вполне, полностью, прямо, численно, главным образом, одновременно, в среднем, непрерывно, опытным путем, частично

LE 3   **Übersetzen Sie die folgenden Sätze und Wortverbindungen und beachten Sie dabei den Unterschied zur Übersetzung der entsprechenden Adjektive:**

электрические заряды — электрически заряженные частицы, электрически заряженное тело — Тело является электрически нейтральным.
относительное удлинение — относительно слабая плотность
одновременное движение — Оба тела движутся одновременно.
численная величина — Эта величина численно равна другой.
непрерывное движение — непрерывно изменяющееся движение — Движение изменяется непрерывно.

LE 4   **Übersetzen Sie ohne Wörterbuch:**

Электротехника

Электротехника изучает[1] применение[2] электрической энергии в практических целях. Электротехника занимается вопросами получения электрической энергии, ее распределением и, главным образом, преобразованием в другие виды энергии (механическую, тепловую, химическую).

Электрическую энергию с высоким к. п. д.[3] можно передавать на большие расстояния[4] и распределять между потребителями — от десятков ватт (электрические лампы) до десятков тысяч киловатт (крупные электродвигатели).

Применение электрической энергии во всех отраслях народного хозяйства связано с глубокими[5] изменениями технологических процессов. Электрификация привела[6] к развитию новых видов рабочих машин, представляющих собой агрегаты, в которых применяется одновременно большое количество электродвигателей. Эти электродвигатели монтируются одновременно с рабочей машиной и являются неотделимой[7] частью ее конструкции.

Непрерывный рост производства на основе новой техники неразрывно[8] связан с развитием электрификации. Широкое применение электрической энергии позволяет совершенствовать орудия труда[9], облегчать[10] труд, во много раз повышать производительность труда. Использованием электрической энергии расширяются возможности механизации и автоматизации производственных процессов во всех отраслях народного хозяйства.

[1] untersuchen [2] Anwendung [3] Wirkungsgrad [4] Entfernung [5] tiefgreifend
[6] führen zu [7] untrennbar [8] untrennbar [9] Arbeitsmittel [10] erleichtern

PK 3 · PA 1 · SQ A

LE 0   Wortschatz zur Wiederholung:

заня́ться/занима́ться чем — sich beschäftigen mit; си́ла — Kraft; изве́стный — bekannt; длина́ — Länge; любо́й — beliebig; значе́ние — *hier*: Wert, Betrag

LE 1   Neue Lexik:

отде́л	Gebiet, Zweig
равнове́сие	Gleichgewicht
сложе́ние	Zusammenlegen, Addition
разложе́ние	Zerlegen
си́ла прило́жена к чему́	eine Kraft greift an
изучи́ть/изуча́ть	untersuchen
служи́ть для чего, чем	dienen für, zu, als
твёрдое те́ло	starrer Körper
совпа́сть/совпада́ть	zusammenfallen
де́йствовать на что	wirken auf
примени́ть/применя́ть	anwenden
постоя́нный	konstant

LE 2   Schauen Sie auf das Bild, hören Sie den Satz, sehen Sie den Satz, vergleichen Sie mit dem deutschen Satz, hören Sie den Satz noch einmal und wiederholen Sie:

1. Ста́тика — отдел механики. — Die Statik ist ein Teilgebiet der Mechanik. 2. Статика представляет собой теорию о равновесии сил. — Die Statik ist die Theorie vom Gleichgewicht der Kräfte. 3. Статика занимается законами сложения и разложения сил. — Die Statik beschäftigt sich mit den Gesetzen vom Zusammensetzen und Zerlegen von Kräften. 4. Статика служит для определения неизвестных сил, приложенных к твердым телам. — Die Statik dient zur Bestimmung unbekannter Kräfte, die an starren Körpern angreifen. 5. Статика занимается постоянными силами. — Die Statik beschäftigt sich mit konstanten Kräften. 6. Сила — физическая величина. — Die Kraft ist eine physikalische Größe. 7. В статике сила имеет характер вектора. — In der Statik hat die Kraft den Charakter eines Vektors. 8. Длина век-

тора совпадает с численным значением силы. — Die Länge des Vektors fällt mit dem zahlenmäßigen Betrag der Kraft zusammen. 9. Направление вектора совпадает с направлением действия силы. — Die Richtung des Vektors fällt mit der Richtung der Kraftwirkung zusammen.

LE 3   ⇥─O   Übersetzen Sie:

1. Статика занимается законами равновесия твердых тел. 2. Любая сила имеет определенную величину. 3. Единицей силы служит н. 4. Любая сила имеет определенное направление. 5. Сила является векторной величиной. 6. Аксиома, называемая также принципом инерции, была впервые сформулирована Галилеем.

LE 4   ⊕ ⊕   Neue Wörter mit bekannten Elementen:

1. пе́рв/ый — der, die, das erste, в/перв/ы́е — erstmals
2. направ/ле́ние — Richtung, напра́в/ить — richten
3. числ/о́ — Zahl, чи́сл/енный — zahlenmäßig
4. определ/и́ть — bestimmen, определ/ённый — bestimmt, определ/е́ние — Bestimmung

LE 5   ⊕ ⊕   Internationalismen:

тео́рия; хара́ктер; характеризова́ть; аксио́ма; ине́рция — Trägheit; ста́тика; динами́ческий; при́нцип; формули́ровать; физи́ческий

PK 3 · PA 1 · SQ B

LE 1   Die Partizipialkonstruktion

Die attributiv gebrauchte Partizipialkonstruktion tritt vor- und nachgestellt auf:

     Hauptsatz   *Nebensatz*
     Bezugswort   Partizipialkonstruktion = Partizip + Ergänzung
     Силы, действующие на твердые тела, ...
     Kräfte, die auf starre Körper einwirken, ...

3.1.

      Hauptsatz
      Partizipialkonstruktion + Bezugswort
      Действующие на твердые тела силы...
         Auf starre Körper einwirkende Kräfte... *oder* Kräfte, die auf starre Körper einwirken,...

Das attributiv gebrauchte Partizip im Russischen wird als deutsches Partizip oder mit einem Relativsatz übersetzt. Die häufigste Übersetzungsmethode ist der Relativsatz.

LE 2   Unterstreichen Sie die Partizipialkonstruktionen und übersetzen Sie:

1. В статике часто применяются аксиомы о силах, приложенных к одной материальной точке. 2. Студенты говорили об изученных статикой законах. 3. Сила, имеющая характер вектора,... 4. Действующие в твердом теле силы...

KÜ   π—O   Formen Sie nach dem in LE 1 gegebenen Muster um und übersetzen Sie:

1. приложенные к одной точке тела силы 2. силы, направленные на твердое тело 3. Отдел механики, занимающийся законами сложения и разложения сил, называется статикой. 4. Служащий для определения неизвестных сил отдел механики называется статикой.

LE 3   Bilden Sie mit Hilfe der angegebenen Wörter Sätze und ordnen Sie dabei die Partizipien richtig ein:

твердые тела, силы, статика, точка, отдел механики, законы; действующий, занимающийся, направленный, служащий, приложенный

PK 3 · PA 1 · SQ C

LE 1 🔊🔊 Hören Sie den Text und geben Sie den Inhalt in deutscher Sprache wieder:

Статика представляет собой теорию о равновесии, сложении и разложении сил. Она служит для определения неизвестных сил, приложенных к твердым телам.
Сила — это физическая величина, которая характеризуется своим механическим или динамическим эффектом.
Сила в статике имеет характер вектора, длина которого соответствует численному значению силы и направление которого совпадает с направлением действия силы.

LE 2 🔊🔊 Antworten Sie auf die Fragen:

1. Что представляет собой статика? 2. Для чего служит статика? 3. Чем характеризуется сила? 4. Чему соответствует длина вектора? 5. С чем совпадает направление вектора?

LE 3 π—O Definieren Sie mit Hilfe der folgenden Verben den Begriff „Statik":

представлять собой, служить для, заниматься, рассматривать, изучать

PK 3 · PA 2 · SQ A

LE 0 Wortschatz zur Wiederholung:

лежа́ть — liegen

LE 1 🔊🔊 Neue Lexik:

сосредото́ченная си́ла   Einzelkraft
распределённая си́ла   verteilte Kraft
вне́шняя си́ла   äußere Kraft

3.2.

вну́тренняя си́ла — innere Kraft
пройти́/проходи́ть — hindurchgehen
то́чка приложе́ния — Angriffspunkt
уравнове́ситься/уравнове́шиваться — sich aufheben
извне́ — von außen
внутри́ — im Inneren
равноде́йствующая — Resultierende

LE 2 Schauen Sie auf das Bild, hören Sie den Satz, sehen Sie den Satz, vergleichen Sie mit dem deutschen Satz, hören Sie den Satz noch einmal und wiederholen Sie:

1. Сила приложена к одной точке твердого тела. — Eine Kraft greift an einem Punkt eines starren Körpers an. 2. Приложена сосредоточенная сила. — Es greift eine Einzelkraft an. 3. Линия действия силы проходит через точку приложения. — Die Kraftwirkungslinie geht durch den Angriffspunkt. 4. Две равные, противоположно направленные силы уравновешиваются. — Zwei gleiche entgegengesetzt gerichtete Kräfte heben sich auf. 5. Тело находится в равновесии. — Der Körper befindet sich im Gleichgewicht. 6. На тело действуют внешние силы. — Auf einen Körper wirken äußere Kräfte. 7. Внутри твердого тела действуют внутренние силы. — Innerhalb des starren Körpers wirken innere Kräfte. 8. Равнодействующая — это сила, эквивалентная системе сил. — Die Resultierende ist eine Kraft, die dem Kräftesystem äquivalent ist.

LE 3 Übersetzen Sie:

1. На твердые тела действуют внешние силы. 2. Если сила приложена к одной точке тела — это сосредоточенная сила. 3. Если сила распределена по объему тела — это распределенная сила. 4. Можно переносить точку приложения по линии действия силы. 5. При равновесии приложенные к телу силы уравновешены.

LE 4 Neue Wörter mit bekannten Elementen:

1. носи́ть — tragen, пере/носи́ть — übertragen, verlegen

LE 5 Internationalismen:

ли́ния; эквивале́нтный

PK 3 · PA 2 · SQ B

Die Partizipialkonstruktion (2)

LE 1   Übersetzen Sie:

1. Силы, действующие на твердое тело, можно разделить на внешние и внутренние. 2. Действующие между частями системы силы называются внутренними. 3. Силы, действующие на систему или ее части извне, называют внешними. 4. Две противоположно направленные, по численному значению равные силы уравновешиваются. 5. В твердом теле силу можно переносить в любую точку, лежащую на линии действия силы.

KÜ   ⊶   Übersetzen Sie:

1. Die Statik beschäftigt sich mit den Gleichgewichtsgesetzen starrer Körper. 2. Man unterscheidet innere und äußere Kräfte. 3. Es gibt Einzelkräfte und verteilte Kräfte. 4. Eine Kraft greift an einem starren Körper an. 5. Zwei entgegengesetzt gerichtete gleich große Kräfte heben sich auf. 6. Kräfte, die an starren Körpern von außen angreifen, heißen äußere Kräfte.

PK 3 · PA 2 · SQ C

LE 1   ⊕ ⊕   Hören Sie den Text und geben Sie den Inhalt in deutscher Sprache wieder:

Статика — отдел механики, основанный на аксиомах о силах, приложенных к твердому телу. Статика занимается теорией о равновесии, сложении и разложении сил.
Различают внешние и внутренние силы. Если сила приложена к одной точке тела, она называется сосредоточенной. Если она распределена по объему тела, она называется распределенной.
Если две противоположно направленные равные силы уравновешены,

3.2.

то тело находится в равновесии. Если данная система сил уравновешена на каком-нибудь твердом теле, то она будет уравновешена на всяком другом твердом теле.

LE 2 ⊕ ⊕ **Antworten Sie auf die Fragen:**

1. Чем занимается статика? 2. Какие силы различают? 3. Как называется сила, приложенная к одной точке тела? 4. Какие две силы уравновешиваются?

PK 3 · PA 3 · SQ A

LE 0 **Wortschatz zur Wiederholung:**

требовать — fordern; время — Zeit; размер — Größe, Dimension; известный — bekannt; зависеть от чего — abhängen von etwas

LE 1 ⊕ ⊕ **Neue Lexik:**

раздел	Gebiet, Zweig
прямолинейный	geradlinig
находиться в покое	sich im Ruhezustand befinden
установить/устанавливать	festlegen, bestimmen
скорость	Geschwindigkeit
ускорение	Beschleunigung
сила тяжести	Schwerkraft
единица измерения	Maßeinheit
сохранить/сохранять	beibehalten
поверхность	Oberfläche, Fläche

LE 2 ⊕ ⊕ ▷☐ **Schauen Sie auf das Bild, hören Sie den Satz, sehen Sie den Satz, vergleichen Sie mit dem deutschen Satz, hören Sie den Satz noch einmal und wiederholen Sie:**

1. Динамика — раздел механики. — Die Dynamik ist ein Teilgebiet der Mechanik. 2. В динамике изучаются законы движения материальных тел под действием сил. — In der Dynamik werden die Bewegungsgesetze materieller Körper unter der Einwirkung von Kräften untersucht.

3. Динамика занимается переменными силами. — Die Dynamik beschäftigt sich mit veränderlichen Kräften. 4. Материальная точка движется равномерно и прямолинейно. — Ein Massepunkt bewegt sich gleichmäßig und geradlinig. 5. Материальная точка движется с постоянной скоростью. — Ein Massepunkt bewegt sich mit konstanter Geschwindigkeit. 6. Ускорение точки равно нулю. — Die Beschleunigung des Punktes ist gleich Null. 7. Произведение массы точки на ускорение равно действующей силе. — Das Produkt der Masse des Punktes mit der Beschleunigung ist gleich der wirkenden Kraft. 8. g — это ускорение силы тяжести. — g ist die Beschleunigung der Schwerkraft. 9. К основным единицам измерения относятся единица длины, единица времени и единица массы. — Zu den Grundmaßeinheiten gehören die Längeneinheit, die Zeiteinheit und die Masseeinheit. 10. Если известен закон движения точки, требуется определить действующие на нее силы. — Wenn das Bewegungsgesetz des Punktes bekannt ist, müssen die auf ihn wirkenden Kräfte bestimmt werden. 11. Если известны действующие на точку силы, требуется определить закон движения точки. — Wenn die auf den Punkt wirkenden Kräfte bekannt sind, muß das Bewegungsgesetz des Punktes bestimmt werden.

LE 3   Übersetzen Sie:

1. В отличие от кинематики в динамике рассматривают как действующие силы, так и инертность материальных тел. 2. В отличие от статики, где все силы считаются постоянными, динамика занимается переменными силами. 3. Изолированная от внешних воздействий материальная точка сохраняет свое состояние. 4. Такая точка находится в покое или движется с постоянной по модулю и направлению скоростью. 5. На все тела, находящиеся вблизи земной поверхности, действует сила тяжести.

LE 4   Neue Wörter mit bekannten Elementen:

1. де́йствие — Wirkung, воз/де́йствие — Einwirkung
2. стоя́/ть — stehen, со/стоя́/ние — Zustand
3. бли́з/кий — nahe, в/близ/и́ — nahe
4. зем/ля́ — Erde, зем/но́й — Erd-
5. о/смáтр/ивать — betrachten, рас/смáтр/ивать — betrachten

LE 5   Internationalismen:

дина́мика; кинема́тика; ма́сса; мо́дуль — Betrag; материа́льный — materiell, Massen-, Masse-; ине́ртность — Trägheit; изоли́ровать

PK 3 · PA 3 · SQ B

Die Partizipialkonstruktion (3)

KÜ 1 ∗—0 Setzen Sie die entsprechenden Partizipien ein und übersetzen Sie:

1. Противоположно (richten) равные силы уравновешиваются. 2. Точка, (sich befinden) на линии действия силы, называется точкой приложения силы. 3. Силу можно переносить в любую точку, (liegen) на линии действия силы. 4. Сумма векторов сил, (angreifen) к точке, равна нулю. 5. (hindurchgehen) через точку приложения линия называется линией действия силы. 6. (wirken) извне на тело силы называются внешними. 7. Отдел механики, (sich beschäftigen) законами движения материальных тел под действием сил, называется динамикой. 8. (wirken) на твёрдое тело сила тяжести является равнодействующей сил тяжести его частиц.

KÜ 2 ∗—0 Übersetzen Sie und verwenden Sie dabei Partizipialkonstruktionen:

1. Eine Einzelkraft greift an einem Punkt des starren Körpers an. 2. Der Punkt, der auf der Wirkungslinie der Kraft liegt, heißt Angriffspunkt der Kraft. 3. Die Linie, die durch den Angriffspunkt der Kraft hindurchgeht, heißt Wirkungslinie der Kraft. 4. Kräfte, die auf einen starren Körper einwirken, heißen äußere Kräfte. 5. Das Gebiet der Mechanik, das die Gesetze der Bewegung materieller Körper untersucht, heißt Dynamik. 6. Die Dynamik beschäftigt sich mit veränderlichen Kräften.

KÜ 3 ∗—0 Übersetzen Sie und achten Sie dabei besonders auf die Übersetzung der Partizipialkonstruktionen:

1. В отличие от статики, занимающейся постоянными силами, динамика изучает переменные силы. 2. Обе задачи динамики решаются с помощью уравнений (Gleichung), выражающих основной закон динамики, так как эти уравнения связывают ускорение, т. е. величину, характеризующую движение точки, и действующие на нее силы. 3. Практически данное тело можно рассматривать как материальную

точку в тех случаях, когда расстояния, проходимые точками тела при его движении, очень велики по сравнению с размерами тела. 4. В частности, обычно рассматриваемая в механике сила тяжести, действующая на данное твердое тело, представляет собой равнодействующую сил тяжести его частиц. 5. Линия действия этой равнодействующей проходит через точку, называемую центром тяжести тела.

PK 3 · PA 3 · SQ C

LE 1   ⊕ ⊕   **Hören Sie den Text:**

Динамикой называется раздел механики, в котором изучаются законы движения материальных тел под действием сил. Динамика в отличие от статики, где все силы считаются постоянными, занимается переменными силами. Переменные силы могут зависеть от времени, от положения тела и от его скорости.
Систематически законы динамики были впервые изложены Ньютоном в его классическом сочинении „Математические начала натуральной философии".
Первый закон, закон инерции, отражает одно из основных свойств материи — пребывать неизменно в движении.
Второй закон — основной закон динамики — устанавливает, как изменяется скорость точки при действии на нее какой-нибудь силы.
Третий закон устанавливает характер механического взаимодействия между материальными точками — это закон равенства действия и противодействия.

LE 2   ⊕ ⊕   **Antworten Sie auf die Fragen:**

1. Что изучается в динамике? 2. От чего могут зависеть переменные силы? 3. Кем были впервые систематически изложены законы динамики? 4. Какое свойство материи устанавливается первым законом? 5. Что устанавливается вторым законом? 6. Что устанавливает третий закон?

LE 3   ▼—О   **Definieren Sie mit Hilfe der folgenden Wörter den Begriff „Dynamik":**

заниматься, изучать, рассматривать, в отличие от

LE 4   Text zum verstehenden Lesen:

Предмет статики

Статикой называется раздел механики, в котором излагается общее учение о силах и изучаются условия равновесия материальных тел, находящихся под действием сил.
Под равновесием мы будем понимать состояние покоя тела по отношению[1] к другим материальным телам. Если движением тела, по отношению к которому изучается равновесие, можно пренебречь[2], то равновесие условно называют абсолютным, а в противном случае — относительным. В статике мы будем изучать только так называемое абсолютное равновесие тел. Практически при инженерных расчетах[3] абсолютным можно считать[4] равновесие по отношению к Земле или к телам, жестко связанным с Землей.
Условия равновесия тела существенно[5] зависят от того, является ли это тело твердым, жидким[6] или газообразным[7]. Равновесие жидких и газообразных тел изучается в курсах гидростатики и аэростатики. В общем курсе механики рассматриваются обычно только задачи о равновесии твердых тел.
Все встречающиеся в природе твердые тела под влиянием внешних воздействий в той или иной мере[8] изменяют свою форму (деформируются). Величины этих деформаций зависят от материала тел, их геометрической формы и размеров и от действующих нагрузок[9].
Абсолютно твердым телом будем называть такое тело, расстояние между двумя любыми точками которого всегда остается постоянным. В дальнейшем при решении задач статики все тела будем рассматривать как абсолютно твердые, хотя часто для краткости[10] будем называть их просто твердыми телами. Условия равновесия, получаемые для абсолютно твердых тел, могут применяться не только к малым деформируемым, но и к любым изменяемым телам. Таким образом, область практических приложений[11] статики твердого тела оказывается довольно широкой.
Учет[12] деформаций тел приобретает[13] существенное значение при расчете прочности частей тех или иных инженерных сооружений или машин. Эти вопросы рассматриваются в курсах сопротивления материалов[14] и теории упругости[15].
Чтобы твердое тело под действием некоторой системы сил находилось в равновесии (в покое), необходимо, чтобы эти силы удовлетворяли определенным условиям равновесия данной системы сил. Нахождение этих условий является одной из основных задач статики. Но для отыскания[16] условий равновесия различных систем сил, а также для решения ряда других задач механики оказывается необходимым уметь складывать[17] силы, действующие на твердое тело, заменять действие одной системы сил другой системой и, в частности[18], приводить данную

систему сил к простейшему виду. Поэтому в статике твердого тела рассматриваются следующие две основные проблемы: 1) сложение сил и приведение систем сил, действующих на твердое тело, к простейшему виду; 2) определение условий равновесия действующих на твердое тело систем сил.

Задачи статики могут решаться или путем соответствующих геометрических построений (геометрический и графический методы), или с помощью численных расчетов (аналитический метод). В курсе будут рассмотрены оба эти метода, однако следует иметь в виду, что наглядные геометрические построения при решении задач механики раньше играли первостепенную[19] роль, а сейчас, вследствие применения вычислительных машин, чаще применяют аналитические методы.

[1] im Verhältnis [2] vernachlässigen [3] Berechnung [4] annehmen, betrachten
[5] im wesentlichen [6] flüssig [7] gasförmig [8] in diesem oder jenem Maße
[9] Belastung [10] kurz [11] Anwendung [12] Berücksichtigung [13] gewinnen
[14] Festigkeitslehre [15] Elastizitätslehre [16] Untersuchung [17] zusammenlegen
[18] insbesondere [19] vorrangig

PK 3 · SQ D

LE 1 **Übersetzen Sie den nachfolgenden Text mit Hilfe des Wörterbuchs und der Vokabelhilfen:**

деформа́ция — Verformung, Formänderung; зави́сеть от — abhängen von; значе́ние — Bedeutung, Größe, Wert, Betrag; измеря́ть — messen; положе́ние — Lage. These; постоя́нный — konstant; расчёт — Berechnung; сле́довать — folgen; сле́дует + *Infinitiv* — man muß; соотве́тствовать — entsprechen

Статика твердых тел

Статика представляет собой теорию о равновесии, сложении и разложении сил. Она в большинстве случаев служит для определения неизвестных сил, приложенных к телам. От знания действующих на тела сил зависят расчеты на прочность и определение деформаций, испытываемых телами.

При равновесии приложенные к телу силы уравновешиваются. В этом случае состояние движения тела не изменяется, т. е. скорость всех его точек остается постоянной по величине и направлению.

Основной величиной, которая рассматривается статикой, является сила, определяемая следующими характеристиками:
— величиной,
— направлением,
— точкой приложения.

Сила — это физическая величина, которая проявляется только своим механическим или динамическим эффектом (деформацией, ускорением). Она имеет какую-либо величину и действует в определенном направлении. Для рассмотрения твердых тел в статике не имеет никакого значения положение точки приложения на линии действия силы, приложенной к телу, т. е. точку приложения можно произвольно переносить по этой линии. Сила носит здесь характер вектора, длина которого соответствует численному значению силы и направление которого совпадает с направлением действия силы.

LE 2   **Vergleichen Sie und bestimmen Sie die deutsche Bedeutung des jeweils zweiten Wortes:**

дать — данные; любить — любой; следующий — следовательно; падать — совпадать; висеть — зависеть от; измерение — измерять

LE 3   **Übersetzen Sie die folgenden substantivisch gebrauchten Adjektive und Partizipien:**

рабочий, трудящийся, ученый, прямая (линия), кривая (линия), постоянная (величина), переменная (величина), равнодействующая (сила), составляющая, данные (величины), слагаемое (число), уменьшаемое (число), делимое (число), образующая (линия)

LE 4   **Übersetzen Sie die nachfolgenden Wendungen und Sätze und achten Sie dabei auf die unterschiedliche Übersetzung obenstehender Wörter:**

рабочий процесс — Рабочий выполняет свою норму.; постоянный ток, переменный ток, постоянная времени, переменная в уравнении; данные примеры, информационные данные, данные измерений; составляющая силы

LE 5 Übersetzen Sie ohne Wörterbuch:

Первая аксиома статики

Изолированная материальная точка или находится в покое, или движется прямолинейно и равномерно. Эта аксиома, называемая также принципом инерции, была открыта Галилеем.
Движение точки называется прямолинейным, если она движется по прямой линии; оно называется равномерным, если в равные промежутки времени[1] точка проходит равные пути[2].
Материальная точка, движущаяся непрямолинейно или неравномерно, является неизолированной; она находится под действием других материальных тел. Действие других материальных тел на данную материальную точку, результатом которого является непрямолинейное или неравномерное движение этой точки, называется силой. Говорят, что сила, действующая на данную материальную точку, приложена к этой точке. Данная точка называется точкой приложения силы.
Любая сила имеет определенную величину, которая может быть измерена. Кроме определенной численной величины, всякая[3] сила имеет определенное направление. Следовательно, сила является векторной величиной.

[1] Zeitabschnitt   [2] *hier:* Weglänge   [3] jeder

LE 6 Übersetzen Sie ohne Wörterbuch:

Законы динамики

Динамикой называется раздел механики, в котором изучаются законы движения материальных тел под действием сил.
В основе динамики лежат законы, установленные путем обобщения результатов целого ряда опытов и наблюдений над движением тел. Систематически эти законы были впервые изложены[1] И. Ньютоном в его классическом сочинении[2] „Математические начала[3] натуральной философии", изданном в 1687 г.
Первый закон — закон инерции — отражает[4] одно из основных свойств материи — пребывать[5] неизменно в движении. Второй закон является основным законом динамики, устанавливающим, как изменяется скорость точки при действии на нее какой-нибудь силы. Третий закон устанавливает характер механического взаимодействия[6] между материальными телами.

[1] darlegen   [2] Aufsatz, Werk   [3] Grundlagen   [4] widerspiegeln   [5] bleiben, verharren
[6] Wechselwirkung

5 SKA Russ. Maschb.

PK 4 · PA 1 · SQ A

LE 0   Wortschatz zur Wiederholung:

часто — häufig, oft; особенно — besonders; можно — man kann; возможно — (es ist) möglich; явиться/являться чем — sein; смочь/мочь — können; быть — sein; надо — man muß; низкий — niedrig; быстрый — schnell; приблизительно — annähernd, etwa

LE 1   ⊙⊙   Neue Lexik:

прежде всего	vor allem
материал	Werkstoff
металлический материал	metallischer Werkstoff
неметаллический материал	nichtmetallischer Werkstoff
чистый металл	reines Metall, Reinmetall
чёрный металл	Eisenmetall
цветной металл	Nichteisenmetall, Buntmetall
сплав	Legierung
железоуглеродистый сплав	Eisenkohlenstofflegierung
твёрдый сплав	Hartmetall
углеродистая сталь	Kohlenstoffstahl, unlegierter Stahl
легированная сталь	legierter Stahl
конструкционная сталь	Baustahl
инструментальная сталь	Werkzeugstahl
быстрорежущая сталь	Schnellarbeitsstahl
чугун	Gußeisen, Roheisen
режущий инструмент	Schneidwerkzeug
оснастить/оснащать	ausstatten, ausrüsten, bestücken
заменить/заменять	ersetzen
представить/представлять собой кого/что	sein, darstellen
относиться к кому/чему	gehören zu, sich beziehen auf

LE 2   ⊙⊙ ⊳☐   Schauen Sie auf das Bild, hören Sie den Satz, sehen Sie den Satz, vergleichen Sie mit dem deutschen Satz, hören Sie den Satz noch einmal und wiederholen Sie:

1. Материалы применяются для изготовления различной продукции. — Werkstoffe werden zur Herstellung verschiedener Erzeugnisse verwendet.
2. Различают металлические и неметаллические материалы. — Man

unterscheidet metallische und nichtmetallische Werkstoffe. 3. Из неметаллических материалов важны пластмассы. — Von den nichtmetallischen Werkstoffen sind die Plaste wichtig. 4. В машиностроении применяют прежде всего металлические материалы. — Im Maschinenbau verwendet man vor allem metallische Werkstoffe. 5. Большинство материалов — это металлы. — Die meisten Werkstoffe sind Metalle. 6. Металлы разделяются на черные и цветные. — Metalle werden in Eisen- und Nichteisenmetalle unterteilt. 7. Имеются чистые металлы и их сплавы. — Es gibt reine Metalle und ihre Legierungen. 8. Чистый металл представляет собой однокомпонентную систему. — Ein reines Metall ist ein Einstoffsystem. 9. Сплав двух металлов является двухкомпонентной системой. — Die Legierung zweier Metalle ist ein Zweistoffsystem. 10. Сталь и чугун относятся к железоуглеродистым сплавам. — Stahl und Gußeisen gehören zu den Eisenkohlenstofflegierungen. 11. Сталь может быть углеродистой или легированной. — Stahl kann unlegiert oder legiert sein. 12. Различают конструкционную и инструментальную стали. — Man unterscheidet Bau- und Werkzeugstahl. 13. Важная группа инструментальных сталей — это быстрорежущие стали. — Eine wichtige Gruppe der Werkzeugstähle sind die Schnellarbeitsstähle. 14. Режущие инструменты оснащаются твердыми сплавами. — Schneidwerkzeuge werden mit Hartmetallen bestückt. 15. Чистые металлы часто заменяются их сплавами. — Reine Metalle werden oft durch ihre Legierungen ersetzt.

LE 3 → ○ Übersetzen Sie:

1. Сталь и чугун служат основными материалами для изготовления деталей машин, конструкций и инструментов. 2. Цветные металлы часто заменяют черными металлами. 3. Алюминий является основой для получения многих сплавов. 4. Легированные стали имеют большое значение в современной технике, особенно в области машиностроения. 5. Легированные стали применяются, если использование углеродистых сталей невозможно. 6. Приблизительно 95% всей продукции металлургии — это железоуглеродистые сплавы, т. е. сталь и чугун. 7. Для изготовления режущих инструментов, работающих при температурах до 350 °C, применяют углеродистые стали. 8. Из неметаллических материалов широкое применение получили в последнее время пластмассы. 9. Все металлы можно разделить на две большие группы — на черные и цветные. 10. Развитие металлургической и машиностроительной промышленности связано с созданием новых металлических сплавов.

4.1.

LE 4 🔊 🔊 Neue Wörter mit bekannten Elementen:

1. маши́н/а — Maschine, стро́/ить — bauen, маши́н/о/стро/е́ние — Maschinenbau, маши́н/о/стро/и́тельный — Maschinenbau-
2. бо́льш/е — mehr, бо́льш/инство́ — Mehrheit, die meisten
3. примен/я́ть — ver-, anwenden, примен/е́ние — Ver-, Anwendung
4. получ/а́ть — erhalten, получ/е́ние — Erzeugung, Gewinnung, Herstellung
5. гото́в/ый — fertig, из/гото́в/ле́ние — Fertigung, Herstellung
6. грани́/ца — Grenze, о/грани́/чить — begrenzen
7. желе́з/о — Eisen, желе́з/ный — Eisen-, не/желе́з/ный — Nichteisen-

LE 5 🔊 🔊 Internationalismen:

гру́ппа; класс; температу́ра; констру́кция; металлу́ргия; металлурги́ческий; те́хника; пластма́сса — Plast; гаранти́ровать; специали́ст; периоди́ческая систе́ма; трансура́новые элеме́нты — Transurane; техни́ческий прогре́сс; пра́ктика; классифика́ция; классифици́ровать; алюми́ний; цинк; хром; вольфра́м; тита́н; вана́дий; металлокерами́ческий материа́л — Metallkeramik; однокомпоне́нтная систе́ма — Einstoffsystem; двухкомпоне́нтная систе́ма — Zweistoffsystem; дета́ль маши́ны — Maschinenteil, Maschinenelement; сорт

PK 4 · PA 1 · SQ B

LE 1   Die Komparation der Adjektive

Für die zwei Steigerungsstufen Komparativ und Superlativ existieren jeweils zwei Formen: eine einfache und eine zusammengesetzte.

1. Komparativ

Der einfache Komparativ ist an den Endungen
„-ee, -e" bzw. „-ше"
zu erkennen. Er ist nach Genus, Numerus und Kasus unveränderlich und wird vorwiegend prädikativ gebraucht.

Für den zusammengesetzten Komparativ wird
„бо́лее" + Positiv
verwendet. Diese Bildung ist im Unterschied zum einfachen Komparativ

von allen qualitativen Adjektiven möglich. Die zusammengesetzten Komparativformen finden sowohl attributiv als auch prädikativ Verwendung. Eine besondere Gruppe bilden einige Steigerungsformen, die sowohl Komparativ- als auch Superlativbedeutung haben können, z. B.:

большой — больший
малый ⎫
маленький ⎬ — меньший
хороший — лучший
плохой — худший
высокий — высший
низкий — низший

Beachten Sie die Bedeutung von „всё" in Verbindung mit dem Komparativ:

всё большее значение — immer größere Bedeutung

2. Superlativ

Der einfache Superlativ hat folgende Endungen:
„-ейший" bzw. „-айший".

Für den zusammengesetzten Superlativ stehen die Formen
„самый" ⎫
„наиболее" ⎬ + Positiv

zur Verfügung.

LE 2 Bestimmen Sie die betreffende Komparationsstufe und übersetzen Sie:

1. Черные металлы имеют большее практическое значение для машиностроения, чем цветные. 2. Этим методом достигается более высокая эффективность. 3. Увеличивается число специалистов с высшим образованием. 4. Важнейшей задачей в настоящее время является повышение производительности труда. 5. Надо решить наиболее важные вопросы. 6. Самыми новыми элементами в периодической системе Менделеева являются трансурановые элементы. 7. Пластмассы получают все более широкое применение в технике. 8. Для изготовления режущих инструментов применяют самые различные сорта легированных сталей. 9. Предусмотрен более быстрый рост производства стали. 10. Машиностроение оснащает предприятия других отраслей промышленности самой современной техникой.

KÜ Setzen Sie die geforderte Komparationsstufe ein:

1. Машиностроение является одной из (wichtigste) отраслей промышленности. 2. Технический прогресс требует (engere) связи между теорией и практикой. 3. Планирование обеспечивает (bessere) ис-

4.1.

пользование преимуществ социализма. 4. (größte) роль играют металлические материалы. 5. (breitere) применение прогрессивных методов труда гарантирует дальнейшее повышение эффективности производства.

PK 4 · PA 1 · SQ C

LE 1 Hören Sie den Text und geben Sie den Inhalt in deutscher Sprache wieder:

Классификация применяемых в технике материалов

Материалами называются все вещества, применяемые прежде всего в машиностроении и электротехнике для изготовления приборов, машин, конструкций и инструментов.
В технике применяются самые различные материалы. Основную группу представляют собой металлы, которые, в свою очередь, можно разделить на два больших класса: на железные, или черные, и нежелезные, или цветные. К черным металлам относятся железо и сплавы на его основе. Из цветных металлов в технике наиболее часто используются алюминий, цинк, хром, вольфрам, титан, ванадий и другие.
В современной технике чистые металлы имеют ограниченное применение. Там, где это возможно, их заменяют сплавами. Поэтому большинство применяемых металлических материалов — это сплавы. Среди них наибольшую роль играют сталь и чугун, являющиеся железоуглеродистыми сплавами.
В последнее время все более важное значение получают металлокерамические материалы и пластмассы.

LE 2 Nennen Sie alle im Text erwähnten Werkstoffe in russischer Sprache!

LE 3 Klassifizieren Sie diese Werkstoffe mit Hilfe der folgenden Verben:

разделять, различать, классифицировать, относиться

LE 4   Bilden Sie auf der Grundlage des gehörten Textes Sätze mit folgender Lexik:

применять, иметь применение, получать применение, использовать;
являться, представлять собой; играть роль, иметь значение
большой, важный, широкий, различный, основной
материал, металл, сплав, сталь, чугун, пластмасса

PK 4 · PA 2 · SQ A

LE 0   Wortschatz zur Wiederholung:

общий — allgemein, gemeinsam, gesamt; должен, должна, должно, должны́ — müssen; некоторые — einige; кроме кого/чего — außer; твёрдый — hart; возможность — Möglichkeit; простой — einfach; широкий — breit, weit; содержание — Inhalt, Gehalt; вести́ best., водить unbest. — führen; показать/показывать — zeigen

LE 1   Neue Lexik:

изменить/изменять	verändern
обладать чем	besitzen, verfügen über
влияние	Einfluß
оказать/оказывать влияние на кого/что	Einfluß ausüben auf
углерод	Kohlenstoff
состав	Zusammensetzung
твёрдость	Härte
прочность	Festigkeit
предел прочности	Festigkeit
вязкость	Zähigkeit
ударная вязкость	Kerbschlagzähigkeit
хрупкость	Sprödigkeit
технологическое свойство	Verarbeitungseigenschaft
эксплуатационное свойство	Gebrauchseigenschaft
износостойкость	Verschleißwiderstand, Verschleißverhalten
коррозионная стойкость	Korrosionsbeständigkeit
способ	Art, Verfahren, Methode
редко	selten

4.2.

LE 2   Schauen Sie auf das Bild, hören Sie den Satz, sehen Sie den Satz, vergleichen Sie mit dem deutschen Satz, hören Sie den Satz noch einmal und wiederholen Sie:

1. Металлы обладают хорошей теплопроводностью. — Metalle besitzen eine gute Wärmeleitfähigkeit. 2. Свойства материалов можно изменять различными способами. — Die Eigenschaften der Werkstoffe kann man mit verschiedenen Verfahren verändern. 3. Общим свойством металлов является их пластичность. — Eine gemeinsame Eigenschaft der Metalle ist ihre Verformbarkeit. 4. Механические свойства сталей зависят от содержания углерода. — Die mechanischen Eigenschaften der Stähle sind vom Kohlenstoffgehalt abhängig. 5. Некоторые свойства зависят от структуры металла. — Einige Eigenschaften sind von der Struktur des Metalls abhängig. 6. Другие свойства определяются химическим составом материала. — Andere Eigenschaften werden von der chemischen Zusammensetzung des Werkstoffes bestimmt. 7. Высокая прочность связана с высоким содержанием углерода. — Eine hohe Festigkeit ist mit einem hohen Kohlenstoffgehalt verbunden. 8. Инструментальные стали имеют высокую твердость. — Werkzeugstähle haben eine hohe Härte. 9. Хром и никель влияют на ударную вязкость стали. — Chrom und Nickel beeinflussen die Kerbschlagzähigkeit des Stahls. 10. Углерод повышает хрупкость. — Kohlenstoff erhöht die Sprödigkeit. 11. Технологические свойства материалов зависят от их механических характеристик. — Die Verarbeitungseigenschaften der Werkstoffe sind von ihren mechanischen Kenngrößen abhängig. 12. К эксплуатационным свойствам относится, например, износостойкость. — Zu den Gebrauchseigenschaften gehört z. B. das Verschleißverhalten. 13. Важным эксплуатационным свойством является коррозионная стойкость. — Eine wichtige Gebrauchseigenschaft ist die Korrosionsbeständigkeit. 14. Чистые металлы применяются редко. — Reine Metalle werden selten verwendet.

LE 3   Übersetzen Sie:

1. Свойства черных металлов, зависящие от многих факторов, можно изменять различными способами. 2. Углерод является важнейшим легирующим элементом всех черных металлов. 3. Легированием улучшают прежде всего прочностные свойства материалов. 4. Увеличением концентрации углерода уменьшается пластичность стали. 5. От конструкционных сталей требуется высокая прочность и пластичность. 6. Легирующие элементы оказывают большое влияние на структуру и, в связи с этим, на многие свойства стали, прежде всего на прочность, вязкость, твердость и коррозионную стойкость. 7. С повышением твердости стали значительно возрастает ее износостойкость. 8. Быстрорежущие стали должны быть твердыми, прочными и, по

возможности, вязкими. 9. Основные свойства металлов зависят от их атомно-кристаллического строения. 10. Кроме пластичности, все металлы обладают высокой электропроводностью и теплопроводностью. 11. Для практического применения материалов важны их эксплуатационные свойства.

LE 4 ⊕ ⊕ Neue Wörter mit bekannten Elementen:

1. меньш/е — weniger, у/меньш/áть — verringern, herabsetzen
2. лучш/е — besser, у/лучш/áть — verbessern, у/лучш/éние — Verbesserung
3. раст/и́ — wachsen, воз/раст/áть — wachsen, zunehmen, ansteigen
4. проводн/и́к — Leiter, проводн/ость — Leitfähigkeit, электро/проводн/ость — elektrische Leitfähigkeit; тёпл/ый — warm, тепл/о́ — Wärme, тепл/о/проводн/ость — Wärmeleitfähigkeit
5. про́чн/ост/ь — Festigkeit, про́чн/ост/ный — Festigkeits-, про́чн/ый — fest
6. знач/éние — Bedeutung, знач/и́тельный — bedeutend, beträchtlich, erheblich
7. вязк/ость — Zähigkeit, вязк/ий — zäh
8. стро́/ить — bauen, стро/éние — Aufbau, Struktur
9. влия/ние — Einfluß, влия/ть на кого/что — beeinflussen
10. ходи́ть — gehen, проис/ходи́ть — vor sich gehen, stattfinden
11. завис/еть — abhängen, завис/имость — Abhängigkeit
12. содержá/ние — Gehalt, содержá/ть — enthalten
13. возник/áть — entstehen, auftreten, возник/новéние — Entstehung, Auftreten, Bildung
14. ниже — niedriger, по/нижéние — Verringerung, Abnahme, Abfall
15. води́ть — führen, при/води́ть к чему — führen zu
16. си́л/а — Kraft, Stärke, си́л/ьный — stark

LE 5 ⊕ ⊕ Internationalismen:

пласти́чность — Plastizität, Verformbarkeit; леги́рующий элемéнт — Legierungselement; механи́ческий; практи́ческий; áтомно-кристалли́ческая структýра — atomarer Kristallaufbau; леги́рование; фáктор; ни́кель; концентрáция; структýра — Struktur, Gefüge; деформи́ровать — verformen; технологи́ческий; организовáть; ориенти́роваться; реáкция; эвтекто́идный — eutektoid; фáза; перли́т; перли́тный — perlitisch; ферри́т; цементи́т; втори́чный цементи́т — Sekundärzementit; фигýра — Bild, Abbildung; диагрáмма

4.2.

PK 4 · PA 2 · SQ B

LE 1 Die Komparation der Adverbien

1. Komparativ

Die einfache Form des Komparativs ist mit den Endungen
„-ee" bzw. „-e" vertreten.
Die zusammengesetzte Form verwendet
„более" + Positiv.

2. Superlativ

Die Bildung der einfachen Form des Superlativs erfolgt mit der einfachen Form des Komparativs + „всего (всех)".
In der zusammengesetzten Form erscheinen
„наиболее" + Positiv.

LE 2 π—O Übersetzen Sie und nennen Sie bei den einfachen Steigerungsformen den Positiv:

1. Неметаллические материалы применяются реже, чем металлические. 2. Из металлических материалов чаще всего применяют черные металлы. 3. Ниже рассматриваются свойства металлокерамических материалов. 4. Выше уже была показана зависимость свойств сталей от содержания в них углерода. 5. При более высоких температурах эта реакция происходит быстрее. 6. Наиболее часто на практике применяется конструкционная сталь. 7. В машиностроении все шире используются пластмассы. 8. Менее вязкие и более хрупкие стали хуже деформируются. 9. Все больше увеличивается производство стали. 10. Технологический процесс должен быть как можно лучше организован.

KÜ π—O Setzen Sie die geforderten Komparationsstufen ein:

1. Необходимо (immer mehr) ориентироваться на повышение коррозионной стойкости сталей. 2. Эту задачу можно решить (einfacher). 3. В странах СЭВ промышленное производство растет (schneller), чем в капиталистических странах. 4. Из всех факторов содержание углерода (am stärksten) влияет на прочностные свойства железоуглеродистых сплавов. 5. (immer häufiger) используются режущие инструменты, оснащенные твердыми сплавами.

PK 4 · PA 2 · SQ C

LE 1 Hören Sie den Text und geben Sie den Inhalt in deutscher Sprache wieder:

Влияние углерода на механические свойства углеродистых сталей

С увеличением содержания углерода изменяется структура стали, а следовательно, и ее свойства.
Сталь, содержащая 0,8% углерода, состоит из одного перлита. Перлит представляет собой эвтектоидную фазу, состоящую из феррита и цементита. Перлит повышает прочность и уменьшает пластичность.
В стали, содержащей больше 0,8% углерода, кроме перлита, имеется вторичный цементит. Вторичный цементит является очень хрупкой фазой. С возникновением хрупкого вторичного цементита связано понижение пластичности, что приводит к уменьшению прочности.
Если углерода в стали меньше 0,8%, то ее структура состоит из феррита и перлита.
Увеличение содержания углерода в стали ведет к повышению прочности и понижению пластичности, как это показано на следующей фигуре.
В диаграмме обозначены:

$a_\text{к}$ — ударная вязкость, измеряемая в кГм/см^2;
δ, ψ — характеристики пластичности;
$\sigma_\text{в}$ — предел прочности, измеряемый в кГ/мм^2;
НВ — твердость по Бринеллю.

LE 2 Beantworten Sie folgende Fragen in russischer Sprache:

1. Какое влияние оказывает увеличение содержания углерода в стали? 2. Какими механическими свойствами обладает сталь с перлитной структурой? 3. При каком содержании углерода в структуре стали возникает вторичный цементит? 4. Каким свойством характеризуется вторичный цементит? 5. Какую структуру имеет сталь с содержанием углерода меньше 0,8%? 6. Как изменяется твердость в зависимости от содержания углерода? 7. Какое влияние оказывает уменьшение содержания углерода на ударную вязкость?

4.2.

LE 3   Text zum verstehenden Lesen:

Влияние постоянных примесей[1] на свойства углеродистых сталей

Постоянными примесями сталей считают марганец[2], кремний[3], фосфор, серу[4], а также газы (водород, азот[5], кислород[6]), в том или ином количестве постоянно присутствующие в технических сортах стали.
Обычно присутствие этих элементов ограничивается следующими верхними пределами[7] (в %):

    марганец   до 0,7
    кремний   до 0,5
    фосфор   до 0,05
    сера   до 0,05

При большем содержании их мы должны отнести сталь к сорту специальных легированных сталей, где эти элементы специально введены. Рассмотрим влияние примесей отдельно.

Марганец. Вводится в любую сталь для раскисления[8]. Марганец устраняет также вредные[9] сернистые соединения железа; растворяется[10] в феррите и цементите.
Марганец заметно влияет на свойства стали, повышая в горячекатаных[11] изделиях прочность, изменяя и некоторые другие свойства, но так как во всех сталях содержание марганца примерно одинаково, то уровень его влияния на сталь остается постоянным.

Кремний. Влияние начальных присадок кремния аналогично влиянию марганца. Кремний раскисляет сталь по реакции

$$2FeO + Si \rightarrow 2Fe + SiO_2.$$

Кремний структурно не обнаруживается[12], так как полностью растворим в феррите.

Фосфор. Руды железа содержат то или иное количество фосфора, которое в процессе производства стали удаляется в той или иной степени.
При бессемеровском процессе выплавки[13] в стали остается до 0,07—0,12 % фосфора, т. е. количество, которое имел исходный чугун. При выплавке стали в осно́вных[14] мартеновских печах из металла удаляется большая часть фосфора. Сталь, изготовленная в основной мартеновской печи, содержит немного фосфора (0,02—0,04 %). При выплавке стали в основной электропечи фосфор почти полностью удаляется и в стали сохраняется его не более 0,02 %.
Растворяясь в феррите, фосфор резко снижает его пластичность, повышает температуру перехода в хрупкое состояние или, иначе, вызывает хладноломкость[15] стали. Это влияние фосфора резко сказывается[16] при наличии его свыше 0,1 %.

В зависимости от назначения стали устанавливаются или более жесткие требования к содержанию фосфора (напр., не более 0,025 % P), или более мягкие (не более 0,04 % P).
Следует отметить, что в отдельных случаях фосфор может быть полезным[17], напр., фосфор облегчает обрабатываемость режущим инструментом, а в присутствии меди[18] повышает коррозионную стойкость.

Сера. Как и фосфор, сера попадает в металл из руды, а также из печных газов. Наиболее высокое содержание серы в бессемеровской стали (0,06 %). Сера удаляется из стали в основном мартеновском процессе и при выплавке стали в основной электрической печи. Обычно содержание серы лимитируется 0,02—0,03 % для высококачественной стали. Для стали обычного качества допускают более высокое содержание серы (0,04—0,05 %).
Сера не растворима в железе и образует сульфид FeS, который входит в состав эвтектики[19], температура плавления которой 985 °C. Наличие легкоплавкой и хрупкой эвтектики, расположенной, как правило, по границам зерен[20], делает сплав хрупким при 800 °C и выше, т. е. в районе температуры красного каления[21]. Явление это носит название красноломкости[22]. Вследствие красноломкости сталь, содержащая повышенный процент серы, не поддается горячей обработке давлением[23]. С этой точки зрения[24] сера является вредной примесью в стали.
Серу в общем случае следует считать вредной примесью. Единственным положительным влиянием серы является то, что она облегчает обрабатываемость резанием.

[1] Begleiter, Beimengung [2] Mangan [3] Silizium [4] Schwefel [5] Stickstoff
[6] Sauerstoff [7] obere Grenzwerte [8] Desoxydation [9] schädlich, nachteilig
[10] lösen [11] warmgewalzt [12] nachweisen [13] Schmelzverfahren [14] basisch
[15] Kaltbrüchigkeit [16] sich auswirken [17] vorteilhaft, günstig, nützlich [18] Kupfer
[19] Eutektikum [20] Korngrenze [21] Rotwärme [22] Rotbrüchigkeit [23] Warmumformen [24] Gesichtspunkt

PK 4 · PA 3 · SQ A

LE 0   Wortschatz zur Wiederholung:

дешёвый — billig; слéдующий — folgender; мéдленный — langsam; слýчай — Fall; дорогóй — teuer; лёгкий — leicht; тóчный — genau; богáтый — reich; тáкже — auch; часть — Teil; рáзница — Unterschied

4.3.

LE 1 **Neue Lexik:**

терми́ческая обрабо́тка	Wärmebehandlung
термообрабо́тка	Wärmebehandlung
хи́мико-терми́ческая обрабо́тка	chemisch-thermische Behandlung
термомехани́ческая обрабо́тка	thermomechanische Behandlung
нагре́в	Erwärmung
вы́держка	Halten, Haltedauer
охлажде́ние	Abkühlung
о́тжиг	Glühen
зака́лка	Härten, Abschrecken
усто́йчивый	stabil
неусто́йчивый	instabil
о́тпуск	Anlassen
фа́зовое превраще́ние	Phasenumwandlung
диагра́мма состоя́ния	Zustandsdiagramm
заключа́ться в чём	bestehen in
зерно́	Korn
вы́звать/вызыва́ть	hervorrufen
подве́ргнуть/подверга́ть что чему	unterziehen, aussetzen
оста́точный	Rest-, bleibend, Eigen-

LE 2 Schauen Sie auf das Bild, hören Sie den Satz, sehen Sie den Satz, vergleichen Sie mit dem deutschen Satz, hören Sie den Satz noch einmal und wiederholen Sie:

1. Термической обработкой называется комплекс операций нагрева, выдержки и охлаждения. — Wärmebehandlung nennt man den Komplex der Erwärmungs-, Halte- und Abkühlungsvorgänge. 2. Путем термической обработки изменяются структура и свойства стали. — Durch die Wärmebehandlung ändern sich Gefüge und Eigenschaften des Stahls. 3. Способами термообработки являются отжиг, нормализация, закалка и отпуск. — Wärmebehandlungsverfahren sind das Glühen, Normalisieren, Härten und Anlassen. 4. После отжига сталь имеет устойчивую структуру. — Nach dem Glühen besitzt der Stahl ein stabiles Gefüge. 5. При закалке образуется неустойчивая структура. — Beim Härten entsteht ein instabiles Gefüge. 6. Остаточный аустенит вызывает повышенную ударную вязкость. — Restaustenit ruft eine erhöhte Kerbschlagzähigkeit hervor. 7. При отпуске не происходят первичные фазовые превращения. — Beim Anlassen finden keine primären Phasenumwandlungen statt. 8. Путем нормализации сталь получает устойчивую структуру. — Durch das Normalisieren erhält der Stahl ein stabiles Gefüge. 9. Режим термообработки определяется по диаграмме состояния сплава. — Die Wärmebehandlungsbedingungen

werden anhand des Zustandsdiagramms der Legierung bestimmt. 10. Термомеханическая обработка заключается в деформации и закалке сталей. — Die thermomechanische Behandlung besteht aus dem Verformen und Härten der Stähle. 11. К термообработке относится также химико-термическая обработка. — Zur Wärmebehandlung gehört auch die chemisch-thermische Behandlung. 12. При высоких температурах происходит рост зерен. — Bei hohen Temperaturen findet ein Kornwachstum statt. 13. Чугун подвергается термической обработке. — Gußeisen wird der Wärmebehandlung unterzogen.

LE 3 ☛—O Übersetzen Sie:

1. Термическая обработка применяется с целью изменения структуры металлических сплавов и создания у них необходимых свойств, напр., прочности, твердости, износостойкости и др. 2. В современном машиностроении широко применяют термическую обработку. 3. Термической обработке подвергают не только сталь и чугун, но и многие сплавы цветных металлов. 4. Благодаря термической обработке из простых и дешевых металлических сплавов получают детали с высокими механическими свойствами. 5. Отпуском называется способ термообработки, при котором путем нагрева закаленного сплава ниже температуры фазового превращения, выдержки и последующего охлаждения из неустойчивой закаленной структуры образуется более устойчивая. 6. Закалка сталей и чугунов имеет целью повышение их прочностных характеристик и прежде всего износостойкости. 7. Основными параметрами термической обработки являются температура и скорость нагрева, выдержка при температуре нагрева и скорость охлаждения. 8. После отжига сталь имеет устойчивую структуру, обусловливающую высокую пластичность и вязкость и малую твердость и прочность. 9. При закалке сталь нагревают выше температуры фазовых превращений и охлаждают с высокой скоростью. 10. После закалки сплавы обладают высокой твердостью и прочностью, а также высокой хрупкостью. 11. Термически обрабатывают углеродистые и легированные стали и чугуны, а также сплавы цветных металлов. 12. Теория термической обработки стали основана на общей теории фазовых превращений, протекающих в сплавах в твердом состоянии. 13. При отпуске сплавов производят нагрев ниже температуры фазовых превращений и, в большинстве случаев, медленное охлаждение. 14. При нагреве стали ниже точки A_{c1} ее структура и механические свойства не изменяются. 15. Структура и механические свойства стали значительно изменяются при нагреве выше точки A_{c3} и быстром охлаждении. 16. В нормализованном состоянии сталь обладает структурой, состоящей из зерен феррита и перлита. 17. В закаленной стали структура состоит из мартенсита или бейнита и остаточного аустенита. 18. После закалки остаточный аустенит представляет собой самую неустойчивую фазу.

4.3.

LE 4 ⊕ ⊕   Neue Wörter mit bekannten Elementen:

1. благодар/и́ть — danken, благодар/я́ — dank, durch, infolge
2. пут/ь — Weg, пут/ём — auf dem Wege, durch, infolge
3. сле́дующий — folgender, по/сле́дующий — nachfolgender
4. зака́л/ка — Härten, Abschrecken, закал/и́ть — härten, abschrecken
5. усло́в/ие — Bedingung, об/усло́в/ливать — bedingen
6. охлажд/е́ние — Abkühlung, охлажд/а́ть — abkühlen
7. нагре́в — Erwärmung, нагрев/а́ть — erwärmen
8. терми́ческ/ая обрабо́т/ка — Wärmebehandlung, терми́ческ/и обраба́т/ывать — wärmebehandeln
9. производи́тельн/ость — Produktivität, производи́тельн/ый — produktiv
10. износосто́йк/ость — Verschleißwiderstand, износосто́йк/ий — verschleißbeständig
11. согла́с/ен — einverstanden, согла́с/но — gemäß, laut, entsprechend
12. неусто́йчив/ый — instabil, неусто́йчив/ость — Instabilität
13. име́ть — haben, име́ть ме́сто — stattfinden
14. ви́д/еть — sehen, ви́д/ный — ersichtlich

LE 5 ⊕ ⊕   Internationalismen:

опера́ция — Operation, Vorgang; кристаллиза́ция; перекристаллиза́ция — Umkristallisation, Neukristallisation; пара́метр; нормализа́ция — Normalisieren, Normalglühen; нормализова́ть; режи́м — Bedingung, Bedingungen; мартенси́т; бейни́т — Bainit; аустени́т; рекристаллизацио́нный — Rekristallisations-; крити́ческий; результа́т; деформа́ция — Verformung, Formänderung

PK 4 · PA 3 · SQ B

LE 1   Möglichkeiten der Komparation bei prädikativem Gebrauch

Этот процесс сложен.   Dieser Prozeß ist kompliziert.

Этот процесс сложнее.   ⎫
Этот процесс более сложен. ⎬ Dieser Prozeß ist komplizierter.
                                                   ⎭

Этот процесс сложнее, чем другой.	Dieser Prozeß ist komplizierter als der andere.
Этот процесс сложнее другого.	
Эта задача наиболее сложна.	Diese Aufgabe ist am kompliziertesten.
Эта задача сложнее всех.	

LE 2   Bestimmen Sie die gesteigerte Form und übersetzen Sie:

1. Твердость и прочность после нормализации выше, чем после рекристаллизационного отжига. 2. После отпуска твердость и прочность ниже, а пластичность и вязкость выше, чем у закаленных сплавов. 3. Чем больше в стали углерода, тем выше ее твердость. 7. Создание более износостойких материалов важнее всего для повышения эффективности производства. 6. Законы равновесия проще законов движения. 6. Чем тверже сталь, тем ниже ее вязкость. 7. Новые результаты точнее всего. 8. Чугун богаче стали углеродом.

LE 3   π—O   Vergleichen Sie die folgenden Begriffe und verwenden Sie dabei die unten angeführten Wörter:

1. чистые металлы — сплавы 2. металлические сплавы — чистые металлы 3. новый способ — старый способ 4. пластмассы — металлы 5. легированная сталь — углеродистая сталь 6. качество — количество

хороший, дешевый, легкий, важный, дорогой, производительный

KÜ   π—O   Übersetzen Sie:

1. Im Maschinenbau haben Eisenmetalle eine größere Bedeutung als die Nichteisenmetalle. 2. Für die Herstellung von Schneidwerkzeugen verwendet man die verschiedensten Sorten legierter Stähle. 3. Kohlenstoff ist das wichtigste Legierungselement aller Eisenmetalle. 4. Am häufigsten wird in der Praxis Baustahl verwendet. 5. In der Technik verwendet man immer mehr Plaste. 6. Nichtmetallische Werkstoffe verwendet man seltener als metallische. 7. Stahl enthält weniger Kohlenstoff als Gußeisen. 8. Im Gußeisen ist mehr Kohlenstoff enthalten als im Stahl. 9. Je mehr Kohlenstoff im Stahl ist, desto höher ist seine Härte. 10. Reine Metalle sind teurer als Legierungen.

PK 4 · PA 3 · SQ C

LE 1 Hören Sie den Text und geben Sie den Inhalt in deutscher Sprache wieder:

Превращения в стали при нагреве и охлаждении

Согласно диаграмме состояния железо — углерод при изменении концентрации углерода в сплаве или температуры одно состояние является более устойчивым, чем другое. Этим и вызываются фазовые превращения, протекающие в стали.
Все виды термической обработки основаны на четырех основных превращениях, протекающих в стали определенного состава при нагреве и охлаждении.
Первое основное превращение происходит при нагреве стали до температуры выше точки A_{c1}. Это превращение перлита в аустенит. Это превращение происходит при нагреве для осуществления трех основных видов термической обработки стали — отжига, нормализации и закалки.
Второе основное превращение протекает при охлаждении до температур ниже точки A_{r1}. Это превращение аустенита в перлит. Оно протекает при медленном охлаждении и имеет место при различных видах отжига и нормализации.
Третье основное превращение происходит также при охлаждении до температур ниже точки A_{r1}. Это превращение аустенита в мартенсит. Для протекания этого превращения необходима большая скорость охлаждения. Такая скорость охлаждения достигается при закалке.
Четвертое основное превращение, протекающее при температурах ниже точки A_1, — это превращение мартенсита в перлит. Оно связано с неустойчивостью мартенсита при рассматриваемых температурах и происходит при отпуске.

LE 2 Sehen Sie das Diagramm, hören Sie den Text und beantworten Sie die Frage:

На диаграмме 1 показана часть диаграммы состояния железо — углерод. Из диаграммы видна зависимость точек A_{c1} и A_{c3} от концентрации углерода.
Как изменяется точка A_{c1} с повышением концентрации углерода?

LE 3   Sehen Sie das Diagramm, hören Sie den Text und beantworten Sie die Frage:

На диаграмме 2 показаны режимы температуры для закалки и нормализации. На диаграмме видны различные скорости охлаждения. В чем состоит разница охлаждения при закалке и при нормализации?

LE 4   Text zum verstehenden Lesen:

Превращения при отпуске

Структура закаленной стали состоит из мартенсита и небольшого количества остаточного аустенита и является неустойчивой. При отпуске закаленной стали в ней происходит ряд сложных процессов, состоящих из очень тонких структурных изменений, которые не всегда поддаются исследованию[1] под оптическим микроскопом[2] даже при самых высоких увеличениях. Поэтому их изучают с помощью электронного микроскопа и физических методов — рентгенографического, дилатометрического, магнитного и по измерению выделенного[3] тепла.
При отпуске закаленной стали, содержащей 0,8 % C, структура которой состоит из мартенсита и остаточного аустенита, наблюдаются[4] три накладывающиеся друг на друга[5] его стадии[6].
Первая стадия отпуска закаленной стали, происходящая при температурах приблизительно до 200 °C, протекает в условиях малой скорости диффузии атомов углерода. Поэтому группы атомов углерода, выделяющиеся преимущественно по границам мозаичных блоков[7] и игл[8] мартенсита, образуются за счет[9] обеднения[10] углеродом его ближайших участков. Мартенсит вследствие этого становится низкоуглеродистым, неоднородным[11] и получает меньшую степень тетрагональности. Выделившиеся атомы углерода с увеличением температуры и продолжительности[12] отпуска образуют ε-карбид, состав и решетка[13] которого отличны от цементита Fe_3C.
ε-карбид имеет гексагональную решетку и состав, соответствующий формуле $Fe_{2,4}C$. Содержание углерода в мартенсите снижается до 0,25 %.
Образовавшиеся пластинки[14] ε-карбида когерентно связаны с решеткой цементита, т. е. их решетки на границе имеют общий слой атомов. Такая смесь[15] неоднородного, низкоуглеродистого мартенсита и мельчайших частиц ε-карбида называется отпущенным мартенситом. Под оптическим микроскопом отпущенный мартенсит имеет игольчатую, но более темную, чем неотпущенный мартенсит, структуру, а под электронным микроскопом в нем различаются мельчайшие частицы ε-карбида. Отпущенный мартенсит имеет очень высокую твердость —

4.3.

HRC до 60—65. В результате первой стадии отпуска структура стали будет состоять из отпущенного мартенсита и остаточного аустенита.

Вторая стадия отпуска при температурах от 200 до 300 °C заключается в том, что остаточный аустенит превращается в отпущенный мартенсит, а мартенситная основа[16] еще больше обедняется углеродом.

Третья стадия отпуска при температурах от 300 до 400 °C заключается в растворении мельчайших неустойчивых частиц ε-карбида и последующем выделении и росте более крупных и устойчивых частиц цементита Fe_3C, располагающихся по границам мозаичных блоков и игл мартенсита.

При этом отпущенный мартенсит еще больше обедняется углеродом и одновременно снимается[17] значительная часть искажений[18] его решетки и внутренних напряжений.

Под оптическим микроскопом этот отпущенный мартенсит обнаруживает[19] очень темное игольчатое строение, а при исследовании под электронным микроскопом его структура оказывается состоящей из ферритной основы с распределенными в ней мелкими частицами цементита. Отпущенный мартенсит имеет твердость приблизительно HRC 40—45, которая зависит от химического состава стали, температуры и продолжительности отпуска. Чем выше температура отпуска и чем продолжительнее его время, тем ниже твердость отпущенного мартенсита. Высокая твердость отпущенного мартенсита объясняется дисперсностью частиц цементита и искажениями решетки его ферритной основы. Отпущенный мартенсит является очень ценной структурой для деталей, от которых требуются высокие пределы прочности и упругости[20].

При дальнейшем повышении температуры отпуска от 400 до 723 °C происходит коагуляция, рост частиц цементита и окончательное снятие[21] искажений решетки ферритной основы и внутренних напряжений.

Коагуляция и рост частиц цементита требуют высокой температуры и являются важнейшим процессом отпуска, во время которого размеры частиц Fe_3C увеличиваются очень сильно.

Структура, полученная при высоких температурах отпуска (порядка[22] 500—600 °C), состоит из феррита и мелких зерен цементита. Под микроскопом она имеет светлую игольчатую структуру. Частицы цементита в этой структуре значительно укрупнены[23] и сфероидизованы[24], что очень хорошо наблюдается под электронным микроскопом. Такая структура отличается хорошим комплексом механических свойств — высоким пределом упругости при достаточной[25] ударной вязкости и твердости, которая также зависит от температуры отпуска, его продолжительности и химического состава стали.

Дальнейшее повышение температуры отпуска, т. е. выше 650 °C, и приближение ее к A_{c1}, ведет к дальнейшей коагуляции и укрупнению частиц цементита, снижению твердости до HRC 20 и ниже. Можно считать, что, начиная с отпуска при 650 °C, уже образуется зернистый перлит. Под электронным микроскопом в структуре зернистого перлита частицы цементита выглядят сфероидизованными и крупными.

[1] sich untersuchen lassen   [2] Lichtmikroskop   [3] freisetzen, ausscheiden
[4] beobachten   [5] sich überlagern   [6] Stufe   [7] Subkorn   [8] Nadel   [9] durch, infolge
[10] Verarmung   [11] inhomogen   [12] Dauer   [13] Gitter   [14] Plättchen   [15] Gemisch
[16] Matrix   [17] abbauen   [18] Verzerrung   [19] zeigen, aufweisen   [20] Elastizität
[21] Abbau   [22] Größenordnung   [23] vergröbert   [24] als Kugeln eingeformt
[25] hinreichend, ausreichend, genügend

LE 5   Geben Sie den dargestellten Sachverhalt anhand des Dias in russischer Sprache wieder und verwenden Sie dabei folgende Verben:

различать, происходить, протекать, иметь место, образоваться, состоять из, превращаться

PK 4 · SQ D

LE 1   Übersetzen Sie mit Hilfe des Wörterbuchs und der angegebenen Vokabelhilfen:

выплавка — Schmelzen, Erschmelzen; долговечность — Lebensdauer; жаростойкость — Hitzebeständigkeit; надёжность — Sicherheit; стоимость — Kosten; устойчивость — Beständigkeit; учитывать — berücksichtigen; примесь — Zusatz, Beimischung, Begleiter; добавлять — zusetzen, zulegieren

Легированные стали

Легированные стали имеют исключительно большое значение для выполнения основной задачи — уменьшения массы машин и конструкций при обеспечении их высокого качества, долговечности и надежности в работе. Развитие народного хозяйства требует все большего производства легированной и, особенно ,низколегированной стали. Поэтому легированные стали составляют значительный процент от общего количества выплавляемой стали.
Легированными называются стали, содержащие, кроме обычных примесей, один или несколько специально добавленных элементов, напр., хром, никель, вольфрам, ванадий, молибден, алюминий и др. К легиро-

ванным сталям относятся также стали, имеющие повышенное, по сравнению с обычным количеством, содержание марганца и кремния.
Легирующие элементы придают стали как высокие механические свойства (твердость, прочность, пластичность, вязкость), так и разнообразные физические и химические свойства (магнитные, электрические, жаростойкость, коррозионная устойчивость и др.).
При выборе стали для конструкций, деталей машин и инструментов необходимо учитывать, что выплавка и обработка легированных сталей сложнее, чем углеродистых, и их стоимость выше. Поэтому легированные стали применяют в тех случаях, когда использование углеродистых сталей невозможно. В связи с этим большое практическое значение получают стали с низким содержанием легирующих элементов (до 25 %), так называемые низколегированные стали.

LE 2   Finden Sie die Bedeutung der präfigierten Wörter:

ключ — Schlüssel
исключительно, исключить, исключение; выключить, выключение; подключить, подключение; включить, включение; заключить, заключение

полный — voll, vollständig
выполнение, выполнить; исполнение, исполнить, исполнительный (исполком)

плавить — schmelzen, плавка — Schmelze
выплавляемый, выплавить, выплавление, выплавка; сплавить, сплав; расплавить, расплавление, расплав

работать — arbeiten
обработка, обработать; выработать; разработать, разработка

равный — gleich
сравнение, по сравнению, сравнить, сравнивая; уравнение

дать — geben
придать, придание; подача; передать, передача; задать, задача

брать — nehmen
выбор, выбрать; собрать, собрание, сборка; разобрать, разборка

кислый — sauer
раскисление, раскислить; окислить, окисление, окись, окисел, окисляемость, окислительный; кислород

LE 3 Prägen Sie sich folgende Konjunktionen ein und übersetzen Sie die nachfolgend aufgeführten Sätze:

как ..., так и ...	sowohl ... als auch ...
и ..., и ...	sowohl ... als auch ...
или ..., или ...	entweder ... oder ...
либо ..., либо ...	entweder ... oder ...
ни ..., ни ...	weder ... noch ...
чем ..., тем ...	je ..., desto ...
если ..., то ...	wenn ..., dann ...
так как	weil, da
как	wie, als

1. Лучшие свойства будут у той стали, в которую добавлены и хром, и никель. 2. Цветные металлы в машиностроении сравнительно редко применяются, так как они не обладают достаточной прочностью. 3. По назначению сталь может быть либо конструкционной, либо инструментальной. 4. Если повышается содержание углерода в стали, то она становится более прочной и твердой. 5. Чем больше содержание углерода в стали, тем ниже ее вязкость. 6. Хром и никель как легирующие элементы имеют большое значение в машиностроении.

LE 4 Übersetzen Sie ohne Wörterbuch:

Углеродистые стали

Углеродистыми сталями называют сплавы железа с углеродом, содержащие до 2 % углерода. Обычно стали выплавляют с содержанием углерода не более 1,3 %. При большем его содержании сильно увеличиваются и твердость, и хрупкость; в таких случаях стали практического применения не получают.
Углеродистые стали служат основным материалом для изготовления деталей машин, конструкций и инструментов. По сравнению с легированными сталями, а также с цветными металлами и их сплавами, углеродистые стали являются наиболее дешевыми.
Конструкционные стали с содержанием углерода до 0,25 % называют низкоуглеродистыми[1], а с содержанием углерода от 0,25 до 0,6 % — среднеуглеродистыми. В последнее время в качестве[2] конструкционных сталей начинают применять стали с содержанием углерода до 0,8 %.
На структуру и свойства углеродистых сталей оказывают влияние различные факторы, основными из которых являются химический состав, прежде всего содержание углерода, способы выплавки и раскисление, технология обработки и др.

---

[1] kohlenstoffarm   [2] als

PK 5 · PA 1 · SQ A

LE 0 Wortschatz zur Wiederholung:

соединить/соединять — verbinden; разный — verschieden; автомобиль — Auto

LE 1 Neue Lexik:

соединение	Verbindung
подвижное соединение	bewegliche Verbindung
неподвижное соединение	starre Verbindung
разъёмное соединение	lösbare Verbindung
неразъёмное соединение	unlösbare Verbindung
резьбовое соединение	Gewindeverbindung
винтовое соединение	Schraubenverbindung
болтовое соединение	Durchsteckschraubenverbindung
сварное соединение	Schweißverbindung; Schweiß-, Löt- und Klebeverbindung
соединение сваркой	Schweißverbindung
заклёпочное соединение	Nietverbindung
собрать/собирать	montieren
разобрать/разбирать	auseinandernehmen

LE 2 Schauen Sie auf das Bild, hören Sie den Satz, sehen Sie den Satz, vergleichen Sie mit dem deutschen Satz, hören Sie den Satz noch einmal und wiederholen Sie:

1. При сборке детали машин соединяются между собой. — Bei der Montage werden die Maschinenelemente miteinander verbunden. 2. Детали машин образуют подвижное и неподвижное соединения. — Maschinenelemente bilden bewegliche und starre Verbindungen. 3. Детали выполняют разные функции. — Die Teile erfüllen verschiedene Funktionen. 4. В машиностроении большую роль играют неподвижные соединения. — Im Maschinenbau spielen die starren Verbindungen eine große Rolle. 5. Неподвижные соединения разделяются на разъемные и неразъемные. — Starre Verbindungen werden in lösbare und unlösbare unterteilt. 6. Разъемные соединения можно разбирать и вновь собирать без разрушения деталей. — Lösbare Verbindungen kann man ohne

Zerstörung der Teile auseinandernehmen und aufs neue montieren.
7. К разъемным соединениям относятся резьбовые соединения. — Zu den lösbaren Verbindungen gehören Gewindeverbindungen. 8. Резьбовые соединения — это болтовые и винтовые соединения. — Gewindeverbindungen sind Durchsteckschrauben- und Schraubenverbindungen. 9. Сварное соединение — это неразъемное соединение. — Die Schweißverbindung ist eine unlösbare Verbindung.

LE 3   Übersetzen Sie:

1. Для выполнения функций в машине детали соединяют между собой. 2. В машиностроении применяют разъемные и неразъемные соединения. 3. Для современного машиностроения характерно преимущественное применение резьбовых и сварных соединений. 4. Разъемными называются соединения, которые можно разбирать без разрушения как соединяющих элементов, так и соединяемых деталей. 5. Процесс сварки сравнительно легко автоматизировать.

LE 4   Neue Wörter mit bekannten Elementen:

1. преиму́ществ/о — Vorzug, преиму́ществ/енный — vorwiegend
2. движ/е́ние — Bewegung, по/дви́ж/ный — beweglich, не/по/дви́ж/ный — unbeweglich
3. но́в/ый — neu, в/нов/ь — aufs neue
4. сравн/и́ть — vergleichen, сравн/и́тельно — relativ
5. рук/а́ — Hand, руч/но́й — Hand-, manuell
6. разру́ш/ен — zerstört, разруш/е́ние — Zerstörung, разруш/а́ть — zerstören
7. со/бра́/ть — montieren, с/бо́р/ка — Montage, разо/бра́/ть — auseinandernehmen, раз/бо́р/ка — Auseinandernehmen

LE 5   Internationalismen:

фу́нкция; автоматизи́ровать; механизи́ровать

PK 5 · PA 1 · SQ B

LE 1   Das Relativpronomen „который"

Das Relativpronomen „который" leitet den Relativsatz ein. Es stimmt in Genus und Numerus mit dem Bezugswort überein; es steht meist im Nominativ. Nach einer Präposition steht „который" im entsprechenden Kasus:

>Выполнение соединений в машиностроении относится, как правило, к ручным работам, **которые** сложно механизировать и автоматизировать.
>Die Ausführung von Verbindungen im Maschinenbau gehört zu den manuellen Arbeiten, die sich schwer mechanisieren und automatisieren lassen.
>
>Болтовое соединение — это соединение, **в котором** соединяющим элементом является болт.
>Die Schraubenverbindung ist eine Verbindung, in der die (Durchsteck-)Schraube das Verbindungselement ist.

LE 2   Unterstreichen Sie das Relativpronomen und das Bezugswort; stellen Sie fest, ob Übereinstimmung besteht:

1. Соединение, которое невозможно разобрать без разрушения деталей, — это неразъемное соединение. 2. Элементы, которые соединяют детали, называются соединяющими элементами. 3. Сварные соединения — это соединения, которые преимущественно применяются в машиностроении. 4. К соединению, которое используется в практике, предъявляются высокие требования. 5. Показаны резьбовые соединения, к которым относится и винтовое соединение.

KÜ   ↠○ Setzen Sie die entsprechende Form von „который" ein und übersetzen Sie:

1. Соединение, ... образуется сваркой, называется сварным соединением. 2. Соединения, ... можно разбирать без разрушения деталей, называют разъемными. 3. Механика — это дисциплина, ... тесно связана с наукой о деталях машин. 4. Сварное соединение — это соединение, ... преимущественно применяется в машиностроении. 5. Резьбовое соединение является видом соединений, ... широко применяется в практике. 6. Это соединение, в ... соединяющим элементом является винт.

PK 5 · PA 1 · SQ C

LE 1   🔊 Hören Sie den Text und geben Sie den Inhalt in deutscher Sprache wieder:

Каждая машина состоит из большого количества деталей. Так, например, в автомобиле около 16 тыс. деталей.
Детали выполняют разные функции в машине. Они образуют подвижные и неподвижные соединения. В машиностроительной практике важнейшую роль играют неподвижные соединения. Они разделяются на разъемные и неразъемные. Неразъемными являются соединения, которые невозможно разобрать без разрушения соединяющих элементов. Из разъемных соединений в машиностроении широко применяются резьбовые (болтовые и винтовые) соединения.
Неразъемные соединения это, например, сварные, заклепочные соединения и другие. Преимущественное применение в машиностроении получил процесс сварки, который сравнительно легко механизировать и автоматизировать.

LE 2   Ergänzen Sie die nachfolgenden Wortverbindungen zu vollständigen Sätzen:

1. Каждая машина ... 2. Детали в машине ... 3. Детали образуют ... 4. Неподвижные соединения ... 5. Разъемные соединения ... 6. Неразъемные соединения ... 7. Процесс сварки ...

PK 5 · PA 2 · SQ A

LE 0   Wortschatz zur Wiederholung:

сре́дний — mittlerer, Mittel-; промежу́точный — Zwischen-

5.2.

LE 1   🔘🔘   **Neue Lexik:**

ось	Achse
осево́й	Achs-, axial
вал	Welle
опо́ра	Auflager, Stütze, Lagerung
пя́та	Spurzapfen
шип	Tragzapfen, Stirntragzapfen
ше́йка	Halstragzapfen
крутя́щий моме́нт	Drehmoment
нагру́зка	Last, Belastung
подши́пник	Lager, Radiallager
подши́пник каче́ния	Wälzlager
подши́пник скольже́ния	Gleitlager
подпя́тник	Axiallager
воспринима́ть	aufnehmen
враща́ться	sich drehen
попере́чный	Quer-
закрепи́ть/закрепля́ть	befestigen

LE 2   🔘🔘 ▷▭   **Schauen Sie auf das Bild, hören Sie den Satz, sehen Sie den Satz, vergleichen Sie mit dem deutschen Satz, hören Sie den Satz noch einmal und wiederholen Sie:**

1. Ось поддерживает вращающиеся детали. — Die Achse stützt sich drehende Teile. 2. Детали закреплены на оси. — Die Teile sind auf der Achse befestigt. 3. На ось действуют силы. — Auf die Achse wirken Kräfte ein. 4. Ось воспринимает нагрузки. — Die Achse nimmt Belastungen auf. 5. Вал поддерживает детали и всегда вращается вместе с ними. — Eine Welle stützt die Teile und dreht sich immer mit ihnen. 6. Опорные участки осей и валов называются цапфами. — Die Lagerabschnitte der Achsen und Wellen heißen Zapfen. 7. Цапфы подразделяются на шипы, шейки и пяты. — Zapfen werden in Tragzapfen (Stirntragzapfen), Halstragzapfen und Spurzapfen unterteilt. 8. Шипы воспринимают опорные реакции радиального направления. — Tragzapfen nehmen radiale Stützreaktionen auf. 9. Пяты воспринимают опорные реакции осевого направления. — Spurzapfen nehmen axiale Stützreaktionen auf. 10. Шейки — это промежуточные цапфы. — Halstragzapfen sind Zwischenzapfen. 11. Подшипники нагружаются поперечными силами. — Radiallager werden durch Querkräfte belastet. 12. Подпятники нагружаются осевыми силами. — Axiallager werden durch Axialkräfte belastet.

LE 3 Übersetzen Sie:

1. Деталь, на которой закреплены вращающиеся детали, называется осью или валом. 2. Ось служит только для поддерживания вращающихся деталей. 3. Валы, в отличие от осей, не только поддерживают вращающиеся детали, но и передают крутящий момент. 4. Участки оси или вала, воспринимающие нагрузки, называются цапфами. 5. Различают шипы, пяты и шейки. 6. Опоры, в которых вращаются валы, могут быть подшипниками или подпятниками.

LE 4 Neue Wörter mit bekannten Elementen:

1. нагру́з/ка — Last, Belastung, нагруз/и́ть — belasten
2. воспри/нима́ть — aufnehmen, воспри/я́тие — Aufnahme
3. поддерж/ивать — stützen, поддерж/а́ние — Stützen
4. опо́р/а — Stütze, Lagerung, Auflager, опо́р/ный — Lager-, Stütz-

LE 5 Internationalismen:

ца́пфа; радиа́льный; моме́нт

PK 5 · PA 2 · SQ B

LE 1 Nachgestelltes „который"

Wenn „который" nicht unmittelbar den Nebensatz einleitet, steht es in der Regel im Genitiv. Es stimmt in Genus und Numerus mit dem Bezugswort überein und wird im Deutschen mit „dessen" (männlich und sächlich) bzw. „deren" (weiblich und Plural) wiedergegeben:

> Болтовое соединение — это соединение, соединяющим элементом **которого** является болт.
> Die Durchsteckschraubenverbindung ist eine Verbindung, deren Verbindungselement eine Durchsteckschraube ist.

5.2.   94

LE 2   Übersetzen Sie die folgenden Sätze schriftlich und unterstreichen Sie im Deutschen das Relativpronomen:

1. Ось, опоры которой называются подшипниками, воспринимает нагрузки радиального направления. 2. Машина обычно состоит из деталей, число которых исчисляется тысячами. 3. Соединения, соединяющие элементы которых не разрушаются при разборке, называют разъемными соединениями. 4. Большое значение имеет соединение склеиванием, для получения которого применяют специальные клеи (Kleber). 5. К неразъемным соединениям относятся заклепочные соединения, для разъединения которых требуется разрушение соединяющего элемента. 6. Это сталь, твердость которой высока.

KÜ   Übersetzen Sie:

1. Teile, auf welchen drehende Maschinenteile befestigt sind, heißen Achsen oder Wellen. 2. Eine große Bedeutung im Maschinenbau haben Verbindungen, zu deren Herstellung (изготовление) Durchsteckschrauben verwendet werden. 3. Eine Welle, deren Belastung hoch ist, ... 4. Eine Achse, deren Abschnitte Zapfen heißen, ... 5. Zapfen, die radiale Stützreaktionen aufnehmen, heißen Tragzapfen. 6. Verbindungen, deren Teile beim Auseinandernehmen zerstört werden, heißen nichtlösbare Verbindungen.

PK 5 · PA 2 · SQ C

LE 1   Hören Sie den Text und geben Sie den Inhalt in deutscher Sprache wieder:

Оси, валы и их опоры

Валы и оси служат для закрепления и поддерживания вращающихся на них деталей. В отличие от вала, ось служит только для поддерживания вращающихся на ней деталей, а сама остается неподвижной. Иногда ось может вращаться вместе с деталями, как например, в работе осей железнодорожных вагонов, но не передает вращающего момента.
Вал всегда вращается и отличается от оси тем, что всегда передает крутящий момент. Оси не передают механической мощности, для ее передачи служат валы.

Подшипники служат опорами для валов и вращающихся осей. Опоры рассчитываются на восприятие как радиальной, так и осевой нагрузок. Подшипники делят на две основные группы: подшипники качения и подшипники скольжения.

LE 2　　⊕─⊕　　Antworten Sie auf folgende Fragen:

1. Для чего служат оси и валы? 2. Какая разница между осью и валом? 3. Что передает вал? 4. Какую функцию имеют опоры? 5. Какие вы знаете группы подшипников?

PK 5 · PA 3 · SQ A

LE 0　　Wortschatz zur Wiederholung:

колесо́ — Rad; и́ли ... и́ли — entweder ... oder; болт — Schraube, Bolzen

LE 1　　⊕─⊕　　Neue Lexik:

у́зел	Baugruppe
переда́ча	Getriebe, Übertragung
фрикцио́нная переда́ча	Reibradgetriebe
ремённая переда́ча	Riemengetriebe
зубча́тая переда́ча	Zahnradgetriebe
червя́чная переда́ча	Schneckengetriebe
цепна́я переда́ча	Kettengetriebe
ступе́нчатая переда́ча	Stufengetriebe
бесступе́нчатая переда́ча	stufenloses Getriebe
переда́точное число́	Übersetzungszahl, -verhältnis
враща́тельное движе́ние	Rotationsbewegung, Drehbewegung
поступа́тельное движе́ние	Translations-, fortschreitende Bewegung
си́ла тре́ния	Reibkraft
веду́щее звено́	treibendes Glied, Antrieb
ведо́мое звено́	getriebenes Glied, Abtrieb
устро́йство	Vorrichtung, Anlage, Einrichtung

5.3.

LE 2 Schauen Sie auf das Bild, hören Sie den Satz, sehen Sie den Satz, vergleichen Sie mit dem deutschen Satz, hören Sie den Satz noch einmal und wiederholen Sie:

1. Узлы для передачи и преобразования движения называются передачами. — Baugruppen zur Übertragung und Umwandlung einer Bewegung heißen Getriebe. 2. Передача передает движение от двигателя к рабочим органам. — Das Getriebe überträgt die Bewegung vom Motor zu den Arbeitsorganen. 3. Движение может быть или вращательным, или поступательным. — Die Bewegung kann entweder eine Rotations- oder eine Translationsbewegung sein. 4. Передачи разделяются на фрикционные, ременные, зубчатые, червячные и цепные. — Getriebe werden unterteilt in Reibradgetriebe, Riemengetriebe, Zahnradgetriebe, Schneckengetriebe und Kettengetriebe. 5. Применяются ступенчатые и бесступенчатые передачи. — Man verwendet Stufengetriebe und stufenlose Getriebe. 6. В ременных и фрикционных передачах используются силы трения. — In Riemengetrieben und Reibradgetrieben werden Reibkräfte genutzt. 7. В каждой передаче имеется ведущее звено и ведомое звено. — In jedem Getriebe gibt es ein treibendes Glied (Antrieb) und ein getriebenes (Abtrieb). 8. Ведущее звено передает движение. — Das treibende Glied überträgt die Bewegung. 9. Ведомое звено получает движение от ведущего. — Das getriebene Glied erhält die Bewegung vom treibenden Glied.

LE 3 Übersetzen Sie:

1. По принципу работы передачи делят на два вида: а) механические передачи, т. е. передачи без преобразования механической энергии в какую-либо энергию; б) передачи с преобразованием механической энергии в электрическую и обратно. 2. В современном машиностроении наибольшее применение имеют зубчатые передачи. 3. Они служат для передачи и для преобразования вращательного движения и крутящего момента. 4. В зубчатых передачах движение передается с помощью зубчатых колес.

LE 4 Neue Lexik mit bekannten Elementen:

1. по́мощь — Hilfe, с по́мощью чего — durch (*Präp.*)
2. то́ч/ный — genau, то́ч/ность — Genauigkeit

LE 5 Internationalismen:

о́рган; механи́зм; тенде́нция; фо́рма; геоме́трия; диа́метр — Durchmesser; компре́ссор

PK 5 · PA 3 · SQ B

Das Relativpronomen „который" (2)

LE 1 Unterstreichen Sie Relativpronomen und Bezugswort! Übersetzen Sie die Sätze:

1. В машинах применяют устройства, которые служат для передачи энергии. 2. Зубчатой передачей называется механизм, который передает движение с помощью зубчатых колес от одного вала к другому. 3. Основные части механизмов и машин, которые изготовляют без сборочных операций, называются деталями машин. 4. Существует большое количество деталей машин, которые имеют самую разнообразную форму. 5. Фрикционные и ременные передачи — это передачи вращательного движения, движение в которых передается трением. 6. Зубчатые передачи состоят из зубчатых колес, число которых может быть различно.

KÜ 1 ☛—O Setzen Sie die entsprechenden Formen von „который" ein:

1. Узлы, ... служат для передачи вращательного движения, называются передачами. 2. Эти соединения образуются из деталей, ... соединяются заклепками. 3. Подшипник — это деталь, ... служит для поддержания других деталей. 4. Заклепка — это часть, ... соединяет детали машин. 5. Зубчатые колеса — это детали, ... передают движение. 6. Детали, ... поддерживают зубчатые колеса, называются валами. 7. Широкое применение в самых разнообразных отраслях промышленности находит зубчатая передача, значение ... в современном машиностроении очень велико. 8. Большое значение для машиностроения имеют зубчатые колеса, изготовление ... требует высокой точности.

LE 2 ☛—O Wandeln Sie die Partizipialkonstruktionen nach folgendem Muster in Relativsätze um:

передачи, находящие применение →
передачи, которые находят применение

7 SKA Russ. Maschb.

1. вал, поддерживающий вращающиеся детали 2. цепные передачи, применяемые в машиностроении 3. деталь, выполняющая разные функции 4. болтовое соединение, соединяющее разные детали 5. зубчатая передача, передающая движение 6. детали машин, образующие подвижные и неподвижные соединения

KÜ 2 ⊓—O **Übersetzen Sie:**

1. Деталь машины — элементарная часть машины, изготовленная без применения сборочных операций. 2. Группа — соединение узлов и деталей, являющееся одной из основных составных частей машин. 3. В фрикционных передачах вращательное движение передается от ведущего вала к ведомому посредством трения, возникающего между колесами или дисками. 4. Широкая автоматизация, освобождающая человека от тяжелой физической работы, является наиболее характерной тенденцией развития современной техники машиностроения.

PK 5 · PA 3 · SQ C

LE 1   ⊕ ⊕   **Hören Sie den Text und geben Sie den Inhalt in deutscher Sprache wieder:**

Зубчатые передачи

Зубчатой передачей называется механизм, передающий движение от одного вала к другому с помощью зубчатых колес. Эти передачи применяются для сохранения угловых скоростей и крутящих моментов в требуемом соотношении. Передаточные числа зубчатых передач могут быть постоянными и переменными. Зубчатые передачи относятся к механическим передачам.

Зубчатые деревянные колеса применялись еще в глубокой древности, но первые теоретические исследования по их геометрии относятся к второй половине XVII века.

Чугунные колеса были известны еще в конце XVIII века, однако промышленное применение зубчатая передача получила только в середине прошлого века.

В современном машиностроительном производстве зубчатые передачи широко распространены. Они находят применение в самых разнообраз-

ных областях техники, начиная от точных приборов, где применяются зубчатые колеса диаметром менее миллиметра, и кончая передачами огромных размеров, передающих мощности в десятки тысяч киловатт.
Внедрением в производство передовых методов технологии изготовления зубчатых передач и их расчетом занимаются не только машиностроительные заводы, но и научно-исследовательские институты, в том числе институт машиноведения Академии наук СССР.

LE 2   Antworten Sie auf die Fragen:

1. Что передает зубчатая передача? 2. Когда применяют зубчатые передачи? 3. Какими могут быть передаточные числа зубчатых передач? 4. К каким передачам относятся зубчатые передачи? 5. Когда зубчатые передачи получили промышленное значение? 6. Где широко распространены зубчатые передачи? 7. Какие институты занимаются внедрением в производство зубчатых передач?

LE 3   Text zum verstehenden Lesen:

Основные понятия о деталях машин

Механизмом называют устройство, служащее для передачи механического движения. Как правило, работа механизма связана с изменением угловых скоростей (зубчатая, ременная и другие передачи) или с преобразованием одного вида механического движения в другой. Машиной называют механизм или сочетание[1] механизмов, которые служат для преобразования одного вида энергии в другой или для выполнения полезной механической работы.
В зависимости от характера рабочего процесса бывают:
1. Машины-двигатели, преобразующие какой-либо вид энергии в механическую энергию (электродвигатели, двигатели внутреннего сгорания[2] и др.).
2. Машины-генераторы, преобразующие механическую энергию в другой вид энергии (компрессоры, динамо-машины и др.).
3. Машины-орудия[3], производящие работу, связанную с транспортировкой или с изменением формы и размеров тел (транспортеры, краны, различные станки, прессы и др.).
Сочетание машины-двигателя, передаточных механизмов и машины-орудия образует машинный агрегат.
Все машины состоят из деталей, которые объединены в узлы. Деталью называют простейшую часть машины, изготовленную без применения сборочных операций (болт, зубчатое колесо и др.).

5.3.

Узлом называют комплекс совместно работающих деталей, представляющий законченную сборочную единицу (подшипники качения, муфты[4] и др.).

В машиностроении различают детали и узлы общего и специального назначения[5]. Деталями и узлами общего назначения называют такие, которые встречаются почти во всех машинах (болты, валы, зубчатые колеса, подшипники, муфты и др.). Деталями и узлами специального назначения называют такие, которые встречаются только в одном или нескольких типах машин.

Все детали и узлы общего назначения делятся на три основные группы:

1. Соединительные детали и соединения, которые могут быть неразъемными (заклепочные, сварные и др.) и разъемные (шпоночные[6], резьбовые и др.).
2. Детали, передающие вращательное движение (зубчатые колеса, шкивы[7] и др.).
3. Детали и узлы, обслуживающие передачи (валы, подшипники, муфты и др.).

[1] Verbindung [2] Verbrennungsmotor [3] Arbeitsmaschinen [4] Kupplung
[5] Bestimmung, Verwendungszweck [6] Längskeil-, Paßfederverbindungen
[7] Riemenscheibe

LE 4   Formulieren Sie anhand des Lesetextes deutsch:

1. den Begriff Mechanismus 2. die Arten von Maschinen in Abhängigkeit vom Arbeitsprozeß 3. Klassifizierung der Maschinenelemente und Baugruppen

PK 5 · SQ D

LE 1   Übersetzen Sie den nachfolgenden Text mit Hilfe des Wörterbuchs und unter besonderer Beachtung der angegebenen Wörter:

изгиб — Biegung; испы́тывать — erfahren; круче́ние — Torsion, Verdrehung; опира́ться на что — sich stützen auf; шкив — (Riemen-)Scheibe

Валы и оси

Части машин и механизмов могут вращаться, двигаться поступательно или колебаться, передавая свое движение и усилия другим деталям. Наиболее распространенным движением является вращательное, при котором осуществляется вращение различных деталей на валах и осях.

Вал представляет собой тело вращения цилиндрической, конической или другой формы, опирающееся на две или несколько опор. На валу закрепляются шкивы, зубчатые колеса, маховики и т. п. Некоторые из этих деталей, называемые ведущими, получают вращательное движение от источника энергии (двигателя). К другим деталям вращение передается валом. Они называются ведомыми. Вал при своем движении обязательно передает усилие (вращающий момент), и поэтому испытывает деформации кручения и изгиба.

Если вал не передает вращательного движения, а только поддерживает вращающиеся части, то его называют осью. Таким образом, ось в отличие от вала не испытывает кручения, а подвергается лишь изгибу. Оси делятся на неподвижные и подвижные, которые вращаются вместе с насаженными на них деталями.

LE 2   Prägen Sie sich folgende Ausdrücke ein:

вращающий момент, крутящий момент — Drehmoment
передавать (движение), сообщать — übertragen
изгибающая нагрузка, нагрузка изгиба, изгиб — Biegebeanspruchung
насаждать, закреплять — aufsetzen, befestigen
часть, деталь — Teil
делить, разделять, подразделять — teilen, einteilen in
являться, представлять собой, есть — sein
только, лишь — nur, erst
вращаться, совершать (выполнять) вращательное движение — sich drehen, eine Drehbewegung ausführen
устройство, механизм — Vorrichtung, Mechanismus
применять, использовать, иметь применение, служить для, служить чему, предназначать для — anwenden, verwenden, dienen, vorsehen für
с помощью, при помощи, посредством, путем — mit Hilfe, mittels, durch
повышать, увеличивать — erhöhen, vergrößern; повышается, увеличивается, растет — wird erhöht, wächst
различать, отличать — unterscheiden

5.D.

LE 3   Drücken Sie mit Hilfe obenstehender Synonyme folgende Sachverhalte in Russisch aus:

Die Welle überträgt ein Drehmoment. Die Welle überträgt eine Drehbewegung. Die Welle ist einer Biegebeanspruchung ausgesetzt. Das Teil ist auf der Welle befestigt. Das Teil dreht sich zusammen mit der Welle. Die Maschine wird in Baugruppen unterteilt. Das Lager dient zum Stützen der Achsen und Wellen. Zum Stützen der Teile verwendet man Lager. Dieser Mechanismus dient zur Übertragung einer Drehbewegung. Durch die Welle wird ein Drehmoment übertragen. Die Biegebeanspruchung der Teile erhöht sich. Die Bewegung der Achsen und Wellen ist eine Drehbewegung. Die Achse führt eine Drehbewegung aus.

LE 4   Übersetzen Sie ohne Wörterbuch:

Детали и узлы передач

Для передачи вращательного движения применяются механические передачи. Механические передачи содержат ряд деталей и узлов, например, зубчатые колеса, шкивы, оси и валы, опоры.
Для поддерживания вращающихся частей машин служат оси и валы. По конструкции оси и прямые валы мало отличаются друг от друга, но характер их работы принципиально различен. Оси только поддерживают детали и работают на изгиб. Валы представляют собой звенья механизма, передающие вращающие моменты, и, помимо[1] изгиба от усилий, возникающих в передачах, сил тяжести насаженных деталей и собственных сил тяжести, испытывают кручение. Оси могут быть неподвижными или вращаться вместе с закрепленными на них деталями; валы при работе механизма всегда вращаются.
Нагрузки, воспринимаемые осями и валами, передаются на корпуса[2], рамы или станины[3] машин через опорные устройства — подшипники. Различают два основных класса подшипников — подшипники скольжения и качения.

[1] außer, neben   [2] Gehäuse   [3] Bett, Ständer

PK 6 · PA 1 · SQ A

LE 0   Wortschatz zur Wiederholung:

ме́стный — örtlich; проводи́ть — durchführen; давно́ — seit langem; предложе́ние — Vorschlag

LE 1   Neue Lexik:

сва́рка плавле́нием	Schmelzschweißen
сва́рка давле́нием	Preßschweißen
электродугова́я сва́рка	Lichtbogenschweißen
га́зовая сва́рка	Gasschmelzschweißen, Autogenschweißen
сва́рочная те́хника	Fügetechnik (Schweißtechnik)
сва́рочная дуга́	Lichtbogen
сва́рочная ва́нна	Schweißbad
сва́рочное пла́мя	Schweißflamme
сварно́й шов	Schweißnaht
стыково́й шов	Stumpfnaht
углово́й шов	Kehlnaht
сплавле́ние	Verschmelzen
отде́льный	einzeln
изде́лие	Werkstück
приса́дочный мета́лл	Zusatzwerkstoff
распла́вить/расплавля́ть	schmelzen
добавле́ние	Zusetzen
га́зовая защи́та	Gasschutz
шла́ковая защи́та	Schlackenschutz
жи́дкий	flüssig
при́знак	Merkmal

LE 2   Schauen Sie auf das Bild, hören Sie den Satz, sehen Sie den Satz, vergleichen Sie mit dem deutschen Satz, hören Sie den Satz noch einmal und wiederholen Sie:

1. Сварка — это процесс получения неразъемного соединения. — Schweißen ist ein Prozeß zur Herstellung einer unlösbaren Verbindung.
2. Сваркой соединяются отдельные части путем местного сплавления. — Durch das Schweißen werden Teile mit Hilfe örtlicher Erwär-

6.1.

mung (Verschmelzen) verbunden. 3. Сплавление осуществляется добавлением присадочного металла. — Das Verschmelzen erfolgt durch Zusetzen von Zusatzwerkstoff. 4. Способы сварки разделяют на сварку плавлением и сварку давлением. — Die Schweißverfahren teilt man in Schmelzschweißen und Preßschweißen ein. 5. Есть различные способы сварки плавлением. — Es gibt verschiedene Verfahren des Schmelzschweißens. 6. Важную роль играет электродуговая сварка. — Eine große Rolle spielt das Lichtbogenschweißen. 7. Сварочная дуга возникает между электродом и изделием. — Der Lichtbogen entsteht zwischen der Elektrode und dem Werkstück. 8. Сварочная дуга расплавляет металл. — Der Lichtbogen schmilzt das Metall. 9. Расплавленный металл образует сварочную ванну. — Das geschmolzene Metall bildet das Schweißbad. 10. При сварке применяется газовая и шлаковая защита. — Beim Schweißen werden Gas- und Schlackenschutz verwendet. 11. Сваркой получают разнообразные сварные швы. — Durch Schweißen erhält man verschiedene Schweißnähte. 12. Различают стыковые и угловые швы. — Man unterscheidet Stumpf- und Kehlnähte.

LE 3   Übersetzen Sie:

1. Сварке могут подвергаться не только металлы, но и пластмассы и другие материалы. 2. Газовая сварка относится к группе сварки плавлением. 3. Основной способ сварки — это электродуговая сварка. 4. Сплавление осуществляется чаще всего добавлением расплавленного металла. 5. Расплавленный металл электрода и расплавленный основной металл образуют сварной шов. 6. Расплавленный металл переносится с электрода в сварочную ванну.

LE 4   Neue Wörter mit bekannten Elementen:

1. ра́зн/ый — verschieden, о́браз — Weise (Art), разн/о/обра́з/ный — verschieden(artig)
2. твёрд/ый — hart, за/твердéть — hart werden
3. отли́ч/но — ausgezeichnet, отлича́ться от чего — sich unterscheiden von, отлича́ться чем — sich auszeichnen durch
4. води́ть — führen, под/води́ть — heranführen

LE 5   Internationalismen:

электро́д; универса́льность; прогно́з; аналити́ческий

PK 6 · PA 1 · SQ B

LE 1 Die Präpositionen „по, в, на, при"

Die Präpositionen „по, в, на, при" haben, wie auch andere Präpositionen, dem Kontext entsprechend verschiedene Bedeutung. Die im technischen Sprachgebrauch am häufigsten vorkommenden deutschen Entsprechungen sind:

по	räumlich: durch, hindurch, entlang, über, auf
	nähere Bestimmung
	Klassifizierung: nach (in bezug auf), laut (gemäß), in, zu, für
в (во)	in, auf, unter, um
на	in, auf, um, für
при	in, bei (während)

LE 2 Übersetzen Sie die folgenden Sätze und beachten Sie die unterschiedliche Bedeutung der Präposition „по":

1. В Советском Союзе особенно важны работы по автоматизации дуговой сварки. 2. Способы сварки можно классифицировать по различным признакам. 3. В этом случае применяют флюсы, по составу близкие к электродным покрытиям (Überzug). 4. СССР занимает ведущее место по качеству и объему применения важнейших видов сварочной техники. 5. Конец электрода перемещается по поверхности изделия. 6. Прогнозо-аналитические работы по развитию отдельных отраслей машиностроения играют большую роль в рамках сотрудничества стран-членов СЭВ. 7. Постоянная комиссия СЭВ по машиностроению разработала предложения о специализации производства машин. 8. В статике твердых тел можно переносить точку приложения по линии действия силы. 9. лекции по математике

KÜ ⊶ Übersetzen Sie die folgenden Wendungen unter besonderer Beachtung der Wiedergabe von „по":

1. классификация способов пайки по способу нагрева 2. преимущества автоматической сварки по сравнению с ручной сваркой 3. деформирование металла отдельных частей по их поверхностям 4. равновесие по отношению к Земле 5. Сила распределена по объему тела. 6. по первому закону динамики

6.1.

PK 6 · PA 1 · SQ C

LE 1   🔘🔘   Hören Sie den Text und geben Sie den Inhalt in deutscher Sprache wieder:

Сварка плавлением

Простейшие виды сварки плавлением известны уже давно. При сварке плавлением объединение металла соединяемых частей возможно только при жидком состоянии металла, т. е. металл в зоне сварки должен быть расплавлен.
В месте сварки производят местное расплавление деталей до образования сварочной ванны жидкого металла. Затвердевший металл ванны по своим свойствам отличается от основного металла.
Сварка плавлением отличается значительной универсальностью; этим способом сварки легко могут быть расплавлены почти все металлы, возможно соединение разнородных металлов.

LE 2   Geben Sie den Inhalt des Textes in russischer Sprache wieder!

LE 3   Bilden Sie mit Hilfe der folgenden Wörter Sätze:

сварка; расплавленный металл; сварной шов; электродуговая сварка; неразъемное соединение; сварочная ванна; способы сварки

получать; образовать; играть важную роль; применять

PK 6 · PA 2 · SQ A

LE 0   Wortschatz zur Wiederholung:

горе́ть — brennen; во́здух — Luft; высота́ — Höhe; ряд — Reihe; оста́ться/остава́ться — bleiben; о́бласть — Gebiet; не́сколько — einige

LE 1   Neue Lexik:

автомати́ческая сва́рка под флю́сом	UP-Schweißen
ручна́я сва́рка	Handschweißen
флюс	Schweißpulver, Fließmittel beim Löten
электро́дная про́волока	Schweißdraht
пода́ть/подава́ть	zuführen
бу́нкер	(Vorrats-)Behälter
слой	Schicht
це́лый	ganz

LE 2   Schauen Sie auf das Bild, hören Sie den Satz, sehen Sie den Satz, vergleichen Sie mit dem deutschen Satz, hören Sie den Satz noch einmal und wiederholen Sie:

1. Электродуговая сварка может быть ручной и автоматической. — Lichtbogenschweißen kann Schweißen von Hand und automatisch sein. 2. Это автоматическая сварка под флюсом. — Das ist das UP-Schweißen. 3. Дуга горит под слоем флюса. — Der Lichtbogen brennt unter einer Schicht von Schweißpulver. 4. Флюс подается из бункера. — Das Schweißpulver wird aus dem Vorratsbehälter zugeführt. 5. Электродная проволока автоматически подается в зону сварки. — Der Schweißdraht wird automatisch in die Schweißzone zugeführt. 6. Флюс защищает зону сварки от воздействия воздуха. — Das Schweißpulver schützt die Schweißzone vor dem Einfluß der Atmosphäre. 7. Флюсы классифицируют по различным признакам. — Schweißpulver wird nach verschiedenen Merkmalen klassifiziert. 8. На образование шва влияют различные факторы. — Auf die Bildung der Naht wirken verschiedene Faktoren ein.

LE 3   Übersetzen Sie:

1. При автоматической сварке под флюсом обычно автоматизируют не только подачу электродной проволоки в зону сварки, но и другие процессы. 2. Высота слоя флюса на основном металле 20—80 мм. 3. В зоне горения сварочной дуги под действием высокой температуры образуются газы. 4. Электродная проволока из бухты (Rolle) подается в зону сварки через флюс с помощью специального подающего механизма сварочного автомата. 5. Применение автоматической сварки под флюсом по сравнению с ручной электродуговой сваркой имеет ряд преимуществ. 6. Сварочная головка в процессе сварки выполняет несколько функций.

6.2.

LE 4 🔘🔘 **Neue Wörter mit bekannten Elementen:**

1. защи́/та — Schutz, защи/ща́ть — schützen
2. пода́/ть — zuführen, пода́/ча — Zuführung
3. голов/а́ — Kopf, голов/ка — *hier*: Kopfteil
4. част/ь — Teil, част/и́чно — teilweise
5. горе́/ть — brennen, горе́/ние — Brennen
6. деформи́рова/ть — verformen, деформи́рова/ние — das Verformen
7. осо́б/енно — besonders, осо́б/ый — besonders
8. рабо́тать — arbeiten, раз/рабо́тать — ausarbeiten, entwickeln

LE 5 🔘🔘 **Internationalismen:**

температу́ра; автома́т; автомати́ческий; аппара́т; атмосфе́ра; пласти́ческий

PK 6 · PA 2 · SQ B

Die Präpositionen „по", „в", „на" und „при" (2)

LE 1 Übersetzen Sie und beachten Sie die unterschiedliche Bedeutung von „в", „на" und „при":

1. Способы сварки можно разделить на две большие группы. 2. В некоторых случаях пластическое деформирование может осуществляться и без нагрева. 3. Во второй группе объединение металла соединяемых частей в целое возможно лишь при жидком состоянии металла, т. е. металл в зоне сварки должен быть расплавлен сварочным пламенем. 4. С помощью сварных автоматов увеличивается производительность труда во много раз. 5. При сварке частично расплавляется основной металл. 6. Сварочная техника используется как в обычных условиях, так и для работ в особых условиях. 7. На лекции профессор читает доклад о различных способах сварки металлов. 8. Производительность труда повышается на 10%. 9. На машиностроительных заводах сварка металлов играет ведущую роль. 10. В области сварочной техники СССР занимает одно из первых мест в

мире. 11. Основным способом сварки еще на одно — два десятилетия останется дуговая электросварка. 12. В Институте электросварки им. Е. О. Патона АН УССР разрабатывают новые способы автоматической дуговой сварки. 13. Вещества в природе существуют в твердом, жидком и газообразном состояниях.

KÜ ☛―○ Übersetzen Sie die folgenden Wendungen unter besonderer Beachtung der Wiedergabe von „в", „на" und „при":

1. повышение производительности труда в 3 раза 2. в сложных условиях 3. деление способов сварки на различные группы 4. в трудных условиях 5. В институтах проводятся научные исследования. 6. повышение производительности труда на 5 % 7. в области сварочной техники 8. в твердом состоянии 9. при жидком состоянии металла 10. Производство возросло в 3 раза. 11. нагрев металла при сварке 12. Флюсы разделяются на различные группы. 13. При этом металл расплавляется.

PK 6 · PA 2 · SQ C

LE 1 ⊕⊕ ⊳☐ Hören Sie den Text und schauen Sie auf das Dia:

Оборудование для автоматической сварки

В простейшем виде сварочный дуговой автомат состоит из трех основных частей: сварочной головки, источника питания сварочной дуги и сварочного аппарата.
Электродная проволока из бухты подается в зону сварки через флюс с помощью специального подающего механизма сварочного автомата. Конец электродной проволоки находится под слоем флюса, подаваемого из бункера. Слой флюса защищает расплавленный металл от воздействия атмосферы.

6.2.

LE 2 Antworten Sie auf die Fragen:

1. Из каких основных частей состоит сварочный дуговой автомат?
2. Как осуществляется подача электродной проволоки в зону сварки?
3. Где находится конец электродной проволоки? 4. Чем защищается расплавленный металл от воздействия атмосферы?

LE 3 Beschreiben Sie in russischer Sprache das Dia!

PK 6 · PA 3 · SQ A

LE 0 Wortschatz zur Wiederholung:

соль — Salz; граница — Grenze

LE 1 Neue Lexik

пайка	Löten
пайка твёрдыми припоями	Hartlöten
твёрдая пайка	Hartlöten
газовая пайка	Flammenlöten
пайка погружением	Tauchlöten
электрическая пайка	Löten mit Elektroenergie
припой	Lot
погрузить/погружать	eintauchen
медь	Kupfer
покрыть/покрывать	benetzen
порошок	Pulver
обычно	gewöhnlich
составить/составлять	bilden, betragen
серебро	Silber
довольно	ziemlich

LE 2 Schauen Sie auf das Bild, hören Sie den Satz, sehen Sie den Satz, vergleichen Sie mit dem deutschen Satz, hören Sie den Satz noch einmal und wiederholen Sie:

1. Важную роль в практике играет пайка твердыми припоями. — Eine große Rolle in der Praxis spielt das Hartlöten. 2. Способы твердой пайки подразделяются на газовую пайку, пайку погружением и электрическую пайку. — Die Hartlötverfahren werden in Flammenlöten, Tauchlöten und Löten mit Elektroenergie eingeteilt. 3. При газовой пайке нагрев металла осуществляется газовой горелкой. — Beim Flammenlöten erfolgt das Erwärmen des Metalls mit einem Gasbrenner. 4. При пайке погружением изделие погружается в ванну. — Beim Tauchlöten wird das Werkstück in das Lotbad getaucht. 5. Есть ванны с расплавленным припоем и ванны с расплавленными солями. — Es gibt Bäder mit geschmolzenem Lot und Bäder mit geschmolzenen Salzen. 6. Расплавленный припой покрывают слоем флюса. — Das geschmolzene Lot benetzt man mit einer Flußmittelschicht. 7. Электрическая пайка осуществляется электрическим сопротивлением. — Das Löten mit Elektroenergie erfolgt mit Hilfe eines elektrischen Widerstandes. 8. При пайке расплавляется только припой. — Beim Löten schmilzt nur das Lot. 9. Обычно используют медно-цинковые припои. — Man verwendet gewöhnlich Kupfer-Zink-Lote. 10. Отдельную группу составляют алюминиевые припои. — Eine besondere Gruppe bilden die Aluminium-Lote. 11. Соединения пайкой не требуют последующей обработки. — Lötverbindungen erfordern keine Nachbehandlung.

LE 3 Übersetzen Sie:

1. Имеется несколько способов пайки твердыми припоями. 2. Эти способы могут быть классифицированы по способу нагрева металла в процессе пайки. 3. Обычно твердые припои разделяют на медные, медно-никелевые, медно-цинковые и серебряные. 4. Флюсы часто имеют форму порошка или пасты. 5. При пайке основной металл не расплавляется. 6. При пайке погружением изделие погружается в соляную ванну или в ванну с расплавленным припоем. 7. Нагрев металла осуществляется различными горелками. 8. Обычно припои представляют собой сплавы цветных металлов.

LE 4 Neue Wörter mit bekannten Elementen:

1. горе́/ть — brennen, горе́/лка — Brenner
2. сол/ь — Salz, сол/я́ный — Salz-
3. серебр/о́ — Silber, серебр/я́ный — Silber-

6.3.

LE 5 🔘🔘 **Internationalismen:**

ци́нковый; алюми́ниевый; па́ста; ни́келевый; диффу́зия; специализа́ция

PK 6 · PA 3 · SQ B

Die Präpositionen „по", „в", „на" und „при" (3)

LE 1 ☛—O Übersetzen Sie die folgenden Sätze und Wendungen:

1. Am Paton-Institut in Kiew werden neue Schweißverfahren ausgearbeitet. 2. Durch diese neuen Verfahren wird die Arbeitsproduktivität um ein Vielfaches erhöht. 3. Schweißpulver wird nach der chemischen Zusammensetzung in verschiedene Gruppen eingeteilt. 4. Das Schweißen kann man auch unter besonderen Bedingungen durchführen. 5. Auf diesem Gebiet gibt es neue Methoden. 6. Die Produktion wird um 20 % erhöht. 7. die Bewegung (Verschiebung) der Schweißflamme auf der Oberfläche des Teiles 8. die Verteilung der äußeren Kräfte über den Umfang des Körpers 9. Dabei vergrößert sich die Effektivität des Schweißens. 10. Vorlesungen in Fügetechnik (Schweißtechnik) 11. beim UP-Schweißen 12. die Einteilung (Klassifizierung) der Schweißverfahren nach der Methode der Erwärmung des Metalls

---
PK 6 · PA 3 · SQ C

LE 1 🔘🔘 Hören Sie den Text:

Пайка металлов

Пайка представляет собой процесс соединения металлов, находящихся в твердом состоянии. При пайке соединение металлов осуществляется с помощью расплавленного присадочного металла, называемого припоем.

При пайке в отличие от сварки не расплавляется основной металл. В практике не всегда возможно провести границу между этими двумя методами.
В процессе пайки большое значение имеет взаимная диффузия основного металла и припоя. Обычно припои представляют собой сплавы различных цветных металлов, иногда довольно сложного состава.

LE 2   **Geben Sie mit Hilfe des folgenden Wortgeländers den Inhalt des Textes in deutscher Sprache wieder:**

Löten (Definition); das Verhältnis Löten — Schweißen; das Lot

LE 3   **Text zum verstehenden Lesen:**

О практических вопросах сварочной технологии

При сварке возникает ряд задач, в частности, по оценке физико-химических реакций, имеющих место в сварочной ванне, явлений кристаллизации, образования фазовых и структурных превращений в зависимости от состава основного материала, тепловых процессов, определяемых источниками нагрева, условий охлаждения, защиты сварочной ванны и влияния на качество сварки некоторых других параметров. Наиболее распространенным[1] автоматизированным процессом является сварка под флюсом, разработанная в середине 30-х годов ИЭС им. Е. О. Патона, а также другими научными и производственными организациями под его непосредственным руководством. Этот метод остается наиболее распространенным методом соединения металлов и до настоящего времени. Его используют для сварки конструкций из углеродистых и низколегированных сталей, преимущественно при толщине соединяемых элементов от 2 до 60 мм и более, и при укладке[2] швов на горизонтальной плоскости[3]. Производительность этого способа сварки высока. Скорость укладки швов составляет 40—80 м/ч, а при массовом производстве продольных[4] швов труб — от 200 до 240 м/ч. Электродуговая сварка под флюсом позволяет[5] осуществлять соединения сталей, алюминиевых и титановых сплавов. Важным фактором, определяющим высокое качество сварных соединений, является разработка составов флюсов в сочетании[6] с соответствующими проволоками.
Наряду с развитием сварки в СССР развивается пайка. Виды пайки очень многообразны. Она производится твердыми и мягкими припоями с различными температурами плавления, с применением разных флюсов в форме порошков, паст, растворов. Очень разнообразны современные источники нагрева при пайке. Пайка производится

6.3.

нагретыми паяльниками[7], пламенем газовых горелок, индукционным нагревом, при котором детали помещаются в магнитное поле индуктора, машинными и высокочастотными ламповыми генераторами, путем электроконтактного нагрева при протекании по деталям электрического тока, нагревом в печах.
Пайка в печах находит широкое распространение. Она выполняется твердыми припоями (наиболее часто) и мягкими (более редко). Пайка производится в вакуумных печах, в печах в среде защитных газов или в восстановительной атмосфере[8].
Пайкой соединяют углеродистые стали (при этом в качестве припоя часто применяют чистую медь); высоколегированные стали и сплавы, кислотоупорные[9] хромистые стали ферритного класса, жаростойкие никелевые сплавы и т. д. (при этом используются легкоплавкие припои и активные флюсы); медь и ее сплавы, например, медноцинковые, всевозможные бронзовые, титановые и др.

[1] verbreitet [2] Ziehen [3] Fläche, Ebene [4] Längs- [5] gestatten, erlauben, ermöglichen [6] Verbindung [7] Lötkolben [8] reduzierende Atmosphäre [9] säurebeständig

PK 6 · SQ D

LE 1   Übersetzen Sie den nachfolgenden Text mit Hilfe des Wörterbuchs und der angegebenen Vokabelhilfen:

взять за осно́ву — zugrunde legen; давле́ние — Druck; оса́дка — Stauchung; охва́тывать — erfassen, umfassen; сте́пень — Grad, Stufe, Maß

Классификация способов сварки

Способы сварки можно классифицировать, напр., в зависимости от вида энергии, используемой при сварке, от степени механизации процесса сварки, вида свариваемого металла и т. п. Идеальной системы классификации, охватывающей все способы сварки, нет. Более или менее точную систему классификации можно создать, если взять за основу давление, в результате которого происходит так называемая осадка при сварке. По этому признаку все имеющиеся способы сварки можно разделить на две большие группы: 1. сварка давлением; 2. сварка без давления, или сварка плавлением.

Первая группа характеризуется применением давления с целью осадки металла, другие признаки, в том числе состояние металла, не учитываются.
Во второй группе соединение металла свариваемых частей в монолитное целое без давления возможно только в жидком состоянии металла, т. е. металл в зоне сварки должен быть расплавлен.
При использовании давления, даже если в зоне сварки происходит расплавление, способ относят к группе сварки давлением, как напр., при электрической контактной сварке.
К сварке плавлением относится пайка, отличающаяся тем, что при этом расплавляется лишь присадочный металл — припой, а основной свариваемый металл остается нерасплавленным, в то время как при сварке частично расплавляется и основной металл.

LE 2   Präpositionelle Wendungen:

при этом	dabei
в результате	im Ergebnis
в процессе	bei, während
во время	bei, während
с помощью	durch, mit Hilfe
при помощи	durch, mit Hilfe
путём	durch
посредством	durch
вследствие	infolge, durch
за счёт	infolge, wegen
по сравнению с	im Vergleich zu, gegenüber
в отличие от	im Unterschied von
в зависимости от	in Abhängigkeit von
независимо от	unabhängig von
в целях	zu, zwecks
с целью	zu, zwecks
в рамках	im Rahmen
в среднем	durchschnittlich, im Durchschnitt
с учётом	unter Berücksichtigung, unter Beachtung
в качестве	als
в том числе	darunter, unter anderem

LE 3   Übersetzen Sie und beachten Sie dabei die richtige deutsche Wiedergabe von „при этом, в результате, в процессе, путем, за счет, в целях, с целью, с учетом, в качестве":

1. В качестве защитного газа применяется чистый водород. 2. В процессе пайки основной металл не расплавляется. 3. Экономия сварочных материалов получается за счет уменьшения расхода электродной проволоки. 4. В результате сварки получают сварной шов. 5. Соединение отдельных частей осуществляется путем их местного сплавления. 6. При этом основной металл не расплавляется. 7. С целью (в целях) улучшения механических свойств в сталь вводят легирующие элементы. 8. Эта работа проводится с учетом некоторых факторов.

LE 4   Übersetzen Sie:

1. Im Rahmen des RGW wurde das Verbundsystem (Объединённая энергосистема) „Frieden" geschaffen. 2. Löten ist ein Prozeß der Verbindung von Metallen im festen Zustand mit Hilfe von aufgeschmolzenen Loten. 3. Im Vergleich mit dem Handschweißen hat das automatische Schweißen eine Reihe von Vorteilen. 4. Im Unterschied zum Schweißen schmilzt beim Löten der Grundwerkstoff nicht. 5. In Abhängigkeit von der chemischen Zusammensetzung unterscheidet man verschiedene Arten von Schweißpulver. 6. Die Arbeitsproduktivität wurde in diesem Betrieb um durchschnittlich 5 % erhöht. 7. Während seines Studiums hat er mehrere Vorlesungen über Schweißen (Fügetechnik) gehört. 8. Durch das Verschmelzen zweier Teile entsteht (wird gebildet) eine Schweißverbindung.

LE 5   Übersetzen Sie ohne Wörterbuch:

Свариваемость металлов

Процесс сварки — это комплекс нескольких одновременно протекающих процессов, основными из которых являются: тепловое воздействие на металл в околошовных участках, плавление, металлургические процессы, кристаллизация металла шва и взаимная[1] кристаллизация металлов в зоне сплавления. Под свариваемостью, следовательно, необходимо понимать отношение[2] металлов к основным процессам. Свариваемость металлов рассматривают с технологической и с физической точки зрения[3].
Тепловое воздействие на металл в околошовных участках и процесс плавления определяются способом сварки, его режимами. Отношение металла к конкретному способу сварки и режиму обычно называют

технологической свариваемостью. Физическая свариваемость определяется процессами, протекающими в зоне сплавления свариваемых металлов, в результате которых образуется неразъемное сварное соединение.
Сближение частиц и создание условий для их взаимодействия осуществляются выбранным способом сварки, а протекание соответствующих[4] физико-химических процессов зависит от свойств соединяемых металлов. Эти свойства металлов определяют их физическую свариваемость.
Свариваемые металлы могут иметь как одинаковые, так и различные химический состав и свойства. В первом случае это однородные[5] с точки зрения химического состава и свойств металлы, во втором случае — разнородные[6].
Все однородные металлы обладают физической свариваемостью. Свойства разнородных металлов иногда[7] не в состоянии обеспечить протекание необходимых физико-химических процессов в зоне сплавления, поэтому эти металлы не обладают физической свариваемостью.

[1] wechselseitig [2] Verhalten [3] Gesichtspunkt [4] entsprechend [5] gleichartig
[6] verschiedenartig, unterschiedlich [7] mitunter

PK 7 · PA 1 · SQ A

LE 0 Wortschatz zur Wiederholung:

нужен, нужна, нужно, нужны — notwendig, erforderlich; заполнить/заполнять — ausfüllen; стоить — kosten; даже — sogar; правильный — richtig; уже — schon; место — Platz, Ort, Stelle; занять/занимать — einnehmen, belegen, beschäftigen; последний — letzter

LE 1 Neue Lexik:

литейное производство	Gießereiindustrie, Gießen
литьё	Guß, Gußstück, Gießen
фасонное литьё	Formguß
отливка	Guß, Gußstück, Gießen
стержень	Kern
жидкотекучесть	Vergießbarkeit, Gießbarkeit
усадка	Schwindung
лить	gießen
обрубка	Trennen, Putzen
очистка	Reinigen, Putzen
формовочная смесь	Formstoffmischung
стержневая смесь	Kernstoffmischung
песок	Sand
выбивка	Ausschlagen, Ausleeren, Leeren
литьё в оболочковые формы	Formmaskenverfahren
литьё под давлением	Druckgießverfahren, Druckguß
центробежное литьё	Schleudergießverfahren, Schleuderguß
неоднородность	Inhomogenität
давление	Druck
составляющая	Bestandteil, Komponente
способность	Fähigkeit, Vermögen
полость	Hohlraum

LE 2 Schauen Sie auf das Bild, hören Sie den Satz, sehen Sie den Satz, vergleichen Sie mit dem deutschen Satz, hören Sie den Satz noch einmal und wiederholen Sie:

1. Литейным производством получают фасонное литьё. — Durch Gießen stellt man Formguß her. 2. Литьё является простым и дешевым способом получения деталей. — Das Gießen ist ein einfaches und billiges

7.1.

Verfahren zur Herstellung von Teilen. 3. Чугун хорошо заполняет литейную форму. — Gußeisen füllt die Gießform gut aus. 4. Отливки широко применяют в машиностроении. — Gußstücke finden im Maschinenbau breite Anwendung. 5. Отливки могут быть сложной конфигурации. — Gußstücke können von komplizierter Gestalt sein. 6. Для получения отливок нужны модель, литейная форма и стержень. — Zur Herstellung von Gußstücken sind Modell, Gießform und Kern erforderlich. 7. На жидкотекучесть влияют многие факторы. — Die Vergießbarkeit wird von vielen Faktoren beeinflußt. 8. Усадка — свойство металлов при понижении температуры уменьшать свой объем. — Die Schwindung ist die Eigenschaft der Metalle, bei Temperaturverringerung ihr Volumen zu verkleinern. 9. Ликвацией называют физико-химическую неоднородность сплава. — Seigerung nennt man die physikalisch-chemische Inhomogenität einer Legierung. 10. Обрубка и очистка отливок — одна из последних операций в литейном производстве. — Das Putzen der Gußstücke ist einer der letzten Arbeitsgänge in der Gießerei. 11. Основной составляющей формовочной смеси является кварцевый песок. — Hauptbestandteil der Formstoffmischung ist Quarzsand. 12. Для выбивки применяют пневматическое или гидравлическое оборудование. — Für das Ausschlagen verwendet man pneumatische oder hydraulische Einrichtungen. 13. Литье в оболочковые формы — это специальный способ литья. — Das Formmaskenverfahren ist ein spezielles Gießverfahren. 14. Очень точные отливки получают с помощью выплавляемых моделей. — Sehr genaue Gußstücke erhält man mit Hilfe von ausschmelzbaren Modellen. 15. При литье под давлением расплав заполняет форму под высоким давлением. — Beim Druckgießverfahren füllt die Schmelze die Form unter hohem Druck aus. 16. При центробежном литье расплав заливают во вращающуюся форму. — Beim Schleudergießverfahren gießt man die Schmelze in rotierende Formen. 17. Способность расплава заполнять форму зависит от его жидкотекучести. — Die Fähigkeit der Schmelze, die Gießform auszufüllen, ist von ihrer Vergießbarkeit abhängig. 18. Полость литейной формы соответствует конфигурации отливки. — Der Hohlraum der Gießform entspricht der Gestalt des Gußstückes.

LE 3   Übersetzen Sie:

1. Литейное производство является одним из важных способов изготовления разнообразных металлических деталей и изделий. 2. Литейным производством называется технологический процесс получения фасонных отливок путем заливки расплава в литейную форму. 3. Литые детали стоят значительно дешевле изделий, изготовленных другими способами. 4. В литейном производстве для изготовления отливок сложной конфигурации применяют различные металлы и сплавы.

5. Жидкотекучесть характеризует способность расплава заполнять и точно воспроизводить полость литейной формы. 6. К литейным свойствам расплава относятся, напр., жидкотекучесть и усадка. 7. Величина усадки зависит от химического состава сплава, температуры и способа заливки, скорости охлаждения, формы отливки и других технологических факторов. 8. Усадка в отливке вызывает внутренние напряжения, которые деформируют и даже разрушают отливку; чем больше усадка сплава, тем больше величина внутренних напряжений. 9. Правильной конструкцией модели и формы, регулированием скорости охлаждения, а также термической обработкой можно уменьшать внутренние напряжения в отливках. 10. Различают следующие способы литья: литье в оболочковые формы, литье по выплавляемым моделям, центробежное литье, литье под давлением и другие. 11. Литье под давлением является одним из наиболее производительных и экономичных способов получения точных отливок. 12. Обычно под давлением отливают детали из цинковых, алюминиевых, магниевых и медных сплавов. 13. Технологический процесс получения отливок состоит из большого числа отдельных операций: изготовления модели, приготовления формовочных и стержневых смесей, изготовления стержней и литейных форм, расплавления металла, заливки металла в формы и затвердевания отливки, выбивки затвердевшей отливки из формы, обрубки и очистки литья, контроля качества. 14. Операции выбивки и очистки осуществляются в основном машинным способом; в настоящее время они уже частично автоматизированы.

LE 4 Neue Wörter mit bekannten Elementen:

1. рас/плавл/я́ть — schmelzen, распла́в — Schmelze, расплавл/е́ние — Schmelzen, вы/плавл/я́ть — schmelzen, erschmelzen, вы/плавл/я́емый — ausschmelzbar
2. отве́т — Antwort, со/отве́т/ствовать — entsprechen
3. ли/ть — gießen, от/ли/ва́ть — gießen, abgießen, за/ли/ва́ть — eingießen, vergießen, за/ли́/вка — Gießen, Eingießen, ли́/тый — gegossen, Guß-, ли/те́йный — Gieß-
4. под/гото́в/ка — Vorbereitung, при/гото́в/ле́ние — Aufbereitung, Vorbereitung
5. затверде́/ть — hart werden, erstarren, затверде/ва́ние — Erstarren, Erstarrung
6. изготовл/е́ние — Fertigung, Herstellung, изготовл/я́ть — fertigen, herstellen
7. производи́ть — produzieren, вос/производи́ть — reproduzieren
8. внутр/и́ — im Inneren, вну́тр/енний — innerer, Innen-
9. мед/ь — Kupfer, ме́д/ный — Kupfer-

10. основн/о́й — Grund-, Haupt-, в основн/о́м — im wesentlichen, hauptsächlich, in der Hauptsache
11. тру́дн/ый — schwer, schwierig, тру́дн/ость — Schwierigkeit
12. знач/е́ние — Bedeutung, о/знач/а́ть — bedeuten, bezeichnen
13. пониж/е́ние — Verringerung, Abnahme, Abfall, пониж/а́ть — verringern
14. сто — hundert, со́тая — Hundertstel

LE 5 Internationalismen:

физико-хими́ческий — physikalisch-chemisch; конфигура́ция — Gestalt; моде́ль; ликва́ция — Seigerung; опера́ция — Arbeitsgang;ква́рцевый; пневмати́ческий; гидравли́ческий; регули́рование; экономи́чный — wirtschaftlich; ма́гниевый — Magnesium-; контро́ль; маши́нный — maschinell; ма́рка — Marke, Sorte; ци́фра; стально́й

PK 7 · PA 1 · SQ B

LE 1 Die Adverbialpartizipien

Die Adverbialpartizipien sind Verbalformen mit den Merkmalen eines Adverbs. Sie bezeichnen eine Nebenhandlung, die die Haupthandlung — also das Prädikat eines Satzes — näher bestimmt. Demnach haben beide Handlungen das gleiche Subjekt.
Im Russischen gibt es zwei Adverbialpartizipien. Da den russischen Adverbialpartizipien im Deutschen keine eigenen Wortformen entsprechen, gibt es verschiedene Wiedergabemöglichkeiten.

Das Adverbialpartizip auf „-я, -a"
Dieses Adverbialpartizip wird vorwiegend von unvollendeten Verben gebildet. Man ersetzt die Endung der 3. Person Plural des Präsens durch „-я", nach Zischlauten durch „-a":

    повыша́ть (повыша́-ют) — повыша́я
    служи́ть (служ-ат) — служа́

Es bezeichnet in der Regel eine Handlung, die gleichzeitig mit der Haupthandlung verläuft.

7.1.

Übersetzungsmöglichkeiten:
> Beispiel:
> Увеличивая концентрацию углерода, уменьшают пластичность стали.

a) durch ein 2. Prädikat:
> Man vergrößert die Kohlenstoffkonzentration und verringert (dadurch) die Plastizität des Stahls.

b) durch einen Adverbialsatz:
> Wenn man die Kohlenstoffkonzentration vergrößert, verringert man die Plastizität des Stahls.

c) durch Adverbialbestimmung mit Substantiv:
> Durch Vergrößerung der Kohlenstoffkonzentration verringert man die Plastizität des Stahls.

d) seltener durch ein adverbial gebrauchtes Partizip I:
> Die Kohlenstoffkonzentration vergrößernd, verringert man die Plastizität des Stahls.

LE 2 Übersetzen Sie ins Deutsche und suchen Sie dabei die günstigste Übersetzungsmöglichkeit:

1. Обладая высокой жидкотекучестью, чугун хорошо заполняет литейную форму. 2. После затвердевания сплава выбивают отливку, разрушая форму. 3. Рассматривая любую машину и разбирая ее на составные части, мы, прежде всего, встречаем соединения узлов или деталей. 4. Марганец сильно влияет на свойства стали, повышая прочность, изменяя и некоторые другие свойства. 5. Болтовое соединение можно разбирать и вновь собирать, не разрушая деталей и болта. 6. Структуру и свойства стали изменяют, применяя термическую обработку. 7. С целью повышения механических свойств отливки из среднеуглеродистой стали термически обрабатывают, подвергая их отжигу, нормализации и закалке с последующим отпуском. 8. Влияя на основные механические свойства, углерод является важнейшим легирующим элементом всех черных металлов. 9. Перемещаясь внутри металла от одной его частицы к другой, электроны создают электропроводность.

PK 7 · PA 1 · SQ C

LE 1 🔘🔘 Hören Sie den Text und geben Sie den Inhalt in deutscher Sprache wieder:

Производство отливок из стали

По производству стального фасонного литья СССР занимает первое место в мире. Высокие механические свойства стали позволяют применять ее для изготовления различных фасонных отливок. Для производства отливок применяют стали конструкционные, инструментальные и с особыми физико-химическими свойствами.
Из конструкционных сталей изготовляют отливки, обладающие высокими прочностными свойствами.
Углеродистые стальные отливки получают девяти марок: 15 Л, 20 Л, 25 Л, 30 Л, 35 Л, 40 Л, 45 Л, 50 Л, 55 Л, где цифры означают среднее содержание углерода в сотых долях процента, а буква Л — литье. Отливки из низкоуглеродистой стали марок 15 Л и 20 Л применяют в электротехнической и машиностроительной промышленности. Изготовление фасонных отливок из низкоуглеродистой стали связано с рядом трудностей, так как эта сталь имеет высокую температуру плавления и обладает пониженной жидкотекучестью.
Литейные свойства среднеуглеродистой стали выше, чем литейные свойства низкоуглеродистой. Поэтому в литейном производстве для большинства фасонных отливок применяют среднеуглеродистую сталь марок 25 Л, 30 Л, 35 Л.
Для повышения механических свойств отливки из среднеуглеродистой стали подвергают термической обработке, состоящей из отжига, нормализации и закалки с последующим отпуском.

LE 2 ✎—0 Vervollständigen Sie die folgenden Sätze:

1. ... производству стального фасонного литья СССР занимает ...
2. Высокие механические свойства стали дают возможность ... 3. Для производства фасонного литья ... конструкционные, инструментальные стали и стали с особыми физико-химическими свойствами. 4. Отливки, ... из конструкционных сталей, ... высокими прочностными свойствами. 5. Обычно для ... углеродистых стальных отливок в СССР применяются стали следующих девяти ... 15 Л, 20 Л, 25 Л, 30 Л, 35 Л, 40 Л, 45 Л, 50 Л, 55 Л. 6. При этом цифры соответствуют ... в сотых долях процента, а буква Л означает ... 7. Отливки из ... стали марок

7.1.

15 Л и 20 Л ... в электротехнике и машиностроении. 8. Так как низкоуглеродистая сталь имеет ... температуру плавления и ... жидкотекучесть, изготовление фасонного литья из этой стали ... с определенными трудностями. 9. Литейные свойства низкоуглеродистых сталей ..., чем литейные свойства ... сталей. 10. Поэтому в ... производстве для производства фасонных ... применяется среднеуглеродистая сталь следующих трех марок: 25 Л, 30 Л, 35 Л. 11. С целью ... механических свойств отливки из среднеуглеродистой ... термически ..., причем их ... отжигу, нормализации и закалке с последующим отпуском.

LE 3   Text zum verstehenden Lesen:

Основные этапы процесса изготовления отливок

Отливки изготовляются в литейном цехе. Их получают в литейной форме, полость которой соответствует конфигурации отливки. Для придания полости литейной формы конфигурации отливки применяют деревянную[1] или металлическую модель; при помощи модели делают отпечаток[2] в формовочной смеси, помещенной в рамках, так называемых опоках[3].
Для получения в отливках внутренних полостей в форму помещается стержень, конфигурация которого соответствует внутренней полости отливки. Стержни изготовляют в стержневых ящиках[4] из стержневых смесей, состоящих из песка и связующих материалов[5], придающих высушенным[6] стержням необходимую прочность. Модели и стержни изготовляют со стержневыми знаками[7]. Стержневыми знаками называются выступающие в модели и в стержне части, не образующие непосредственно[8] конфигурации отливки. Эти знаки в модели образуют в литейной форме полости, в которые помещают знаковые части стержня. При помощи знаков стержень укрепляется[9] и фиксируется в форме. Рассмотрим последовательность изготовления отливки в песчаной форме.
В модельном цехе по чертежу[10] детали изготовляют из древесины или металла модель и стержневой ящик. Для удобства изготовления литейной формы и стержня модель и стержневой ящик делают разъемными[11].
В формовочном отделении из формовочной смеси по модели изготовляют литейную форму. Для этого на плиту[12] ставят первую половину модели и опоку, засыпают смесь в опоку и уплотняют[13] ее. Опоку переворачивают[14], на заформованную половину модели ставят вторую ее половину и модель литниковой системы[15], которая образует каналы для заливки расплава в форму. Потом ставят вторую опоку, засыпают в нее формовочную смесь и уплотняют. Далее поднимают[16] верхнюю[17]

полуформу, вынимают[13] из обеих полуформ половинки модели, устанавливают в форму стержень и накрывают верхнюю полуформу.
В стержневом отделении по стержневому ящику из стержневой смеси изготовляется стержень. Для повышения прочности стержней их можно сушить в сушильных печах.
В плавильном отделении в специальных плавильных печах расплавляют сплав и заливают его в форму. После затвердевания сплава в форме образуется отливка, которую выбивают, разрушая форму.
В очистном отделении из отливок выбивают стержни, отбивают или отрезают литниковую систему, очищают отливку от формовочной смеси, отшлифовывают остатки литниковой системы и при необходимости термически обрабатывают. После очистки и контроля отливку направляют в механический цех для обработки или на склад[19] готовой продукции.

[1] Holz- [2] Abdruck [3] Formkasten [4] Kasten [5] Bindemittel, Binder
[6] trocknen [7] Kernmarke [8] direkt, unmittelbar [9] befestigen [10] Zeichnung
[11] geteilt [12] Platte [13] verdichten [14] wenden, schwenken [15] Eingußsystem
[16] anheben [17] oberer [18] herausnehmen [19] Lager

LE 4   Nennen Sie in russischer Sprache die Hauptarbeitsgänge bei der Herstellung von Gußstücken in ihrer logischen Reihenfolge!

PK 7 · PA 1 · SQ D

LE 1   Übersetzen Sie mit Hilfe des Wörterbuchs und der angegebenen Vokalhilfen:

толщина́ сте́нки — Wanddicke; ко́вка — Schmieden; штампо́вка — Pressen; брако́ванный — Ausschuß-, fehlerhaft; едини́чное произво́дство — Einzelfertigung; мелкосери́йное произво́дство — Kleinserienfertigung; пото́чное произво́дство — Fließfertigung

Основные положения по конструированию литых деталей

При конструировании машин конструктор должен выбрать конфигурацию детали, рассчитать нагрузки, воспринимаемые узлами детали, с учетом условий работы машины, выбрать соответственно этому мате-

7.1.

риал, толщину стенок и размеры узлов детали, а также предусмотреть их технологию изготовления (литье, ковка, штамповка, сварка и др.). При этом конструктор должен создать наиболее легко изготовляемую конструкцию детали, предупредить получение бракованных изделий из-за неправильной их конструкции, обеспечить достаточную простоту детали и возможное снижение стоимости ее изготовления.

При конструировании литой детали учитываются свойства металла, технология изготовления модели, формы и стержня, сборка формы, очистка и обрубка литья. При массовом производстве учитывают возможности максимальной механизации и автоматизации производства, напр., на основе использования специальных методов литья. Каждый из этих методов предъявляет особые требования к конструированию детали. При конструировании детали в единичном и мелкосерийном производстве принимают во внимание имеющееся оборудование цеха, в котором должна отливаться деталь. Кроме того, конструктор предусматривает возможность транспортировки изделия и механическую обработку отливок.

Новые отливки быстро осваиваются в поточном производстве, если при конструировании тщательно продумана технология их изготовления.

LE 2   Leiten Sie von den Adjektiven die deutsche Bedeutung der Verben ab und übersetzen Sie die Beispiele:

1. трудный — затруднять
трудная работа, трудная задача, трудные условия; затруднять работу, затруднять операцию
При этом затрудняется применение формовочных машин.

2. дешевый — удешевлять
дешевые сплавы, дешевая продукция; удешевлять продукцию, удешевлять производство
Отливки, имеющие прямолинейные поверхности, удешевляют изготовление моделей.

3. простой — упрощать
простое решение, простая технология, простая конструкция; упрощать процесс, упрощать технологию, упрощать конструкцию
Данная конфигурация отливки упрощает формовку. Предусмотренная конфигурация отливки должна упростить формовку.

4. сложный — усложнять
сложный процесс, сложная технология, сложная задача; усложнять производство, усложнять конструкцию
Криволинейные поверхности отливок по сравнению с прямолинейными усложняют изготовление соответствующих моделей. Применение

низкоуглеродистой стали вследствие ее высокой температуры плавления и пониженной жидкотекучести усложняет производство фасонного литья.

5. легкий — облегчать
легкая работа; облегчать труд, облегчать работу
Хорошая жидкотекучесть сплава облегчает процесс заливки его в литейную форму. Применение машин во много раз облегчает трудоемкие операции выбивки и очистки отливок.

6. дорогой — удорожать
дорогие легирующие элементы, дорогое оборудование, дорогая продукция; удорожать продукцию, удорожать производство
Сложные конфигурации отливок, требующие применения нескольких стержней, удорожают производство фасонного литья.

7. короткий — укорачивать, краткий — сокращать
короткий путь, короткая дорога, короткое время, краткое содержание; укорачивать путь, сокращать путь, сокращать затраты, сокращать время, сокращать расходы
Разработаны новые способы литья, дающие возможность сокращать затраты на механическую обработку деталей.

8. чистый — очищать
чистый металл, чистый воздух, чистая вода, чистый газ; очищать воздух, очищать атмосферу, очищать отливку
В очистном отделении отливки очищаются от формовочной смеси.

9. полный — заполнять
полная форма; заполнять форму, заполнять анкету
Обладая высокой жидкотекучестью, чугун хорошо заполняет литейную форму. Способность чугуна хорошо заполнять литейную форму объясняется его высокими литейными свойствами.

LE 3   Prägen Sie sich folgende Wendungen ein und übersetzen Sie:

иметь отношение к	Beziehung haben
иметь связь с	in Verbindung stehen
иметь значение	Bedeutung haben, von Bedeutung sein
занимать место	Platz einnehmen
уделять внимание	Aufmerksamkeit schenken, widmen, richten
предъявлять требование к	Forderung stellen
давать возможность	Möglichkeit bieten
создавать условие	Bedingung schaffen
делать заключение/вывод	Schlußfolgerung ziehen
играть роль	Rolle spielen

7.1.

представлять интерес	von Interesse sein
оказывать влияние на	Einfluß ausüben, Einfluß haben, beeinflussen
поставить вопрос/задачу	Frage/Aufgabe stellen
принимать участие в	teilnehmen, beteiligt sein
вносить вклад в	Beitrag leisten, beitragen

1. Автоматизация производственных процессов создает необходимые условия для облегчения труда. 2. По уровню промышленного производства ГДР занимает одно из первых мест в мире. 3. Внедрение новой техники дает возможность повысить производительность труда. 4. При конструировании отливок большое внимание уделяется требованию равномерной толщины стенок. 5. Содержание углерода в стали имеет прямое отношение к ее структуре и, следовательно, к ее механическим свойствам. 6. При центробежном литье предъявляются особые требования к конструированию детали. 7. Легированные стали имеют важное значение в современной технике, особенно в области машиностроения. 9. Новые методы термомеханической обработки стали представляют практический интерес. 9. Легирующие элементы оказывают существенное влияние на структуру и, в связи с этим, на многие свойства стали. 10. Учитывая последние результаты исследований, можно сделать следующие выводы. 11. В работе СЭВ, кроме стран-членов, участвуют и другие страны. 12. Определенное количество атомов углерода на ранних стадиях отпуска не принимает участия в процессах карбидообразования. 13. В настоящее время поставлена задача по разработке новых сортов высокопрочной стали. 14. Открытием периодического закона и созданием периодической системы элементов Менделеев внес огромный вклад в развитие химии и других наук.

LE 4   Übersetzen Sie ohne Wörterbuch:

Особенности конструирования отливок с учетом
технологии изготовления форм и стержней

При конструировании отливки необходимо стремиться[1] к тому, чтобы придать ей наиболее простую конфигурацию с равномерной толщиной стенок.
Любая конструкция литой детали должна предусматривать наиболее простой разъем[2] модели. Большее число разъемов модели не гарантирует получения точных размеров отливок и затрудняет применение формовочных машин.
Отливки должны иметь по возможности прямолинейные поверхности; изготовление модели такой отливки дешевле, чем модели для отливки с криволинейной[3] поверхностью. Если необходимы криволинейные по-

верхности, то по этим причинам их надо предусматривать цилиндрическими или коническими, как наиболее простые при изготовлении. Конфигурация детали должна способствовать[4] максимальному упрощению формовки.
Сборная конструкция требует больше времени на механическую обработку, которая в большинстве случаев проста. Но, с другой стороны, она снижает стоимость[5] изготовления отливки, так как упрощаются формовка, сборка форм и изготовление моделей. Напротив, в тех случаях, когда монтаж литых деталей связан со сложной механической обработкой, рекомендуется конструировать узел так, чтобы он выполнялся только отливкой.

[1] streben nach, anstreben   [2] Teilung, Teilungsebene   [3] gekrümmt   [4] beitragen, begünstigen   [5] Kosten

PK 7 · PA 2 · SQ A

LE 0   Wortschatz zur Wiederholung:

горячий — heiß, warm; холодный — kalt; готовый — fertig; нельзя — man kann nicht, man darf nicht; обработать/обрабатывать — bearbeiten, verarbeiten; качество — Qualität; как — wie, als; ширина — Breite; около чего — neben, etwa, fast; пойти/идти — gehen; непосредственный — direkt, unmittelbar; только — nur; требование — Forderung; половина — Hälfte; самолёт — Flugzeug; вырасти/расти — wachsen

LE 1   Neue Lexik:

обработка давлением	Umformen, Umformtechnik
заготовка	Rohling, Halbzeug, Werkstück, Teil
прокатка	Walzen
лист	Blech
тонкий лист	Feinblech
толстый лист	Grobblech
труба	Rohr
прокатный стан	Walzgerüst, Walzwerk, Walzstraße
свободная ковка	Freiformschmieden

7.2.

штампо́вка	Umformen im Gesenk, Gesenkschmieden, Pressen, Stanzen; Gesenkschmiedestück, Preßteil, Stanzteil
объёмная штампо́вка	Massivumformen, Gesenkschmieden
штамп	Gesenk, Stempel, Preßwerkzeug, Stanzwerkzeug
вес	Gewicht, Masse
волоче́ние	Ziehen
про́волока	Draht
пруто́к	Stab, Stange, Stangenmaterial
доста́точный	hinreichend, ausreichend, genügend

LE 2 Schauen Sie auf das Bild, hören Sie den Satz, sehen Sie den Satz, vergleichen Sie mit dem deutschen Satz, hören Sie den Satz noch einmal und wiederholen Sie:

1. Обработкой давлением получают заготовки или готовые детали. — Durch Umformen erhält man Halbzeuge oder Fertigteile. 2. Только достаточно пластичные металлы обрабатываются давлением. — Nur ausreichend verformbare Metalle lassen sich umformen. 3. Различают способы горячей и холодной обработки давлением. — Man unterscheidet Verfahren der Kalt- und Warmumformung. 4. Путем прокатки получают листы, трубы и профили. — Durch Walzen erhält man Bleche, Rohre und Profile. 5. Листы разделяются на толстые и тонкие. — Bleche werden in Grob- und Feinbleche eingeteilt. 6. Прокатка осуществляется на прокатных станах. — Walzen erfolgt auf Walzgerüsten. 7. Различают свободную ковку и ковку в штампах. — Man unterscheidet Freiform- und Gesenkschmieden. 8. Поковки имеют различную форму и вес. — Schmiedestücke haben unterschiedliche Form und Masse. 9. Штамповка применяется прежде всего в массовом производстве. — Gesenkschmieden wird vor allem in der Massenfertigung angewandt. 10. Прессование в основном служит для обработки цветных металлов и их сплавов. — Pressen dient im wesentlichen zur Bearbeitung von Nichteisenmetallen und deren Legierungen. 11. Прессование применяется, напр., для изготовления прутков, труб и различных профилей. — Pressen verwendet man z. B. zur Herstellung von Stangenmaterial, Rohren und verschiedenen Profilen. 12. Волочением изготовляют проволоку различного диаметра. — Durch Ziehen wird Draht mit verschiedenem Durchmesser hergestellt.

LE 3 ⚡—O Übersetzen Sie:

1. Обработка давлением относится к наиболее прогрессивным способам изготовления полуфабрикатов и деталей машин различного назначения. 2. Обработка давлением имеет многие преимущества, заключающиеся прежде всего в высокой производительности и экономичности. 3. В операциях обработки давлением форма и размеры деталей обеспечиваются формоизменением заготовки путем ее пластического деформирования, что дает возможность более рационально использовать материал. 4. Требования современного машиностроения обусловливают широкое применение различных способов обработки давлением в производстве как полуфабрикатов, так и деталей и узлов машин. 5. Хрупкие материалы, к которым относятся некоторые чугуны, нельзя обрабатывать давлением. 6. Обработка давлением применима только к металлам и сплавам, обладающим достаточной пластичностью, т. е. способностью изменять свою форму без разрушения под действием приложенных сил. 7. Границей между горячим и холодным деформированием служит температура рекристаллизации данного металла или сплава, причем выше температуры рекристаллизации происходит горячее деформирование, а ниже — холодное. 8. В качестве основных видов обработки давлением применяются прокатка, ковка, штамповка, волочение. 9. В зависимости от температурного режима прокатное оборудование разделяется на станы горячей и холодной прокатки. 10. Прокатка служит для получения нужного профиля металла. 11. Продукцией прокатки являются или готовые изделия, напр., листы, трубы, фасонные детали, или заготовки для последующей обработки. 12. К толстым листам относят горячекатаную сталь толщиной 4—160 мм, шириной 600—3000 мм и длиной 2—8 м по ГОСТу 5681—57, к тонким листам относят горячекатаную и холоднокатаную сталь толщиной 0,2—4 мм и шириной 600—1400 мм. 13. Точность, качество и производительность при свободной ковке зависят от многих факторов, прежде всего от веса и конфигурации поковки, от применяемого инструмента, типа оборудования и формы заготовки. 14. Преимущества штамповки перед свободной ковкой широко известны. 15. Большие поковки получают из слитков, поковки средних или малых размеров — из прокатных заготовок. 16. Прессование как метод обработки давлением может производиться в штампах, на гидравлических, механических и других прессах в горячем или холодном состоянии. 17. Прогрессивным и интенсивно развивающимся способом для изготовления профилей и труб из алюминиевых и других сплавов для авиационной промышленности является прессование на гидравлических прессах. 18. Волочением обрабатывают сталь различных сортов, а также медь, алюминий и сплавы на их основе. 19. Металлы и сплавы подвергаются волочению обычно при комнатной температуре.

7.2.

LE 4 🔘🔘 **Neue Wörter mit bekannten Elementen:**

1. обраб/а́тывать — bearbeiten, verarbeiten, обраб/о́тка — Bearbeitung, Verarbeitung
2. обраб/о́тка давле́нием — Umformen, обраб/а́тывать давле́нием — umformen
3. прока́т/ка — Walzen, прока́т — Walzgut, Walzmaterial, прока́т/ный — Walz-
4. ко́в/ка — Schmieden, по/ко́в/ка — Schmiedestück, ко́в/аный — geschmiedet, Schmiede-
5. лит/ьё — Guß, с/ли́т/ок — Gußblock
6. си́ла прило́жен/а — eine Kraft greift an, прило́жен/ная си́ла — angreifende Kraft
7. ка́чество — Qualität, в ка́честве — als
8. примен/я́ть — anwenden, примен/и́мый — anwendbar
9. хру́пк/ость — Sprödigkeit, хру́пк/ий — spröde
10. ко́мнат/а — Zimmer, ко́мнат/ный — Zimmer-, Raum-
11. значе́ние — Bedeutung, на/значе́ние — Bestimmung, Bestimmungszweck, Verwendungszweck
12. измен/я́ть — ändern, verändern, измен/е́ние — Änderung, Veränderung
13. то́л/стый — dick, тол/щина́ — Dicke
14. горя́ч/ая про/ка́т/ка — Warmwalzen, горяч/е/ка́т/аный — warmgewalzt, Warmwalz-
15. холо́дн/ая про/ка́т/ка — Kaltwalzen, холодн/о/ка́т/аный — kaltgewalzt, Kaltwalz-
16. тре́б/овать — fordern, тре́б/уемый — gefordert, erforderlich, notwendig
17. паро/во́з — Dampflokomotive, тепло/во́з — Diesellokomotive, электро/во́з — Elektrolokomotive
18. лист — Blech, лист/ово́й — Blech-
19. показа́т/ь — zeigen, показа́т/ель — Kenngröße, Kennwert, Kennziffer
20. штампо́в/ка — Gesenkschmieden, Pressen, Stanzen, штампов/а́ть — gesenkschmieden, pressen, stanzen
21. изготовл/я́ть — fertigen, herstellen, изгота́вл/ивать — fertigen, herstellen

LE 5 🔘🔘 **Internationalismen:**

про́филь; фасо́нный — Profil-; полуфабрика́т — Halbzeug; полупроду́кт — Halbzeug; ма́ссовый — Massen-; рекристаллиза́ция; рациона́льный; температу́рный — Temperatur-; экономи́чность — Wirtschaftlichkeit; интенси́вный; авиацио́нный — Flugzeug-; прессова́ние — Pressen; пресс — Presse; тра́ктор; пласти́чный — plastisch, verformbar

PK 7 · PA 2 · SQ B

LE 1   Die Adverbialpartizipien (2)

Das Adverbialpartizip auf „-в(ши)" und „-ши"

Dieses Adverbialpartizip wird fast nur von vollendeten Verben gebildet, und zwar von der maskulinen Form des Präteritums. Es bezeichnet meist eine Handlung, die vor der Handlung des Hauptsatzes liegt.

vo. послужить (послужи-л) — послужив/ши
vo. вырасти (вырос) — выросши

Bis auf das adverbial gebrauchte Partizip sind alle beim Adverbialpartizip auf „-я" bzw. „-a" angegebenen Übersetzungsvarianten möglich.
Beispiel: Определив концентрацию углерода, узнаем пластичность стали.
Nachdem wir die Kohlenstoffkonzentration bestimmt haben, erfahren wir die Plastizität des Stahls.

LE 2   Übersetzen Sie:

1. Тонкие структурные изменения, происходящие при отпуске закаленной стали, впервые можно было исследовать, применив методы электронной микроскопии. 2. Открыв в 1831 г. электромагнитную индукцию, Фарадей внес большой вклад в дальнейшее развитие науки и техники. 3. Применив новые методы организации производства, станкостроительные предприятия значительно повысили эффективность производства. 4. Достигнув высоких темпов роста производства, страны СЭВ смогли значительно повысить уровень жизни народа своих стран. 5. Окончив технический институт, молодые инженеры будут работать на предприятиях машиностроения. 6. Определив по диаграмме состояния сплавов железо-углерод температурный интервал деформации углеродистых сталей, можно разработать технологический процесс термомеханической обработки. 7. Затвердев в форме, отливка имеет конфигурацию литейной формы.

7.2.

PK 7 · PA 2 · SQ C

LE 1 ⊕ ⊕ Hören Sie den Text und geben Sie den Inhalt in deutscher Sprache wieder:

Основы обработки давлением

Обработкой давлением называют технологический процесс получения фасонных деталей и заготовок методом пластического деформирования в холодном или горячем состоянии.

В настоящее время в Советском Союзе обработке давлением подвергается приблизительно 90% выплавляемой стали, около половины всех цветных металлов и их сплавов, а также в некоторых случаях различные виды пластмасс и другие неметаллические материалы.

Этим способом получают или заготовки для дальнейшей механической обработки, или готовые детали. Так, напр., детали, полученные листовой штамповкой, идут непосредственно на сборку; прокаткой получают готовые профили, прежде всего листы самой различной толщины, волочением изготовляют проволоку различного диаметра и т. д.

Обработка давлением является высокоэкономичным и прогрессивным технологическим процессом. Кованые и штампованные детали составляют 60—85% от веса автомобилей, самолетов, тракторов, тепло- и электровозов и других машин.

При обработке давлением получают не только определенную форму и размеры, но и достигают требуемых величин показателей механических, физико-химических и других свойств металла, из которого изготавливаются детали машин, приборов и другого оборудования.

LE 2 π—0 Übersetzen Sie:

Umformtechnik

Als Umformen bezeichnet man den technologischen Prozeß, bei dem Profile und Halbzeuge hergestellt werden. Als Grundlage aller Umformverfahren dient die plastische Verformung des zu bearbeitenden Werkstoffes. Das Umformen kann im warmen oder kalten Zustand erfolgen (durchgeführt werden). Umgeformt werden vor allem Stahl — hauptsächlich durch Walzen, Ziehen, Schmieden — und Nichteisenmetalle sowie deren Legierungen — durch Pressen, Ziehen, Walzen.

Erzeugnisse der Umformtechnik sind entweder Halbzeuge, die eine weitere Bearbeitung erfordern, oder Fertigteile. Halbzeuge sind z. B. Profile, Rohre, Bleche und Drähte. Fertigteile können Drähte und Rohre sein, aber auch Bleche und Profile.
Das Umformen zählt zu den progressivsten und wirtschaftlichsten technologischen Verfahren, die in der modernen Technik angewandt werden. Teile, die mit Hilfe der Umformverfahren hergestellt werden, verwendet man in den verschiedensten Bereichen der Industrie, wie z. B. im Maschinenbau, Automobilbau sowie auch im Gerätebau.
Außer der Herstellung der geforderten Formen und Abmessungen erreicht man beim Umformen auch die erforderliche Veränderung bestimmter Eigenschaften der Werkstoffe, aus denen man die Fertigteile oder Halbzeuge erhält.

LE 3   Text zum verstehenden Lesen:

Ковка, горячая и холодная объемная штамповка

Уровень развития ковки, горячей и холодной объемной штамповки наиболее объективно характеризуется точностными параметрами. Точность поковок и штамповок определяет степень[1] соответствия их готовым деталям, объем последующей механической обработки и коэффициент использования металла; эти факторы являются основными и в определении себестоимости[2] изделий. Именно в этом направлении, в направлении уменьшения припусков[3] и допусков[4] на поковки и штамповки, развивается современная технология рассматриваемых видов обработки давлением.

Свободная ковка. Свободная ковка до настоящего времени является распространенным процессом, характерным для мелкосерийного и единичного производства. Для такого вида обработки не требуется специальной технологической оснастки[5], так как в большинстве случаев используются универсальные средства; поэтому подготовка производства здесь отличается небольшими затратами[6] как по времени, так и по средствам. Однако из-за отсутствия[7] форм, ограничивающих течение[8] металла при деформировании, невозможно получить заготовки высокой точности, и их размеры являются лишь приближенными по отношению к размерам готовых деталей. Несмотря на это[9], свободная ковка во многих случаях экономически более целесообразна[10], чем объемная горячая штамповка.
Из общего объема заготовок, изготовляемых кузнечными[11] цехами, на долю свободной ковки приходится 40—45 %. В себестоимости поковок стоимость материала является основной составляющей и доходит до 75 %.

7.2.

Точность, качество и производительность свободной ковки зависят от многих факторов, прежде всего от веса и конфигурации поковки, от универсальных средств, применяемых в качестве инструмента, типа оборудования и формы заготовки.

Горячая объемная штамповка. Преимущества штамповки по сравнению со свободной ковкой общеизвестны, главное преимущество — повышенная точность получаемого полуфабриката и большее соответствие его готовому изделию. При горячей штамповке уменьшаются или исключаются напуски[12], неизбежные[13] при ковке для некоторых форм деталей, во многих случаях по многим размерам штамповок снимаются[14] припуски, а допуски уменьшаются в 3—4 раза по сравнению со свободной ковкой, что дает возможность применять механическую обработку только для поверхностей, сопрягаемых[15] с другими деталями. Горячая штамповка дает возможность изготовлять заготовки повышенной точности практически для деталей любой конфигурации, обеспечивает большую однородность деформации и лучшее качество поверхности; производительность также вне конкуренции по сравнению со свободной ковкой.

Холодная объемная штамповка. Наибольшую точность объемной штамповки обеспечивает холодная объемная штамповка. Этот способ, отличающийся очень высокими удельными[16] давлениями, дает сложные контуры деталей окончательно оформленными, и последующая механическая обработка сводится к минимуму или исключается совершенно.
В последние годы все больше сплавов обрабатываются этим способом, и в настоящее время широко используются не только высокопластичные цветные металлы, но и средней прочности углеродистые стали 45 и 50, легированные стали 40Х, 18ХНВА, ШХ-9, ШХ-15, 30ХГСА, нержавеющие[17] стали типа 18—8, латунь[18] Л62 и Л68, медь, алюминиевые сплавы Д16, АК8 и др. Размеры стальных деталей могут быть следующие: диаметр до 100 мм, толщина до 45 мм. Показатели точности деталей соответствуют 3—4-му классам, а при достаточной жесткости[19] штампов и оборудования точность может быть и большей. Чистота поверхности[20] деталей достигает 9-го класса по ГОСТу 2789—59.

[1] Grad   [2] Selbstkosten   [3] Aufmaß   [4] Toleranz   [5] Ausrüstung   [6] Aufwand
[7] Fehlen   [8] Fließen   [9] ungeachtet dessen, trotzdem   [10] zweckmäßig   [11] Schmiede-
[12] Maßzugabe   [13] unvermeidlich   [14] entfallen   [15] paaren   [16] spezifisch
[17] nichtrostend   [18] Messing   [19] Starrheit   [20] Oberflächengüte

PK 7 · PA 2 · SQ D

LE 1 Übersetzen Sie den nachfolgenden Text mit Hilfe des Wörterbuchs und der angegebenen Vokabelhilfen:

лéнта — Band; полосá — Streifen; предмéт домáшнего обихóда — Haushaltsgegenstand; смéна — Schicht; потóчная лúния — Fließstraße; сосýд — Behälter; сечéние — Querschnitt; гнýтый — gebogen

Листовая штамповка

Листовой штамповкой называется способ изготовления изделий и деталей с помощью штампов из листового материала, ленты или полосы. Как один из прогрессивных методов обработки металлов давлением листовая штамповка с каждым годом приобретает все большее применение во всех отраслях промышленности и особенно в автомобильном и авиационном производстве, в сельскохозяйственном машиностроении, при изготовлении электротехнической аппаратуры и предметов домашнего обихода. Очень много разнообразных по конфигурации изделий из листового материала можно получить, совмещая в технологическом процессе листовую штамповку и сварку.
При листовой штамповке широко используются низкоуглеродистые стали, пластичные легированные стали, цветные металлы и их сплавы и др. Листовая штамповка позволяет обеспечить высокую производительность труда (в отдельных случаях можно изготовить до 30—40 тыс. деталей за смену), автоматизировать штамповочные работы, создать поточные автоматические линии, обеспечить высокую точность деталей, а следовательно, и их взаимозаменяемость, получать изделия с достаточно гладкой поверхностью.
В зависимости от толщины заготовки штамповку делят на толстолистовую и тонколистовую. Листовой штамповкой получают разнообразные сосуды с круглым, квадратным, прямоугольным и другим сечением, а также гнутые и плоские детали.

LE 2 Prägen Sie sich die folgenden Ausdrücke ein und beachten Sie in einigen Fällen den Übergang der Adverbialpartizipien in Präpositionen:

благодаря (чему) — dank, durch, auf Grund von; включая (что) — einschließlich; спустя (что) — nach; исключая (что) — ausschließlich; считая — in der Annahme, angenommen; начиная с (чего), кончая (чем) — von... bis; хотя — obwohl, obgleich; несмотря на (что) — trotz, ungeachtet; судя по (чему) — nach... zu urteilen

LE 3   Übersetzen Sie:

1. Зубчатые передачи имеют широкое применение в самых разнообразных механизмах и машинах, начиная с миниатюрных точных приборов и кончая огромными машинами, напр., карусельными станками. 2. Несмотря на это, свободная ковка во многих случаях экономически более целесообразна, чем горячая штамповка. 3. Несмотря на то, что свободной ковкой невозможно получить заготовки высокой точности, она часто оказывается экономически целесообразной. 4. Благодаря повышенной вязкости легированных сталей, режущими инструментами, изготовленными из них, можно обрабатывать хрупкие материалы. 5. В углеродистых сталях, кроме основных компонентов — железа и углерода, присутствует небольшое количество обычных примесей, которые, наряду с углеродом, хотя и в меньшей степени, влияют на структуру и свойства стали. 6. Силы взаимодействия двух тел, хотя они и равные по численному значению и направлены по одной прямой в противоположные стороны, не уравновешивают друг друга, так как они приложены не к одному, а к двум различным телам.

LE 4   Übersetzen Sie ohne Wörterbuch:

Особенности прокатки цветных металлов и их сплавов

Особенности прокатки цветных металлов и сплавов по сравнению с прокаткой стали обусловлены их физико-механическими и технологическими свойствами.
Из цветных металлов и сплавов прокаткой получают листы, полосы и ленты, различные профили, трубы.
Технологический процесс получения проката из цветных металлов в общем случае состоит в основном из таких операций, как и технологический процесс получения проката из стали. Однако в зависимости от свойств металла, размеров и назначения готового проката, типа и мощности[1] оборудования стана одни операции могут повторяться несколько раз, а другие могут отсутствовать[2]. Так, листы и полосы специальных бронз прокатывают из слитков в холодном состоянии. В этом случае нагрев слитков перед прокаткой отсутствует. Учитывая, что к качеству поверхности листов и лент из цветных металлов и их сплавов предъявляют повышенные требования, подготовка металла или сплава к прокатке — механическая обработка поверхности слитков и заготовок с целью удаления[3] поверхностных дефектов — производится несколько раз. При холодной прокатке слитка в готовое изделие применяют промежуточный отжиг для снятия[4] наклепа[5] металла и повышения его пластичности.

[1] Leistungsfähigkeit   [2] fehlen   [3] Beseitigung   [4] Beseitigung, Abbau
[5] Kaltverfestigung

PK 7 · PA 3 · SQ A

LE 0   Wortschatz zur Wiederholung:

соверши́ть/соверша́ть — ausführen; друг дру́га — einander; о́пыт — Erfahrung, Versuch; что́бы — um zu, daß, damit; гла́вный — Haupt-, hauptsächlich; поня́ть/понима́ть — verstehen; тако́й — solcher

LE 1   Neue Lexik:

обрабо́тка ре́занием	spanende Formung, Zerspanung
снять/снима́ть	abheben
стру́жка	Span, Späne
сто́йкость	Standzeit
пода́ча	Vorschub
глубина́ ре́зания	Schnittiefe
точе́ние	Drehen
резе́ц	Meißel
строга́ние	Hobeln
возвра́тно-поступа́тельное движе́ние	hin- und hergehende Bewegung
сверле́ние	Bohren
шлифова́льный круг	Schleifscheibe
чистота́ пове́рхности	Oberflächengüte
ре́жущая кро́мка	Schneide
алма́з	Diamant
распространи́ть/распространя́ть	verbreiten
постоя́нный	konstant
относи́тельный	relativ

LE 2   Schauen Sie auf das Bild, hören Sie den Satz, sehen Sie den Satz, vergleichen Sie mit dem deutschen Satz, hören Sie den Satz noch einmal und wiederholen Sie:

1. Обработка резанием производится режущими инструментами. — Die spanende Formung wird mit Schneidwerkzeugen durchgeführt.
2. При обработке резанием с заготовки снимается стружка. — Bei der spanenden Formung werden vom Werkstück Späne abgehoben. 3. Обрабатываемость резанием — одно из технологических свойств материа-

лов. — Die Zerspanbarkeit ist eine der Verarbeitungseigenschaften der Werkstoffe. 4. Важной характеристикой инструмента является его стойкость. — Eine wichtige Kenngröße des Werkzeuges ist seine Standzeit. 5. Сила резания зависит от подачи. — Die Schnittkraft ist vom Vorschub abhängig. 6. На кромке резца возникает износ. — An der Schneide des Werkzeuges tritt Verschleiß auf. 7. Заготовка и инструмент совершают движения относительно друг друга. — Werkstück und Werkzeug führen Relativbewegungen aus. 8. Различают движение резания и движение подачи. — Man unterscheidet Schnitt- und Vorschubbewegung. 9. Глубина резания измеряется в миллиметрах. — Die Schnittiefe wird in mm gemessen. 10. Существует много способов обработки резанием. — Es existieren viele Verfahren der spanenden Formung. 11. Точение — один из распространенных способов обработки резанием. — Drehen ist ein verbreitetes Verfahren der spanenden Formung. 12. При строгании заготовка совершает возвратно-поступательное движение. — Beim Hobeln führt das Werkstück eine hin- und hergehende Bewegung aus. 13. При сверлении сверло совершает вращательное движение. — Beim Bohren führt der Bohrer eine Rotationsbewegung aus. 14. При фрезеровании движение резания осуществляет фреза. — Beim Fräsen führt der Fräser die Schnittbewegung aus. 15. Шлифовальные круги изготовляются различных размеров и разной формы. — Schleifscheiben werden in verschiedenen Größen und Formen hergestellt. 16. Чистота поверхности зависит от многих факторов. — Die Oberflächengüte ist von vielen Faktoren abhängig. 17. Алмазы обладают очень высокой твердостью. — Diamanten besitzen eine sehr hohe Härte. 18. Постоянный режим резания обеспечивает высокую стойкость. — Konstante Schnittbedingungen garantieren eine hohe Standzeit.

LE 3 ◆—O **Übersetzen Sie:**

1. Поверхности деталей машин заданных форм, размеров и точности получают в настоящее время путем снятия стружки (обработкой резанием), без снятия стружки (обработкой давлением) и обработкой с использованием электрической, химической, световой и других видов энергии. 2. Обработкой резанием называется снятие с поверхности заготовки слоя металла в виде стружки с целью получения необходимой геометрической формы, точности и чистоты поверхности детали. 3. Для осуществления процесса резания необходимо, чтобы заготовка и режущий инструмент перемещались относительно друг друга. 4. Обрабатываемость резанием прежде всего зависит от вида, состава и структуры материала, незначительные изменения которых оказывают большое влияние на это технологическое свойство. 5. На скорость резания влияет ряд факторов, важнейшими из которых являются стойкость режущего инструмента, физико-механические

свойства обрабатываемого материала, материала режущей кромки, геометрия инструмента, подача и глубина резания, вид обработки. 6. Скорость резания имеет размерность м/мин (метр в минуту) при всех способах обработки резанием, кроме шлифования, полирования и некоторых других, где скорость резания измеряется в м/сек (в метрах в секунду). 7. На качество обработанной поверхности большое влияние оказывает режущий инструмент, применяемый при ее обработке. 8. Повышение температуры режущего инструмента вызывает снижение твердости его материала и создает условия для его повышенного износа. 9. С повышением температуры инструмента связано изменение его геометрических размеров, что снижает точность обрабатываемых поверхностей заготовок. 10. В зависимости от физико-механических свойств обрабатываемого материала, материала режущей кромки инструмента, температуры резания, режимов резания и т. д. износ происходит с разной интенсивностью. 11. Стойкостью инструмента называется время непрерывной работы инструмента при постоянных режимах резания. 12. Наибольшее влияние на стойкость инструмента оказывает скорость резания. 13. Опыты показали, что незначительное увеличение скорости резания вызывает значительное понижение стойкости инструмента. 14. Движением подачи, или просто подачей называют одно из движений, необходимое для снятия стружек. 15. Под скоростью резания понимают величину перемещения режущей кромки инструмента относительно обрабатываемой поверхности заготовки в единицу времени. 16. Фрезерованием называют обработку поверхностей вращающимися инструментами — фрезами. 17. Строгание производится на станках, где главное движение — прямолинейное возвратно-поступательное движение заготовки, а подача осуществляется резцом в направлении, перпендикулярном направлению главного движения. 18. Благодаря охлаждению можно увеличить скорость резания при обработке стали и других вязких материалов на 25—40%. 19. При сверлении инструмент, главным образом спиральное сверло, совершает движение резания со скоростью v и, кроме того, движение подачи в осевом направлении. 20. Для изготовления режущих инструментов применяются инструментальные стали — и углеродистые, и легированные —, быстрорежущие стали, твердые сплавы, металлокерамические материалы и алмазы. 21. Из быстрорежущих сталей прежде всего изготавливаются сверла, фрезы, фасонные резцы и другие инструменты.

LE 4   Neue Wörter mit bekannten Elementen:

1. обраб/о́тка ре́занием — Zerspanung, обраб/а́тываемость ре́занием — Zerspanbarkeit, ре́зание — Schneiden
2. износ/осто́йкость — Verschleißverhalten, изно́с — Verschleiß
3. сверл/е́ние — Bohren, сверл/о́ — Bohrer

4. снят/ь — abheben, сня́т/ие — Abheben
5. увели́ч/ить — vergrößern, увелич/е́ние — Vergrößerung, Steigerung, Erhöhung
6. дава́ть — geben, за/дава́ть — vorgeben
7. осуществл/я́ть — verwirklichen, осуществл/е́ние — Verwirklichung, Realisierung, Durchführung
8. значи́тельный — erheblich, beträchtlich, не/значи́тельный — geringfügig
9. разме́р — Größe, Maß, Abmessung, разме́р/ность — Dimension
10. по/ниж/е́ние — Verringerung, с/ниж/е́ние — Verringerung, Abnahme, с/ниж/а́ть — senken, herabsetzen, verringern
11. раз/дели́ть — einteilen, дели́ть — teilen, unterteilen
12. то́кар/ь — Dreher, тока́р/ный — Dreh-

LE 5 Internationalismen:

миллиме́тр; метр; мину́та; секу́нда; фрезерова́ние; фреза́ — Fräser, фре́зерный — Fräs-; электри́ческий; эне́ргия; цель — Ziel, Zweck; геометри́ческий; физико-механи́ческий — physikalisch-mechanisch; шлифова́ние; полирова́ние; перпендикуля́рный — senkrecht; спира́льный

PK 7 · PA 3 · SQ B

Die Adverbialpartizipien (3)

LE 1 Übersetzen Sie mit Hilfe des Wörterbuchs und der Vokabelhilfen, beachten Sie dabei die bestmögliche Übertragung der Adverbialpartizipien:

Влияние смазывающе-охлаждающих жидкостей[1]
на процесс резания

Смазывающе-охлаждающие жидкости оказывают благоприятное действие на процесс резания. Попадая на поверхности трения[2], они смазывают их и уменьшают внешнее трение — стружки о переднюю поверхность[3] инструмента и задних поверхностей[4] инструмента о заготовку. Жидкость отводит теплоту от мест ее образования, тем самым охлаждая режущий инструмент, деформируемый слой металла, т. е. стружку, и обработанную поверхность заготовки. Оказывая смазывающее действие, жидкость препятствует образованию налипов[5] на рабочих поверхностях инструмента, в результате чего улучшается качество обработанной поверхности. Жидкость, проникая в микротрещины[6] верхних слоев деформируемого металла, стремится ко дну[7] микротрещин и оказывает на деформируемый металл расклинивающее[8] действие. В результате этого создаются условия, снижающие работу, затрачиваемую[9] на пластическую деформацию металла.

[1] Schmier- und Kühlmittel, Kühlmittel   [2] Reibfläche   [3] Spanfläche
[4] Freifläche   [5] Verklebung, Aufschweißung   [6] Mikroriß   [7] Grund   [8] aufweitend
[9] aufwenden

KÜ   Schreiben Sie die Adverbialpartizipien aus LE 1 heraus und bilden Sie die entsprechenden Formen auf „-в(ши)" bzw. „-ши"!

PK 7 · PA 3 · SQ C

LE 1   Hören Sie den Text, achten Sie dabei auf die Dias und geben Sie den Inhalt in deutscher Sprache wieder:

Движения резания и подачи

Движения инструмента и заготовки в процессе резания делят на главное движение, или движение резания, и движение подачи. Главным называют такое движение, которое обеспечивает снятие стружки с заготовки с определенной скоростью резания. Движением подачи называют такое движение, которое позволяет подвести под кромку инструмента новые участки заготовки и тем самым обеспечить снятие стружки со всей обрабатываемой поверхности.
Движение резания и движение подачи могут быть вращательными и прямолинейными. Они могут совершаться как заготовкой, так и инструментом. Например, в токарных станках главное движение, т. е. вращательное, совершает заготовка, движение подачи, т. е. прямолинейное, — инструмент, т. е. резец. Во фрезерных станках, наоборот, главное вращательное движение получает инструмент, т. е. фреза, а прямолинейное движение подачи — заготовка.

7.3.

LE 2 ⇥☐ Beschreiben Sie Schnitt- und Vorschubbewegung anhand der Bilder und verwenden Sie dabei nachstehend angeführte Verben:

осуществлять, выполнять, совершать, получать

LE 3 Text zum verstehenden Lesen:

Классификация металлорежущих[1] станков

В зависимости от характера выполняемых работ станки делят на группы, которые, в свою очередь, разделяются на отдельные типы станков. Станок, являющийся представителем размерного ряда[2] и имеющий конкретные параметры, характеризует собой типоразмер[3], который, в свою очередь, может иметь различные конструктивные исполнения. Конкретная конструкция станка данного типоразмера, спроектированная для заданных условий обработки, носит название модели.
Такая классификация позволяет присваивать[4] каждому станку серийного производства шифр (индекс) — условное[5] обозначение типа и модели. Оно образуется в виде числа, состоящего из трех-четырех цифр. Первая цифра указывает группу, вторая — тип, третья и четвертая характеризуют один из важнейших размеров станка или обрабатываемой детали. При модернизации в индекс станка вводят букву между первой и второй цифрами. Например, шифр 2150 обозначает вертикально-сверлильный станок, с наибольшим диаметром сверления детали из стали 50 мм. После модернизации станку присвоен индекс 2А150, который отличает его новую модель от предыдущей. Модификацию базовой модели обозначают какой-либо буквой в конце шифра, напр., 6Н12 — индекс вертикально-фрезерного станка, а 6Н12 К — копировально-фрезерного[6], созданного на базе станка предыдущей модели. Шифр специальных и специализированных станков образуется путем добавления к шифру завода порядкового номера[7] модели, напр., Е3-9 — шифр специального станка для нарезания[8] зубчатых реек[9], выпускаемый[10] Егорьевским станкостроительным заводом „Комсомолец".
По степени универсальности различают станки универсальные, специализированные и специальные. Первые предназначены для обработки деталей разнообразной номенклатуры, вторые — для обработки деталей, сходных[11] по конфигурации, но имеющих различные размеры, напр., зубообрабатывающие или резьбонарезные станки[12]. На специальных станках обрабатывают детали одного типоразмера.
По степени точности различают станки пяти классов: нормальный Н, повышенный П, высокий В, особо высокий А и особо точный С.

Соотношение[13] между величинами допусков[14] при переходе от класса к классу выражается знаменателем[15] ряда 1,6.
Крупногабаритные[16] станки, имеющие большую массу (более 10 т), относят к группе тяжелых станков. В отдельных случаях в основу классификации принимают такие признаки, как автоматизацию, количество одновременно работающих инструментов, расположение[17] оси шпинделя в пространстве[18] и т. д.

[1] spanend   [2] Baureihe   [3] Typ   [4] zuordnen   [5] symbolisch   [6] Kopier-Fräsmaschine   [7] laufende Nummer   [8] Schneiden   [9] Zahnstange   [10] produzieren, herstellen   [11] ähnlich, verwandt   [12] Gewindeschneidmaschine   [13] Verhältnis   [14] Toleranz   [15] Faktor, Nenner   [16] groß   [17] Anordnung, Lage   [18] Raum

LE 4   Text zum verstehenden Lesen:

Токарно-револьверные станки

Токарно-револьверные станки применяются в серийном производстве для обработки деталей из прутков или из штучных заготовок[1]. На этих станках можно выполнить все основные токарные операции.
Револьверные станки отличаются от токарно-винторезных[2] тем, что не имеют задней бабки[3] и ходового винта[4], а имеют револьверную головку, в гнездах[5] которой может быть установлен[6] разнообразный инструмент. При наличии специальных комбинированных державок[7] можно в одном гнезде головки закрепить несколько инструментов. Заготовки зажимаются[8] патронами[9] или специальными зажимными устройствами. Револьверная головка может поворачиваться вокруг своей оси, и тогда инструмент последовательно подводится к детали, обрабатывая ее за несколько переходов[10]. Инструмент крепится также и в резцедержателе поперечного суппорта. Применение токарно-револьверных станков считается[11] рациональным в том случае, если по технологическому процессу обработки детали требуется применение большого количества режущего инструмента.
К преимуществам токарно-револьверных станков, по сравнению с токарными, относятся: возможность сокращения машинного времени[12] за счет[13] применения многорезцовых державок и одновременной обработки детали инструментом, установленным на револьверной головке и поперечном суппорте, а также сравнительно малые затраты[14] времени за счет предварительной[15] настройки[16] станка на обработку детали многими инструментами.
Токарно-револьверные станки в зависимости от вида обрабатываемых заготовок бывают прутковыми или патронными. Обычно станки малого размера — прутковые, а среднего размера могут быть как прутковыми, так и патронными. Крупные револьверные станки обычно патронные. Все эти станки делятся на станки с вертикальной и горизонтальной

7.3.

осью вращения револьверной головки. Револьверные головки бывают призматическими или цилиндрическими. Головки призматической формы обычно имеют вертикальную ось и шесть граней[17] с гнездами. Головки цилиндрической формы делают с горизонтальной осью вращения с расположением горизонтальной оси головки параллельно или перпендикулярно оси шпинделя станка.

[1] Einzelwerkstück [2] Leit- und Zugspindeldrehmaschine [3] Reitstock [4] Leitspindel [5] Aufnahme, Bohrung, Aussparung [6] befestigen, einspannen [7] Halter [8] spannen, einspannen [9] Futter, Spannfutter [10] Arbeitsgang [11] gelten [12] Maschinengrundzeit [13] durch, infolge [14] Aufwand [15] vorherig, Vor- [16] Einrichten [17] Position

PK 7 · PA 3 · SQ D

LE 1   Übersetzen Sie den nachfolgenden Text mit Hilfe des Wörterbuchs und der angegebenen Vokabelhilfen:

тре́ние — Reibung; красносто́йкость — Warmhärte; изна́шиваться — verschleißen; разме́рная сто́йкость — Maßhaltigkeit; растяже́ние — Zug; сжа́тие — Druck; прохо́д — Durchgang, Durchlauf; преры́вистый — unterbrochen

Требования, предъявляемые к материалам для изготовления режущего инструмента

Режущие инструменты работают в условиях высоких давлений, высоких температур и повышенного трения. Эти условия работы обусловливают ряд требований, которым должны удовлетворять материалы, предназначенные для изготовления режущего инструмента.

Кромка режущего инструмента должна изготавливаться из материала, имеющего высокую твердость. Резание металлов возможно только в том случае, если твердость материала инструмента в несколько раз превосходит твердость обрабатываемого металла.

Материалы, применяемые для изготовления режущих инструментов, должны обладать высокой красностойкостью, т. е. сохранять высокое значение твердости при значительных температурах нагрева в процессе резания. Чем выше красностойкость материала инструмента, тем с большей скоростью резания можно вести обработку, тем выше производительность работы оборудования, тем выше стойкость инструмента.

Материал кромки инструмента должен быть износостойким, т. е. должен хорошо сопротивляться износу. Чем выше износостойкость, тем медленнее изнашивается инструмент, тем выше его размерная стойкость. А это значит, что детали, последовательно обработанные одним и тем же инструментом в тех же условиях, будут иметь более стабильные размеры.

Материал режущего инструмента должен иметь высокие механические характеристики, т. е. высокие допускаемые напряжения на растяжение, сжатие, изгиб, кручение и т. д. Это позволяет вести более производительную обработку, срезая за один проход инструментом большое сечение стружки. Одновременно с этим инструмент будет иметь малые деформации, что повышает точность обработки заготовок.

Наряду с высокими механическими характеристиками и высокой твердостью материал инструмента должен быть вязким, что позволяет инструменту воспринимать динамическую нагрузку, которая имеет место при обработке хрупких материалов и при обработке прерывистых поверхностей заготовок.

LE 2   Prägen Sie sich die unterschiedlichen Fügungen mit „тот" ein:

тот — jener, der

тот факт; это объясняется тем фактом, что . . .; та зависимость; то условие; при том условии, что . . .; те важные особенности, которые . . . кроме того; разница состоит в том, что . . .; в зависимости от того; в связи с тем, что . . .

тот же — der gleiche, derselbe

тот же пример; та же закономерность; в то же время; в тех же случаях

один и тот же — ein und derselbe

на одном и том же станке; одна и та же точка приложения; при одном и том же условии; на основе одних и тех же законов

тот или иной — der eine oder der andere

тем или иным способом; та или иная величина; в том или ином количестве; те или иные процессы

LE 3   Übersetzen Sie:

1. Эти детали обрабатываются одним и тем же инструментом в тех же условиях. 2. Новые методы исследования позволяют на одних и тех же объектах проводить как структурные исследования, так и анализ

изменений физических свойств. 3. Темпы роста производства, достигнутые странами СЭВ, подтверждают тот факт, что это международное объединение явилось в послевоенный период наиболее динамично развивающейся частью мирового хозяйства. 4. Для того чтобы получить электрический ток, нужно создать электрическую цепь. 5. Электропроводность материалов различна и может у одного и того же материала изменяться в широких пределах в зависимости от различных факторов. 6. Законы сложения и разложения сил — одни и те же как при равновесии тел, так и при их движении. 7. Силы, равные по величине, одинаковые по направлению и имеющие одну и ту же точку приложения, могут быть заменены одна другой. 8. Одна сила может быть разложена на несколько сил, приложенных к одной и той же точке. 9. Легированные стали применяются в тех случаях, когда использование углеродистых сталей невозможно. 10. Постоянными примесями сталей являются марганец, кремний, фосфор, сера, а также газы, в том или ином количестве присутствующие в технических сортах сталей.

LE 4   Übersetzen Sie ohne Wörterbuch:

Инструментальные стали

Для изготовления режущего инструмента используют углеродистые инструментальные стали с содержанием углерода от 1,0 до 1,3 %. Это высококачественные стали марок У10А, У11А, У12А, У13А.
Твердость этих сталей после термообработки составляет HRC 60—62. Углеродистые стали обладают низкой красностойкостью — 200—250 °C. Поэтому инструменты, изготовленные из этих сталей, работают со скоростями резания, не превышающими 10—15 м/мин, что очень снижает производительность работы оборудования. В настоящее время эти стали находят ограниченное применение. Из них изготавливают инструменты, работающие с низкими скоростями резания, как напр., метчики[1], плашки[2], слесарный инструмент.
Легированные инструментальные стали отличаются от углеродистых наличием легирующих элементов: хрома (Х), вольфрама (В), ванадия (Ф), кремния (С) и др., которые придают им определенные свойства. После термообработки легированные стали имеют твердость HRC 62—64. Красностойкость их лежит в пределах 300—400 °C. Легированные стали обладают более высокими механическими свойствами по сравнению с углеродистыми сталями и имеют повышенную вязкость.
Режущие инструменты из легированных сталей работают со скоростями резания 15—25 м/мин. Благодаря повышенной вязкости ими можно обрабатывать хрупкие материалы.

[1] Gewindebohrer   [2] Schneidbacken

PK 8 · PA 1 · SQ A

LE 0   Wortschatz zur Wiederholung:

подáть/подавáть — angeben, geben; находи́ться — sich befinden; рáзность — Unterschied, Differenz; пóле — Feld; завóд — Werk, Betrieb; цех — Werkhalle, Abteilung

LE 1   ⊕ ⊕   Neue Lexik:

номинáльный размéр	Nennmaß
чертёж	Zeichnung
расчёт	Berechnung
действи́тельный размéр	Istmaß
погрéшность	Fehler
предéльный размéр	Grenzmaß
наибóльший предéльный размéр	Größtmaß
наимéньший предéльный размéр	Kleinstmaß
отклонéние	Abweichung
вéрхнее предéльное отклонéние	oberes Abmaß
ни́жнее предéльное отклонéние	unteres Abmaß
дóпуск	Toleranz
взаимозаменя́емость	Austauschbau, Austauschbarkeit
подгóнка	Anpassung
рассéивание	Streuung

LE 2   ⊕ ⊕ ▷☐   Schauen Sie auf das Bild, hören Sie den Satz, sehen Sie den Satz, vergleichen Sie mit dem deutschen Satz, hören Sie den Satz noch einmal und wiederholen Sie:

1. Номинальный размер показывается на чертеже. — Das Nennmaß wird auf der Zeichnung angegeben. 2. Номинальный размер получается путем расчета. — Das Nennmaß erhält man durch Berechnung. 3. Действительный размер определяется измерением. — Das Istmaß wird durch Messung bestimmt. 4. Действительный размер всегда имеет погрешность. — Das Istmaß ist immer mit einem Fehler behaftet. 5. Действительный размер должен находиться между предельными размерами. — Das Istmaß soll sich zwischen den Grenzmaßen befinden. 6. Различают наибольший и наименьший предельные размеры. — Man unterscheidet Größt- und Kleinstmaß. 7. Отклонения могут быть положительными или отрицательными. — Abmaße können positiv oder

8.1.

negativ sein. 8. Допуск — это разность между наибольшим и наименьшим предельными размерами. — Toleranz ist die Differenz zwischen Größt- und Kleinstmaß. 9. Взаимозаменяемость — это важное требование в машиностроении. — Austauschbarkeit ist eine wichtige Forderung im Maschinenbau. 10. Взаимозаменяемость обеспечивает сборку деталей или узлов без подгонки. — Der Austauschbau garantiert die Montage der Teile oder Baugruppen ohne Anpassungsarbeiten. 11. Погрешность может быть систематической или случайной. — Fehler können systematisch oder zufällig sein. 12. Рассеивание погрешностей имеет определенные пределы. — Die Fehlerstreuung hat bestimmte Grenzen.

LE 3 ⇌ Übersetzen Sie:

1. Номинальными называют основные размеры, являющиеся общими для соединяемых деталей и служащие базовыми размерами отклонений. 2. Номинальные размеры определяют, исходя из назначения детали, конструкции, расчетов на прочность, опытных данных. 3. Номинальный размер, получаемый в результате расчета, обозначают на схеме поля допуска нулевой линией. 4. При обработке заготовок на станках неизбежны (unvermeidlich) отклонения в размерах деталей вследствие определенной неточности станка, упругой деформации заготовки и режущего инструмента и других факторов. 5. Для обеспечения взаимозаменяемости назначают два предельных размера детали — наибольший и наименьший допустимые размеры, между которыми должен находиться действительный размер. 6. Взаимозаменяемыми могут быть детали, узлы, целые агрегаты или механизмы. 7. Разность между наибольшим и наименьшим предельными размерами детали называют допуском. 8. Разность между наибольшим предельным и номинальным размерами называют верхним предельным отклонением, а между наименьшим предельным и номинальным размерами — нижним предельным отклонением. 9. Для оценки чистоты поверхности применяют эталоны чистоты поверхности и различные измерительные приборы. 10. Допуск определяет величину допустимого рассеивания действительных размеров годных (brauchbar) деталей в партии, т. е. заданную точность изготовления. 11. Допуски на размеры деталей и узлов можно показать в виде схемы полей допусков. 12. Поле допуска определяет интервал допустимых действительных значений размеров, ограниченный предельными размерами. 13. Под погрешностью размера понимают разность между действительными и заданными размерами.

LE 4 ⊕ ⊕ Neue Wörter mit bekannten Elementen:

1. до́пус/к — Toleranz, допус/ти́мый — zulässig
2. слу́чай — Fall, Zufall, случа́й/ный — zufällig

3. предел/ьный — Grenz-, предел — Grenze
4. опыт — Versuch, Erfahrung, опыт/ный — experimentell, Versuchs-, Erfahrungs-
5. след/овать — folgen, в/след/ствие — infolge
6. взаимозаменяем/ость — Austauschbarkeit, взаимозаменяем/ый — austauschbar
7. данны/й — gegeben, данны/е — Daten, Werte, Ergebnisse
8. оцен/ить — bewerten, abschätzen, beurteilen, оцен/ка — Bewertung, Abschätzung, Schätzung, Beurteilung
9. измер/ение — Messung, измер/ительный — Meß-
10. ход/ить — gehen, ис/ход/ить из — ausgehen von
11. назнач/ение — Bestimmung, назнач/ать — bestimmen
12. замен/ить — austauschen, замен/а — Austausch
13. зависим/ость — Abhängigkeit, не/зависим/ый — unabhängig
14. качеств/о — Qualität, качеств/енный — qualitativ
15. об/работка — Bearbeitung, до/работка — Nacharbeit

LE 5   ⊕ ⊕   **Internationalismen:**

систематический; базовый — Basis-; схема — Schema, Schaltplan, Schaubild ; нулевой — Null-; нулевая линия — Nullinie; агрегат; эталон — Normal, Vergleichsstück; партия — Los; интервал; эксплуатационный — Betriebs-, betrieblich; функциональный — Funktions-, funktional; ремонт — Reparatur; унифицировать — vereinheitlichen; серийный — Serien-, serienmäßig; стандартный — Standard-, Norm-, genormt; электротехнический; пластмассовый — Plast-; кооперация; минимальный

PK 8 · PA 1 · SQ B

Wiederholung der Partizipien

LE 1   Wiederholen Sie die Partizipien und übersetzen Sie:

1. Номинальными называют основные размеры, являющиеся общими для соединяемых деталей и служащие базовыми размерами отклонений. 2. Номинальный размер, получаемый в результате расчета, обо-

8.1.

значают на схеме нулевой линией. 3. Благодаря взаимозаменяемости ремонт машин заключается в замене деталей, узлов и агрегатов унифицированными деталями, узлами и агрегатами, обладающими взаимозаменяемостью по всем параметрам качества. 4. При применении принципа взаимозаменяемости значительно повышается качество машин, определяемое их эксплуатационными показателями. 5. Размеры, влияющие на эксплуатационные показатели машин или функции узлов и деталей, называются функциональными. 6. Основной размер, общий для деталей, составляющих соединение, называется номинальным размером соединения.

LE 2   Ersetzen Sie die Partizipialkonstruktion in LE 1 durch einen Relativsatz!

KÜ   🎞 Schreiben Sie die Partizipien heraus und bestimmen Sie den Infinitiv der entsprechenden Verben!

PK 8 · PA 1 · SQ C

LE 1   🎧 Hören Sie den Text und geben Sie den Inhalt in deutscher Sprache wieder:

Взаимозаменяемость

На современных машиностроительных заводах серийного и массового производства процессы изготовления деталей и их сборки в отдельные узлы и машины осуществляются в разных цехах. Они независимы один от другого. Кроме того, используются стандартные детали, подшипники качения, электротехнические, пластмассовые изделия, получаемые по кооперации от других предприятий. Несмотря на это, сборка узлов и машин, соответствующих предъявляемым требованиям, должна производиться без или с минимальной доработкой и подгонкой деталей, что возможно только тогда, когда они выполняются взаимозаменяемыми.

Детали и узлы будут взаимозаменяемы только тогда, когда их размеры, форма, физические свойства материала, количественные и качественные характеристики находятся в заданных пределах.

Взаимозаменяемыми могут быть детали, узлы и изделия в целом. Прежде всего такими должны быть те детали и узлы, от которых зависят важнейшие эксплуатационные показатели изделий.

LE 2   Text zum verstehenden Lesen:

Понятие о размерах, отклонениях и допусках

При конструировании определяются линейные и угловые[1] размеры детали, характеризующие ее величину и форму. Эти размеры назначаются на основе результатов расчета деталей на прочность и жесткость[2], а также исходя из обеспечения технологичности[3] конструкции и других показателей в соответствии с функциональным назначением детали.
На чертеже должны быть проставлены[4] все размеры, необходимые для изготовления детали и ее контроля. Для получения этих размеров с требуемой точностью конструктор должен предусматривать наивыгоднейший[5] способ и порядок изготовления и контроля детали; в соответствии с этим конструктор должен рационально проставлять размеры на чертеже. На чертежах деталей сложной формы и узлов могут проставляться также координирующие размеры[6], определяющие необходимое для правильной работы механизма взаимное расположение[7] поверхностей деталей или положение их относительно других поверхностей, линий или точек, называемых конструктивными базами. При обработке детали координируются относительно технологических баз[8], а при измерении — относительно измерительных баз[9]. Для уменьшения погрешностей требуется, чтобы технологические и измерительные базы совпадали с конструктивными, т. е. выполнялся принцип „единства баз".
Размеры, непосредственно или косвенно[10] влияющие на эксплуатационные показатели машин или служебные функции узлов и деталей, называются функциональными. Функциональные размеры[11] могут быть как у сопрягаемых поверхностей[12] (напр., диаметр цилиндра и поршня[13] в двигателях), так и у несопрягаемых поверхностей[14].
Определенный, исходя из функционального назначения детали или узла, размер, проставленный на чертеже и служащий базовым размером отклонений, называется номинальным размером. Общий для деталей, составляющих соединение, основной размер называется номинальным размером соединения.
Для сокращения количества типоразмеров[15] заготовок, режущего и измерительного инструмента, а также для облегчения типизации[16] технологических процессов величины номинальных размеров должны округляться[17] и соответствовать по ГОСТу 6636—60 „Нормальные[18] линейные размеры".

8.1.

Исходными для регламентации нормальных линейных размеров (диаметров и длин) являются ряды предпочтительных чисел[19].

В отдельных случаях размеры могут и не соответствовать ГОСТу 6636—60 (размеры, зависимые от других размеров, регламентируемые стандартами конкретные размеры изделия, напр., средний диаметр резьбы[20] и т. п.). Требуемые размеры деталей не могут быть в производстве выполнены абсолютно точно. При измерении детали также вносится некоторая погрешность.

Действительным размером называется размер, определенный в результате измерения с допустимой погрешностью.

Следует отметить[21], что действительный размер детали в работающей машине вследствие износа, упругой[22], остаточной и тепловой деформации детали и других причин отличается от размера, определенного в статическом состоянии детали. Это необходимо учитывать при анализе механизма в целом.

Разность между действительным и заданным (расчетным) размерами называется погрешностью размера. Для ограничения значений действительного размера устанавливают[23] предельные размеры детали. Предельными размерами называются наибольшее и наименьшее допустимые значения действительного размера, между которыми должен находиться действительный размер годной[24] детали. Больший из них называется наибольшим предельным размером, меньший — наименьшим предельным размером. Сравнение действительного размера с предельными дает возможность судить[25] о годности детали.

Для упрощения на чертежах и в таблицах стандартов на допуски и посадки[26] вместо предельных размеров проставляют предельные отклонения от номинального размера.

Верхним предельным отклонением называется алгебраическая разность между наибольшим предельным и номинальным размерами, нижним предельным отклонением — алгебраическая разность между наименьшим предельным и номинальным размерами. Действительным отклонением называется алгебраическая разность между действительным и номинальным размерами.

На чертежах отклонения всегда проставляются в миллиметрах, в таблицах же допусков и на схемах полей допусков — в микрометрах. Отклонения, равные нулю, на чертежах не проставляются.

Величины предельных отклонений и их знаки[27] назначаются, исходя из требуемого характера сопряжений[28] деталей и точности их изготовления, а иногда из требований к точности установки[29] деталей при изготовлении и измерении. Допуском размера называется разность между наибольшим и наименьшим предельными размерами.

Допуск (всегда величина положительная) равен алгебраической разности между верхним и нижним отклонениями. Допуск определяет величину допустимого рассеивания действительных размеров годных деталей в партии, т. е. заданную точность изготовления. С увеличением допуска стоимость[30] обработки уменьшается.

Для повышения долговечности[31] и надежности[32] машин в ряде случаев проявляется необходимость максимального приближения размеров деталей к их расчетным величинам. Такие конструктивные требования ограничиваются технологическими возможностями, а часто и возможностями технических измерений, поскольку[33] эти требования связаны в большинстве случаев с увеличением трудоемкости[34] и стоимости изготовления и контроля деталей.

Допуски на размеры деталей можно показать схематически, в виде полей допусков, без изображения[35] самих деталей.

В общем случае полем допуска называется пространство[36], ограниченное двумя эквидистантными[37] поверхностями того же вида, что и номинальная, имеющими наибольший и наименьший предельные размеры.

На схеме поле допусков условно показывается в виде прямоугольника[38], верхняя и нижняя стороны которого соответствуют верхнему и нижнему предельным отклонениям. Поле допуска определяется величиной допуска и расположением поля допуска относительно номинального размера. При схематическом изображении полей допусков отклонения размеров откладывают[39] по вертикали в определенном масштабе от линии, условно соответствующей номинальному размеру, называемой нулевой линией. Положительные отклонения откладываются вверх от нулевой линии, а отрицательные — вниз.

Термин „поле допуска" определяет интервал значений размеров, ограниченный предельными размерами.

Термины и определения номинального, действительного и предельных размеров, предельных отклонений, допуска и поля допуска, принятые[40] для геометрических параметров, относятся, в общем случае, и к механическим, физическим и другим параметрам качества деталей, узлов и изделий; при этом термин „размер" заменяется другим соответствующим термином.

[1] Winkel-   [2] Steifigkeit   [3] fertigungsgerechte Gestaltung   [4] angeben
[5] vorteilhaft   [6] Koordinatenmaß   [7] Lage   [8] technologische Basis   [9] Meßbasis
[10] indirekt   [11] Funktionsmaß   [12] Paarungsfläche   [13] Kolben   [14] Freifläche
[15] Typenmaß, Typ   [16] Typung   [17] runden   [18] genormt   [19] Vorzugszahl
[20] Gewinde   [21] bemerken, feststellen   [22] elastisch   [23] festlegen, bestimmen
[24] brauchbar   [25] beurteilen, schlußfolgern   [26] Passung   [27] Vorzeichen   [28] Verbindung, Paarung   [29] Einstellung   [30] Kosten   [31] Lebensdauer   [32] Zuverlässigkeit
[33] insofern, da   [34] Arbeitsaufwand   [35] Darstellung   [36] Raum   [37] äquidistant
[38] Rechteck   [39] abtragen   [40] gelten

LE 3   Definieren Sie folgende Begriffe in russischer Sprache:

номинальный размер, действительный размер, предельный размер, допуск, поле допуска

8.2.

PK 8 · PA 2 · SQ A

LE 0 Wortschatz zur Wiederholung:

тот — jener; дать/давáть — geben; кáждый — jeder; взять/брать — nehmen; до чего — vor, bis

LE 1   Neue Lexik:

свобóдный размéр	Freimaß
сопрягáемый размéр	Paarungsmaß
сопряжéние	Paarung, Verbindung
охватить/охвáтывать	umhüllen, umgeben, umfassen, erfassen
отвéрстие	Bohrung
систéма вáла	System Einheitswelle
систéма отвéрстия	System Einheitsbohrung
посáдка	Passung
подвижная посáдка	Spielpassung
неподвижная посáдка	Preßpassung
переходнáя посáдка	Übergangspassung
зазóр	Spiel
натяг	Übermaß
расположéние	Lage, Anordnung
сечéние	Schnitt, Querschnitt
изобразить/изображáть	darstellen

LE 2   Schauen Sie auf das Bild, hören Sie den Satz, sehen Sie den Satz, vergleichen Sie mit dem deutschen Satz, hören Sie den Satz noch einmal und wiederholen Sie:

1. В машиностроении различают сопрягаемые и свободные размеры. — Im Maschinenbau unterscheidet man Paarungs- und Freimaße. 2. Под отверстием понимают охватывающую поверхность. — Unter Bohrung versteht man die umhüllende Fläche. 3. Охватываемую поверхность называют валом. — Die umhüllte Fläche nennt man Welle. 4. Системы посадок разделяют на систему вала и систему отверстия. — Passungssysteme unterteilt man in System Einheitswelle und System Einheitsbohrung. 5. Посадка характеризует вид сопряжения двух деталей. — Die Passung charakterisiert die Verbindungsart zweier Teile. 6. В под-

вижной посадке имеется зазор между двумя деталями. — In der Spielpassung gibt es zwischen zwei Teilen ein Spiel. 7. При неподвижной посадке имеется натяг. — Bei der Preßpassung gibt es ein Übermaß. 8. При переходной посадке получается или натяг, или зазор. — Bei der Übergangspassung erhält man entweder ein Übermaß oder ein Spiel. 9. Расположение поля допуска обозначается определенной буквой.— Die Lage des Toleranzfeldes wird mit einem bestimmten Buchstaben gekennzeichnet. 10. На чертеже детали можно изобразить в сечении. — In der Zeichnung kann man Bauteile im Schnitt darstellen.

LE 3   ╍╍O   Übersetzen Sie:

1. Примером сопрягаемых размеров может служить наружный диаметр вала и внутренний диаметр цилиндра. 2. Свободными размерами являются те, при которых на чертеже не даются допуски. 3. В системе отверстия поле допусков вала определяет характер посадки. 4. Под посадкой понимают степень сопротивления взаимному смещению сопрягаемых деталей или свободу их относительного перемещения. 5. Различают три основных типа посадок: а) с зазором, или подвижные, б) переходные, имеющие или зазор, или натяг, и в) с натягом, или неподвижные (прессовые). 6. Диаметр вала и диаметр отверстия подшипника, в котором вращается вал, имеют одинаковый номинальный размер. 7. Охватываемая поверхность сопрягаемых деталей называется валом, а охватывающая — отверстием. 8. При подвижной посадке действительный размер диаметра отверстия больше действительного размера диаметра вала. 9. При неподвижной посадке сопрягаемые детали имеют натяг, вследствие чего исключается их перемещение во время работы. 10. Положительную разность между диаметрами отверстия и вала называют зазором. 11. При неподвижной посадке диаметр вала до запрессовки должен быть несколько больше диаметра отверстия. 12. При переходных посадках обеспечивается хорошее центрирование отверстий. 13. Разность между диаметрами вала и отверстия при переходных посадках незначительна, вследствие этого натяги или зазоры невелики. 14. Действительный размер вала или отверстия можно определить путем измерения в нескольких сечениях. 15. Каждый класс точности характеризуется определенными допусками для вала и отверстия и обеспечивается различными способами обработки, прежде всего резанием.

LE 4   ⊕ ⊕   Neue Wörter mit bekannten Elementen:

1. на/приме́р — zum Beispiel, приме́р — Beispiel
2. пере/меще́ние — Verschiebung, Bewegung, с/меще́ние — Verschiebung, Verlagerung

3. свобо́д/ный — frei, свобо́д/а — Freiheit
4. сопря/же́ние — Paarung, Verbindung, сопря/га́ть — paaren, verbinden
5. вели́кий — groß, не/вели́кий — klein, geringfügig
6. ключ — Schlüssel, ис/ключ/а́ть — ausschließen
7. разме́р — Maß, разме́р/ный — Maß-
8. наро́дно/е хозя́йств/о — Volkswirtschaft, народнохозя́йств/енный — volkswirtschaftlich
9. писа́ть — schreiben, в/писа́ть — einschreiben
10. изоб/ража́ть — darstellen, вы/ража́ть — ausdrücken, darstellen
11. по/крыва́ть — überziehen, überdecken, пере/крыва́ть/ся — sich überlagern, sich überschneiden
12. располож/е́ние — Anordnung, Lage, располож/и́ть — anordnen

LE 5   ⊕ ⊕   Internationalismen:

цили́ндр; пре́ссовый — Preß-; запрессо́вка — Einpressen, Pressen; центри́рование — Zentrieren; нормализова́ть — normen; стандартизова́ть; стандартиза́ция; эффе́кт; су́мма; абсолю́тный; па́ра; аналоги́чный

PK 8 · PA 2 · SQ B

Wiederholung der Partizipialkonstruktion

LE 1   Übersetzen Sie:

1. В соединении детале́й, которые входят одна в другую, есть охватывающие и охватываемые поверхности. 2. Посадкой называют характер соединения деталей, который определяется величиной получающихся в нем зазоров или натягов. 3. В подвижных посадках имеется зазор, который обеспечивает возможность относительного перемещения собранных деталей. 4. В переходных посадках посадки определяются суммой наибольшего натяга и наибольшего зазора, которые взяты по абсолютной величине. 5. Для деталей, которые образуют посадку с зазором, за действительный размер для отверстия принимают диаметр вписанного в действительную поверхность цилиндра. 6. Для деталей, которые образуют посадки с натягом, характер соединения определя-

ется средним из размеров, которые получены при измерении детали в нескольких сечениях и в разных направлениях, который и принимается за действительный размер. 7. Создание и стандартизация размерных рядов изделий, которые состоят преимущественно из унифицированных, нормализованных и стандартизованных многократно используемых узлов и деталей, и организация производства таких взаимозаменяемых изделий дают большой народнохозяйственный эффект.

LE 2   Ersetzen Sie den Relativsatz in LE 1 jeweils durch eine Partizipialkonstruktion!

KÜ   ↞―O Übersetzen Sie unter Verwendung der Partizipialkonstruktion:

1. das Nennmaß, das man durch Berechnung erhält 2. Das Nennmaß wird durch die Nullinie, die im Toleranzfeldschaubild dargestellt ist, gekennzeichnet. 3. die Toleranz, die die Größe der zulässigen Streuung der Istmaße bestimmt 4. auf der Grundlage von Werten, die in den Zeichnungen gegeben sind 5. in Verbindungen, die aus umhüllender und umhüllter Fläche bestehen 6. für Teile und Baugruppen, die ausgetauscht werden

PK 8 · PA 2 · SQ C

LE 1   ⊕ ⊕   Hören Sie den Text und geben Sie den Inhalt in deutscher Sprache wieder:

Соединения и посадки

В зависимости от различных эксплуатационных требований сборка соединений осуществляется с различными посадками.
Посадкой называется характер соединения деталей, определяемый величиной получающихся в нем зазоров или натягов. Вид посадки определяется величиной и взаимным расположением полей допусков отверстия и вала. Если размер отверстия больше вала, то разность их называется зазором; если до сборки размер вала больше размера отверстия, то их разность называется натягом. В расчетах натяг может быть выражен как отрицательный зазор.

8.2.

Различают предельные наибольший и наименьший зазоры, а также средний зазор. Аналогично этому различают наибольший и наименьший натяги, а также средний натяг.
Посадки разделяются на три группы: посадки с зазором, посадки с натягом и переходные посадки.
Посадками с зазором, или подвижными посадками, называются такие, в которых между сопрягаемыми поверхностями имеется зазор, обеспечивающий возможность относительного перемещения собранных деталей. Для посадок с зазором поле допуска отверстия расположено над полем допуска вала. Посадками с натягом, или неподвижными посадками, называются такие посадки, в которых между сопрягаемыми поверхностями до сборки имелся натяг, исключающий относительное перемещение деталей после их сборки.
Для посадок с натягом поле допуска вала расположено над полем допуска отверстия.
Переходными называются такие посадки, при осуществлении которых в собранной паре могут получаться как натяги, так и зазоры. Для этих посадок поля допусков отверстия и вала частично или полностью перекрываются.

LE 2 ⛊─O Vervollständigen Sie die folgenden Sätze:

1. Посадка характеризует ... деталей. 2. Вид посадки зависит от ... полей допусков ... и вала. 3. Если размер отверстия ... вала, то их разность называется зазором. 4. ... до сборки размер вала больше ... отверстия, то их разность называют ... 5. Посадки ... на ... группы: а) подвижные посадки, или посадки с ..., б) ... посадки, или посадки с ..., и в) ... посадки. 6. Имеющийся в ... посадках зазор обеспечивает возможность относительного ... собранных деталей. 7. Посадки с зазором характеризуются ..., что поле допуска отверстия расположено ... полем допуска ... 8. Прессовыми посадками ... такие, в которых между ... поверхностями до сборки имелся натяг, ... относительное перемещение деталей после ... 9. Для ... с натягом ... допуска вала расположено над ... допуска ... 10. При ... посадке получается или натяг, или ... 11. Для этой посадки поля ... ... и вала частично или полностью перекрываются.

LE 3 Text zum verstehenden Lesen:

Понятие о соединениях и посадках

Соединения. Две или несколько подвижно или неподвижно соединяемых деталей называются сопрягаемыми.
Поверхности, по которым происходит соединение деталей, называются

сопрягаемыми поверхностями[1]. Остальные поверхности называются несопрягаемыми (свободными). В соответствии с этим различают размеры сопрягаемых и несопрягаемых поверхностей.
В соединении деталей, входящих одна в другую, есть охватывающие и охватываемые поверхности. Для гладких[2] цилиндрических и конических деталей охватывающая поверхность называется отверстием, охватываемая — валом, а соответствующие размеры — диаметром отверстия и диаметром вала.
Допуски размеров охватывающей и охватываемой поверхностей принято сокращенно называть соответственно допуском отверстия и допуском вала.

Посадки. Посадкой называется характер соединения деталей, определяемый величиной получающихся в нем зазоров или натягов. Посадка характеризует большую или меньшую свободу относительного перемещения или степень сопротивления[3] взаимному смещению соединяемых деталей. Тип посадки определяется взаимным расположением полей допусков отверстия и вала.
Если размер отверстия больше размера вала, то разность их называется зазором; если до сборки размер вала больше размера отверстия, то их разность называется натягом. В расчетах натяг может быть выражен как отрицательный зазор.
Посадки разделяются на три группы: с зазором, с натягом и переходные посадки.
Посадками с зазором (подвижными посадками) называются такие, в которых между сопрягаемыми поверхностями имеется зазор, обеспечивающий возможность относительного перемещения собранных деталей. Они разделяются на посадки с гарантированным[4] зазором и посадки с наименьшим зазором, равным нулю, которые называются скользящими[5].
Для посадок с зазором поле допуска отверстия на схеме расположено над полем допуска вала.
Посадками с натягом (неподвижными, или прессовыми) называются такие, в которых между сопрягаемыми поверхностями до сборки имелся гарантированный натяг, обеспечивающий взаимную неподвижность деталей после их сборки.
Для посадок с натягом поле допуска вала на схеме расположено над полем допуска отверстия.
Переходными называются такие посадки, при осуществлении которых в собранной паре могут получаться как натяги, так и зазоры. Для этих посадок поля допусков отверстия и вала частично или полностью перекрываются. В переходных посадках при наибольшем предельном размере вала и наименьшем предельном размере отверстия получается наибольший натяг, а при наибольшем предельном размере отверстия и наименьшем предельном размере вала — наибольший зазор. При положительном значении разности средних размеров

8.2.

отверстия и вала для большинства годных соединений получим посадку с зазором, при отрицательном — с натягом.

Из-за[6] неточности выполнения размеров отверстия и вала зазоры и натяги в соединениях, рассчитанные исходя из эксплуатационных требований, не могут быть выдержаны[7] точно.

Допуском посадки называется разность между наибольшим и наименьшим допустимыми зазорами (допуск зазора в подвижных посадках) или наибольшим и наименьшим допустимыми натягами (допуск натяга в неподвижных посадках).

В переходных посадках допуск посадки определяется суммой наибольшего натяга и наибольшего зазора, взятых по абсолютной величине.

Действительный размер в одном и том же сечении детали при измерении в разных направлениях может быть различным. На производстве принято размеры данной детали условно считать постоянными. При этом для деталей, образующих посадку с зазором, за действительный размер для отверстия принимают диаметр вписанного в действительную поверхность цилиндра, т. е. наибольший из различных размеров в различных сечениях детали. По этому принципу производится, напр., контроль деталей проходными калибрами[8]. Такая условность[9] при определении действительного размера определяет возможность сборки деталей, предназначенных для подвижного соединения. Однако для прецизионных машин и приборов следует учитывать характер отклонений формы деталей. Для деталей, образующих посадки с натягом, характер соединения определяется средним из размеров, полученных при измерении детали в нескольких сечениях и в разных направлениях, который и принимается за действительный размер.

[1] Paarungsfläche [2] glatt [3] Widerstand [4] definiert [5] gleitend [6] wegen
[7] einhalten [8] Gutlehre [9] Annahme

PK 8 · PA 3 · SQ A

LE 0   Wortschatz zur Wiederholung:

измере́ние — Messung; установи́ть/устана́вливать — aufstellen, festlegen, montieren, einrichten; совреме́нный — modern, zeitgenössisch; сле́дующий — folgender; невозмо́жный — unmöglich; прове́рить/проверя́ть — prüfen, überprüfen, kontrollieren; вме́сто чего — anstelle, statt; вы́полнить/выполня́ть — erfüllen, ausführen; вопро́с — Frage, Problem; ли ob

8.3.

LE 1 Neue Lexik:

установле́ние	Festlegung, Bestimmung, Ermittlung, Aufstellen, Einrichten
прове́рка	Prüfen, Prüfung, Überprüfen, Kontrolle
кали́бр	Lehre
преде́льный кали́бр	Grenzlehre
рабо́чий кали́бр	Arbeitslehre
проходно́й кали́бр	Gutlehre
непроходно́й кали́бр	Ausschußlehre
кали́бр-про́бка	Lehrdorn
кали́бр-скоба́	Rachenlehre
ме́ра	Maßverkörperung, Maß, Ausmaß, Maßnahme
брак	Ausschuß
сре́дство	Mittel
надёжность	Zuverlässigkeit, Sicherheit
долгове́чность	Lebensdauer

LE 2 Schauen Sie auf das Bild, hören Sie den Satz, sehen Sie den Satz, vergleichen Sie mit dem deutschen Satz, hören Sie den Satz noch einmal und wiederholen Sie:

1. Одной из задач метрологии является установление единиц измерения. — Eine Aufgabe des Meßwesens ist die Bestimmung von Maßeinheiten. 2. Измерением устанавливаются действительные размеры. — Durch Messung werden Istmaße ermittelt. 3. Контроль можно разделять на измерение и калибрирование. — Prüfen kann man in Messen und Lehren einteilen. 4. Калибры являются мерами определенной формы или размера. — Lehren sind Maßverkörperungen mit bestimmter Form oder Abmessung. 5. В машиностроении часто применяют предельные калибры. — Im Maschinenbau verwendet man oft Grenzlehren. 6. Рабочие калибры служат для проверки деталей. — Arbeitslehren dienen zum Prüfen von Werkstücken. 7. Контрольным калибром проверяются рабочие калибры. — Mit der Prüflehre werden die Arbeitslehren geprüft. 8. Различают проходной и непроходной калибры. — Man unterscheidet Gut- und Ausschußlehren. 9. Для проверки валов прежде всего используются калибры-скобы. — Zum Prüfen von Wellen werden vor allem Rachenlehren verwendet. 10. Для контроля отверстий чаще всего применяются калибры-пробки. — Zum Prüfen der Bohrungen werden am häufigsten Lehrdorne verwendet. 11. Одна из задач контроля — это профилактика брака. — Eine Aufgabe der Kontrolle ist die Vermeidung von Ausschuß. 12. Надежность является важным экс-

плуатационным показателем средств измерений. — Zuverlässigkeit ist ein wichtiger Betriebskennwert der Meßmittel. 13. От современных станков требуется высокая долговечность. — Von modernen Werkzeugmaschinen wird eine lange Lebensdauer gefordert.

LE 3   🔑 Übersetzen Sie:

1. Технический прогресс, производство машин и приборов с высокой точностью, надежностью и долговечностью, повышение качества продукции, обеспечение взаимозаменяемости и кооперирования производства невозможны без развития метрологии и постоянного совершенствования техники измерения. 2. Под измерением понимается нахождение значения физической величины опытным путем при помощи специальных технических средств. 3. Единица физической величины — это единица измерения, определяемая установленным числовым значением, которое принимается за исходную единицу (напр., метр — единица длины и т. п.). 4. Измерения производятся как с целью установления действительных размеров изделий и соответствия их требованиям чертежа, так и для проверки точности технологической системы. 5. Для оценки качества детали необходим ее контроль. 6. Вместо определения числового значения часто проверяют, находится ли действительное значение этой величины в установленных пределах. 7. При контроле деталей проверяют только соответствие действительных значений геометрических, механических, электрических и других параметров допускаемым значениям этих параметров (напр., при помощи различных калибров). 8. Для унификации единиц измерения в международном масштабе введена Международная система единиц измерения, обозначаемая буквами СИ. 9. Средство измерений — это техническое устройство, используемое при измерениях и имеющее нормированные метрологические свойства. 10. Мера представляет собой средство измерения, предназначенное для воспроизведения физической величины заданного размера. 11. Калибры предназначены для проверки соответствия действительных размеров, формы и расположения поверхностей деталей предписанным. 12. Предельными калибрами устанавливают, находится ли действительный размер между предписанными размерами. 13. Наибольшее распространение в машиностроении получили предельные калибры, представляющие наибольший и наименьший предельные размеры детали. 14. Рабочие калибры, т. е. проходной и непроходной калибры, служат для проверки изделий в процессе их изготовления. 15. Предельные калибры должны быть выполнены на основе принципа Тейлора, согласно которому на проходной стороне должен быть проверен сопрягаемый размер, а на непроходной действительный.

LE 4   Neue Wörter mit bekannten Elementen:

1. сра́вн/ивать — vergleichen, сравн/е́ние — Vergleich
2. состав/ля́ющая — Komponente, Bestandteil, состав/на́я часть — Bestandteil
3. соотве́тств/овать — entsprechen, übereinstimmen, соотве́тств/ие — Entsprechung, Übereinstimmung
4. находи́ть — finden, нахо/жде́ние — Auffinden
5. писа́ть — schreiben, пред/писа́ть — vorschreiben
6. назнача́ть — bestimmen, пред/назнача́ть для чего — bestimmen, vorsehen für
7. принима́ть — annehmen, принима́ть за что — annehmen als
8. число́ — Zahl, число/во́й — Zahlen-
9. исход/и́ть из чего — ausgehen von, исхо́д/ный — Ausgangs-, ursprünglich
10. действи́тельный разме́р — Istmaß, действи́тельный — Ist-
11. до́пуск — Toleranz, допуск/а́ть — zulassen
12. води́ть — führen, в/води́ть — einführen
13. воспроизвод/и́ть — reduzieren, воспроизвед/е́ние — Reproduktion
14. проходно́й кали́бр — Gutlehre, сторона́ — Seite, проходна́я сторона́ — Gutseite
15. непроходно́й кали́бр — Ausschußlehre, сторона́ — Seite, непроходна́я сторона́ — Ausschußseite
16. уч/и́ть — lehren, уч/е́ние — Lehre, Theorie

LE 5   Internationalismen:

метроло́гия — Meßwesen; метрологи́ческий — meßtechnisch; контро́ль — Prüfen, Kontrolle; калибри́рование — Lehren; контро́льный кали́бр — Prüflehre; профила́ктика — Vermeidung; коопери́рование — Kooperation; унифика́ция — Vereinheitlichung; проце́сс; масшта́б; контроли́руемый объе́кт — Prüfling; при́нцип Те́йлора — Taylorscher Grundsatz; Междунаро́дная систе́ма едини́ц измере́ния — Internationales Einheitensystem

PK 8 · PA 3 · SQ B

Wiederholung der Partizipien (2)

LE 1   Bestimmen Sie die Partizipien und übersetzen Sie:

1. Технические измерения являются составной частью комплекса вопросов, охватываемых метрологией. 2. Под измерением понимается процесс, заключающийся в сравнении измеряемой величины с некоторым ее значением, принятым за единицу. 3. При контроле проверяют, находится ли действительный размер в установленных пределах. 4. Установление соответствия действительных размеров или других показателей качества контролируемого объекта предписанным называется контролем. 5. Наиболее широко распространены в машиностроении предельные калибры, применяемые прежде всего в серийном и массовом производствах. 6. Когда допускаемая погрешность формы меньше допуска на изготовление, вместо калибров часто используются показывающие измерительные средства. 7. Определенный, исходя из функционального назначения детали или узла, размер, показанный на чертеже и служащий базовым размером отклонений, называется номинальным размером. 8. Требуемые размеры деталей не могут быть в производстве выполнены абсолютно точно. 9. Для подвижных посадок поле допуска отверстия на схеме расположено над полем допуска вала. 10. Имеющийся в подвижных посадках зазор обеспечивает возможность относительного перемещения собранных деталей. 11. Погрешность размера может быть определена как разность между действительным и заданным размерами. 12. Технические измерения должны быть связаны с технологическим процессом и направлены главным образом на профилактику брака путем управления процессом обработки по результатам измерения деталей и контроля точности оборудования, приспособлений и инструмента. 13. Важным средством, обеспечивающим технический прогресс, являются специализация и широкое кооперирование в промышленности, основанные на централизованном, территориально независимом изготовлении в первую очередь стандартизованных и унифицированных деталей, узлов и изделий. 14. Следует различать заданную точность, т. е. комплекс допускаемых отклонений от расчетных значений геометрических параметров, задаваемых, исходя из обеспечения качества, надежности и долговечности механизма, и действительную точность деталей, получаемую в результате их обработки. 15. Систематическими называются погрешности, постоянные по величине и знаку или изменяющиеся по определенному закону, выражающему величину погрешности в зависимости от времени или какой-либо другой независимой переменной.

LE 2   Setzen Sie das entsprechende Partizip ein:

1. Метрология, . . . комплекс вопросов, . . . с техническими измерениями, представляет собой науку о единицах, средствах и методах измерений. (охватывающий, охватываемый, охваченный; связывающий, связываемый, связанный) 2. При измерении сравнивается . . . величина с некоторым ее значением, . . . за единицу. (измеряющий, измеряемый, измеренный; принимающий, принимаемый, принятый) 3. В системе СИ за единицу длины . . . метр. (принимающий, принимаемый, принятый) 4. Под измерением понимается процесс получения и обработки информации об . . . величине с целью нахождения числового значения этой величины, . . . в . . . единицах измерения. (измеряющий, измеряемый, измеренный; выражающий, выражаемый, выраженный; принимающий, принимаемый, принятый) 5. Одним из . . . средств, . . . дальнейший технический прогресс в народном хозяйстве, является комплексная механизация и автоматизация производственных процессов. создание полностью . . . цехов, технологических процессов и предприятий. (решающий, решаемый, решенный; обеспечивающий, обеспечиваемый, обеспеченный; автоматизирующий, астоматизируемый, автоматизированный) 6. . . . размер может быть . . . путем прямого измерения или . . . путем расчета, исходя из результатов прямых измерений . . . с ним величин. (измеряющий, измеряемый, измеренный; определяющий, определяемый, определенный; получающий, получаемый, полученный; связывающии, связываемый, связанный)

KÜ 1   ⊷O   Übersetzen Sie:

1. in festgelegten Grenzen 2. für bestimmte Maße 3. Vergleich des Wertes mit der angenommenen Maßeinheit 4. Übereinstimmung der Istmaße mit den vorgeschriebenen Maßen 5. Grenzlehren, die im Maschinenbau weit verbreitet sind 6. auf der Grundlage der erhaltenen Ergebnisse 7. die zu prüfenden Istmaße 8. die Größe des Nennmaßes, das in der Zeichnung angegeben ist 9. Meßmittel, die bestimmt sind für . . . 10. in Abhängigkeit vom Spiel, das eine Relativbewegung der verbundenen Teile garantiert

KÜ 2   ⊷O   Verbinden Sie die Partizipien mit den entsprechenden Substantiven:

1. Рассеивание погрешностей имеет определенные . . . 2. При неподвижной покадке сопрягаемые . . . имеют . . ., исключающий перемещение сопрягаемых . . . 3. Каждый класс точности характеризуется определенными . . . для вала и отверстия и обеспечивается различными способами обработки. 4. При применении принципа взаимозаменяемости значительно повышается . . . машин, определяемое их эксплуатацион-

ными показателями. 5. Охватываемая ... сопрягаемых деталей называется валом, а охватывающая — отверстием. 6. Посадкой называют ... соединения деталей, определяемый величиной имеющихся в нем ... или натягов. 7. Мера — это ... измерений, служащее для воспроизведения физической величины заданного ...

средство, характер, зазоров, пределы, поверхность, допусками, детали, размера, деталей, качество, натяг

PK 8 · PA 3 · SQ C

LE 1 🎧 Hören Sie den Text und geben Sie den Inhalt in deutscher Sprache wieder:

Технические измерения

Технические измерения являются составной частью комплекса вопросов, охватываемых метрологией, под которой понимается учение о единицах, средствах и методах измерений.
Под измерением понимается процесс, заключающийся в сравнении измеряемой величины с некоторым ее значением, принятым за единицу. Измерения производятся как с целью установления действительных размеров изделий и соответствия их требованиям чертежа, так и с целью проверки точности технологического процесса.
Вместо определения действительных размеров часто проверяют, находится ли действительный размер или другой какой-либо показатель качества изделия в установленных пределах. Процесс установления соответствия действительных размеров или других показателей качества изделия предписанным называется контролем.
Различают следующие виды контроля:
а) контроль точности изготовления продукции, основной задачей которого является оценка соответствия точности контролируемого объекта требованиям чертежа;
б) контроль точности технологических процессов, основной задачей которого является определение погрешностей процесса изготовления по результатам измерения объектов производства и подготовка технологического процесса с целью профилактики брака.

LE 2   Übersetzen Sie:

Prüfen und Messen

Unter Metrologie oder Meßwesen versteht man die Wissenschaft, die sich mit der Festlegung von Maßeinheiten und der Entwicklung von Meßmitteln und -methoden beschäftigt. Ein Bestandteil dieser Wissenschaft sind die technischen Messungen.
Als Messung bezeichnet man den Vergleich der zu messenden Größe mit einem anderen bekannten Wert. Durch Messung werden die Istmaße der Teile und ihre Übereinstimmung mit den Forderungen der Zeichnung, das heißt mit den in der Zeichnung geforderten Maßen festgestellt. Dabei wird gleichzeitig die Genauigkeit des technologischen Prozesses geprüft.
In der Praxis wird oft nur kontrolliert, ob das entsprechende Istmaß oder irgendein anderer Kennwert des Teiles in den festgelegten Grenzen liegt. Diesen Vorgang bezeichnet man als Prüfen.

LE 3   Text zum verstehenden Lesen:

Калибры для гладких цилиндрических деталей

Калибрами называют бесшкальные контрольные инструменты, предназначенные для проверки соответствия действительных размеров, формы и расположения поверхностей деталей предписанным.

Классификация и конструкция калибров. Наибольшее распространение в машиностроении получили предельные калибры, представляющие наибольший и наименьший предельные размеры детали. Иногда применяют так называемые нормальные калибры[1]. Большинство шаблонов для контроля профилей деталей сложной формы являются нормальными калибрами; о годности детали судят по величине зазора между контурами детали и шаблона.
По назначению предельные калибры делят на рабочие, приемные[2] и контрольные.
Рабочие калибры (проходной Р—ПР и непроходной Р—НЕ) предназначены для проверки изделий в процессе их изготовления. Этими калибрами пользуются рабочие и контролеры ОТК[3] завода-изготовителя.
Приемные калибры (проходной П—ПР и непроходной П—НЕ) предназначены для проверки изделий представителями заказчика[4]. Такие калибры специально, как правило[5], не изготовляют, ими являются изношенные проходные рабочие калибры.
Контрольные калибры предназначены для проверки размеров рабочих и приемных калибров-скоб.

Предельные калибры определяют не числовое значение измеряемой величины, а годность детали, т. е. находится ли ее размер между заданными предельными размерами. Деталь считается годной, если проходная сторона калибра (проходной калибр) под действием собственного[6] веса или усилия, примерно равного ему, проходит, а непроходная сторона (непроходной калибр) не проходит по контролируемой поверхности детали. При этом измерительные поверхности калибров должны быть слегка смазанными[7].

Предельные калибры получили наибольшее применение в серийном и массовом производствах. Для ответственных[8] деталей 1 и 2-го классов точности, а также когда допускаемая погрешность формы меньше допуска на изготовление, вместо калибров целесообразно использовать показывающие измерительные средства.

Калибры должны иметь наибольшую жесткость[9] при наименьшем весе. Это требование наиболее важно для больших скоб. Собственный размер — это размер между измерительными поверхностями скобы в свободном состоянии, когда на нее не действуют внешние силы. Рабочим размером скобы называют размер соответствующего контрольного калибра, на котором скоба входит[10] под действием собственного веса. Для скоб до 170 мм разница между рабочим и собственным размером невелика и ею можно пренебречь[11]. Но для больших размеров скоб эта разница значительна (например, для жесткой скобы с размером 324 мм она составляет 30 мкм) и ее надо учитывать.

Для контроля валов пользуются главным образом скобами. Применяют регулируемые скобы, которые позволяют компенсировать износ и дают возможность использовать одну скобу для измерения разных размеров, лежащих в определенном интервале. Но регулируемые скобы по сравнению с жесткими имеют меньшую точность и надежность. Поэтому их чаще применяют для контроля изделий 3-го и более грубых[12] классов точности.

Для контроля отверстий широко используют пробки с коническими вставками[13].

При контролировании предельных калибров для гладких, резьбовых и других деталей должен выполняться принцип Тейлора, согласно которому проходные калибры по своей форме должны являться прототипом[14] сопрягаемой детали с длиной, равной длине соединения, и контролировать размеры по всей длине соединения с учетом погрешностей формы деталей. Непроходные калибры должны иметь малую измерительную длину и контакт, приближающийся к точечному[15], для того чтобы проверять только размер детали. Предельные калибры дают возможность контролировать одновременно все связанные размеры и отклонения детали и проверять, находятся ли отклонения размеров и формы поверхностей деталей в поле допуска.

Для осуществления этого принципа, когда это необходимо, применяют проходные калибры-кольца[16] и непроходные штихмасы[17] (или непроходные калибры-пробки с малой измерительной поверхностью). При выполнении непроходных калибров полной[18] формы, напр. цилиндрической, не соблюдаются[19] границы поля допуска детали. Отклонения от заданной формы в этом случае не ограничиваются предельными контурами (полем допуска) и могут иметь недопустимо высокие значения. Размеры считаются находящимися в поле допуска, если они, проверяемые двухточечным методом[20], не выходят за пределы допуска и в то же время обеспечивается плотное[21], без зазоров и натяга, сопряжение с прототипом контролируемой детали (напр., калибром). Таким образом, изделие считается годным, когда погрешность размера, формы и расположения поверхностей находятся в поле допуска. Случаи, когда допускается отступление от этого принципа, должны быть оговорены особо.

Однако на практике приходится[22] отступать от принципа Тейлора вследствие сложности контроля (напр., использование проходного кольца требует многократного снятия[23] детали, закрепленной в центрах[24] станка). Поэтому вместо проходных колец применяют многократный контроль проходными скобами с широкими измерительными поверхностями, а вместо непроходных штихмасов — непроходные калибры-пробки с малой шириной измерительных поверхностей.

[1] Normallehre   [2] Abnahmelehre   [3] Technische Kontrolle   [4] Kunde, Abnehmer   [5] normalerweise   [6] Eigen-   [7] einfetten   [8] funktionswichtig   [9] Steife   [10] gleiten   [11] vernachlässigen   [12] grob   [13] Einsatz   [14] formfehlerfreies Gegenstück   [15] punktförmig   [16] Lehrring   [17] Stichmaß   [18] vollständig   [19] wahren   [20] Zweipunktmessung   [21] dicht   [22] man muß   [23] Aufsetzen   [24] Spitzen

PK 8 · SQ D

LE 1   Übersetzen Sie mit Hilfe des Wörterbuchs und der angegebenen Vokabelhilfen:

приём — Teilschritt; базирование — Antastung, Berührung; прямой — direkt; косвенный — indirekt; установочная мера — Einstellmaß; непосредственный — unmittelbar; относительное измерение — Unterschiedsmessung; штангенциркуль — Meßschieber; микрометр — Meßschraube; длиномер — Längenmeßgerät; образец — Maßverkörperung; концевая мера — Endmaß; угол — Winkel; синусная линейка — Sinuslineal; конусность — Kegeligkeit; расстояние — Abstand; дифференцированный метод измерения — Einzelfehlermessung; резьба — Gewinde; шаг — Steigung; половина угла профиля — Teilflankenwinkel; комплексный метод измерения — Summenfehlermessung; шлицевой — Keil-, keilförmig; обкатка — Abwälzen

Методы измерений

Под методом измерения принято понимать научно обоснованную совокупность способов, приемов и условий измерения, характеризуемых видом используемых измерительных средств, характером получения и оценки значений измеряемой величины, базированием измеряемого объекта и т. п.

В зависимости от принципа определения действительного значения измеряемой величины методы измерения делятся на прямые и косвенные.

Прямые измерения характеризуются тем, что значение искомой величины определяется непосредственно по показанию прибора или по отклонению размера детали от установочной меры. Прямые измерения подразделяются на непосредственные и относительные.

При непосредственных измерениях определяется значение всей измеряемой величины непосредственно по показаниям прибора; пример — измерение размеров изделий при помощи штангенциркуля, микрометра, длиномера и т. п.

При относительных измерениях определяется значение отклонения измеряемой величины от размера установочной меры или образца. Искомая величина находится алгебраическим суммированием отклонения (показания прибора) и размера установочной меры; пример — измерения при помощи миниметра или оптиметра, устанавливаемых на нуль по концевым мерам и показывающих при измерении изделия величину отклонения его размера от размера концевой меры.

Косвенные измерения характеризуются тем, что искомая величина определяется косвенно, т. е. по результатам прямых измерений величин, связанных с искомой определенной зависимостью (измерение угла при помощи синусной линейки, определение величины конусности по результатам измерения диаметров в двух сечениях и величины расстояния между этими сечениями и др.).

Дифференцированный метод измерения характеризуется независимым измерением каждого параметра изделия в отдельности. Напр., при дифференцированном методе измерения резьбы калибра независимо измеряются средний диаметр, шаг и половина угла профиля.

Комплексный метод измерения характеризуется или совместной проверкой нескольких параметров путем сравнения действительного контура проверяемого изделия с предельным (контроль гладких, резьбовых и шлицевых изделий предельными калибрами), или измерением такого параметра, действительное значение которого отражает погрешности ряда других параметров этого изделия (контроль зубчатых колес методом обкатки).

LE 2 Ordnen Sie die Attribute „измерительный, измеряемый" und das Genitivattribut „измерения" den folgenden Substantiven zu:

метод, инструмент, величина, средство, способ, объект, результат, прибор, единица, техника

LE 3 Verwenden Sie bei der Übersetzung der folgenden Sätze „в зависимости от", „по" und die Verben „делить, разделять, подразделять, классифицировать, различать":

1. In Abhängigkeit von ihrer Bestimmung unterteilt man die Meßgeräte in Universal- und Spezialgeräte. 2. Nach dem Mechanisierungs- und Automatisierungsgrad werden die Prüf- und Meßmittel in automatische, halbautomatische, mechanisierte und nichtautomatische unterteilt. 3. In Abhängigkeit vom Umfang (Maßstab) der Produktion unterscheidet man Massen-, Serien-, Kleinserien- und Einzelfertigung. 4. Nach dem Prinzip der Ermittlung des Istwertes einer Meßgröße kann man direkte und indirekte Meßverfahren unterscheiden. 5. Nach ihrer Bestimmung werden Grenzlehren in Arbeits- und Prüflehren eingeteilt. 6. In Abhängigkeit von der Größe der Toleranz unterscheidet man mehrere Genauigkeitsklassen. 7. Nach dem Charakter der Paarung werden Spiel-, Preß- und Übergangspassungen unterschieden.

LE 4 Übersetzen Sie und erschließen Sie dabei die verschiedenen Bedeutungen der präfigierten Formen von „вести — водить":

привести/приводить
1. Полученные результаты измерения приводятся ниже. 2. Данные измерений приведены в таблице. 3. Высокие темпы научно-технического прогресса приводят к более быстрому моральному старению техники, к необходимости ее более частой замены. 4. Станок приводится в действие с помощью индивидуального электродвигателя. 5. Генераторы приводятся во вращение с помощью паровых, гидравлических, газовых турбин и других двигателей.

свести/сводить к чему
1. При взаимозаменяемости ремонт машин можно свести к замене деталей, узлов и агрегатов унифицированными деталями, узлами и агрегатами, обладающими взаимозаменяемостью по всем параметрам качества. 2. Важным направлением научно-технического прогресса является механизация, которая сводится к тому, что трудоемкие ручные работы заменяются машинным трудом.

8.D.

провести/проводить
1. Измерения проводятся с целью проверки точности технологического процесса. 2. В связи с требованиями научно-технической революции необходимо проводить серьезную работу по повышению квалификации кадров. 3. В последние годы была проведена большая работа по созданию и вводу в действие автоматизированных линий, цехов и заводов.

произвести/производить
1. Измерения производятся с целью установления действительных размеров изделий и их соответствия требованиям чертежа. 2. Все больше производятся автоматы и полуавтоматы.

ввести/вводить
1. Для унификации единиц измерения в международном масштабе введена Международная система единиц измерения (СИ). 2. Министерство высшего и среднего специального образования СССР ввело обязательное изучение специальных вопросов стандартизации по всем общетехническим и специальным дисциплинам.

LE 5   Übersetzen Sie die folgenden Wortverbindungen:

гидравлический привод, приведение (привод) в действие, проведение научно-исследовательских работ, электрический провод, газопровод, нефтепровод, проводник первого рода, германиевый полупроводник, теплопроводность, электропроводность, социалистический способ производства; производство взаимозаменяемых деталей, узлов и агрегатов; вопроизведение физической величины, произведение двух чисел, введение в метрологию, ввод в строй, введение в действие

LE 6   Übersetzen Sie ohne Wörterbuch:

Методы и средства контроля точности цилиндрических резьб

Точность резьбы контролируют дифференцированным и комплексным методами.
Дифференцированный метод контроля применяют в том случае, когда допуски даны отдельно на каждый параметр резьбы. При этом отдельно проверяют средний диаметр, шаг и половину угла профиля. Оценку годности[1] дают также по каждому параметру отдельно. Этот метод сложен, трудоемок[2], и поэтому используется главным образом для контроля точных резьб[3]: калибров-пробок, резьбообразующего инструмента[4] и т. п. Отдельные параметры проверяют у шпилек[5], а также

у других деталей при исследовании причин[6] брака и наладке[7] технологического процесса. Его можно применять и тогда, когда допуск на средний диаметр является суммарным допуском[8]. Годность резьбового изделия в этом случае определяют по среднему диаметру резьбы, рассчитываемому по результатам измерения отдельных параметров.

Комплексный метод контроля применяют для резьбовых деталей, допуск среднего диаметра которых является суммарным допуском. Он основан на одновременном измерении среднего диаметра, шага, половины угла профиля, а также внутреннего и наружного[9] диаметров резьбы путем сравнения действительного контура резьбовой детали с предельными. Это достигается при помощи предельных калибров, а для резьб малых размеров — при помощи проекторов, когда действительный контур проверяемой резьбы сравнивается с предельными на всей длине свинчивания[10].

Из-за[11] трудностей дифференцированного контроля контроль калибрами применяют как в массовом и серийном, так и в мелкосерийном и индивидуальном производствах.

[1] Brauchbarkeit [2] arbeitsaufwendig [3] Feingewinde [4] Gewindeschneidwerkzeug
[5] Stift, Stiftschraube [6] Ursache, Grund [7] Einstellung [8] Summentoleranz
[9] Außen- [10] Einschrauben [11] wegen

PK 9 · PA 1 · SQ A

LE 0 Wortschatz zur Wiederholung:

труд — Arbeit; обслу́живание — Bedienung

LE 1 Neue Lexik:

заготови́тельная фа́за	Vorbereitungsphase
обрабо́точная фа́за	Bearbeitungsphase
сбо́рочная фа́за	Montage(phase)
сбо́рка	Montage
автомати́ческая ли́ния	Maschinenfließstraße, -reihe
управле́ние чем	Steuerung, Leitung
программоноси́тель	Programmträger
пото́чное произво́дство	Fließfertigung
нала́дка	Einrichten, Einrichtung
упако́вка	Verpacken, Verpackung
испыта́ние	Prüfung, Erprobung, Versuch
погру́зка	Verladen, Verladung
у́мственный	geistig
рабо́чий ход	Arbeitsgang, Arbeitsspiel
холосто́й ход	Leerlauf

LE 2 Schauen Sie auf das Bild, hören Sie den Satz, sehen Sie den Satz, vergleichen Sie mit dem deutschen Satz, hören Sie den Satz noch einmal und wiederholen Sie:

1. Произво́дственный проце́сс в машинострое́нии состои́т из трех фаз: загото́вительной, обрабо́точной и сбо́рочной. — Im Maschinenbau besteht der Produktionsprozeß aus drei Hauptphasen: der Vorbereitung, der Bearbeitung und der Montage. 2. В механи́ческих цеха́х загото́вки получа́ют необходи́мую конфигура́цию и то́чность. — In den mechanischen Abteilungen erhalten die Werkstücke die notwendige Form und Genauigkeit. 3. Механи́ческая обрабо́тка произво́дится на станка́х или на автомати́ческих ли́ниях. — Die mechanische Bearbeitung wird auf Werkzeugmaschinen oder Maschinenfließstraßen durchgeführt. 4. Автомати́ческая ли́ния — э́то систе́ма станко́в и вспомога́тельных устро́йств для автомати́ческого осуществле́ния технологи́ческого проце́сса. —

Eine Maschinenfließreihe ist ein System von Werkzeugmaschinen und Hilfseinrichtungen zur automatischen Durchführung des Produktionsprozesses. 5. Важная задача машиностроения — это переход к широкой механизации и автоматизации. — Eine wichtige Aufgabe des Maschinenbaus ist der Übergang zu einer breiten/umfassenden Mechanisierung und Automatisierung. 6. Первый этап автоматизации — это автоматизация рабочего цикла, создание автоматов и полуавтоматов. — Die erste Etappe der Automatisierung ist die Automatisierung des Arbeitszyklus, die Schaffung von Automaten und Halbautomaten. 7. Важная форма автоматизации на первом этапе — это поточное производство. — Eine wichtige Form der Automatisierung in der ersten Etappe ist die Fließfertigung. 8. При обслуживании машин человек осуществляет наладку машин и контроль технологического процесса. — Bei der Bedienung der Maschinen führt der Mensch das Einrichten der Maschinen und die Kontrolle des technologischen Prozesses aus. 9. Второй этап автоматизации — это создание автоматических линий, цехов и заводов. — Die zweite Etappe der Automatisierung ist die Schaffung von Maschinenfließreihen, automatisierten Abteilungen und Werken. 10. Высшей формой автоматизации на втором этапе является комплексная автоматизация. — Die höchste Form der Automatisierung in der zweiten Etappe ist die komplexe Automatisierung. 11. Комплексная автоматизация занимается заготовительными операциями, сборкой, испытанием готовой продукции, упаковкой и погрузкой. — Die komplexe Automatisierung beschäftigt sich mit Vorbereitungsarbeiten, der Montage, der Prüfung der fertigen Produktion, der Verpackung und der Verschickung.

LE 3 ⚬━⚬ Übersetzen Sie:

1. Автоматизация охватывает все отрасли техники, все звенья производственного процесса. 2. Комплексная механизация и автоматизация производственных процессов является основой технического прогресса. 3. Она облегчает и изменяет характер труда и повышает производительность труда. 4. Быстрыми темпами проводится комплексная механизация и автоматизация крупнейших машиностроительных предприятий. 5. Предусмотрен быстрый рост наиболее прогрессивных видов металлорежущих станков, станков для финишных операций, автоматических и полуавтоматических станков и автоматических линий. 6. В социалистическом обществе комплексная автоматизация производственных процессов отвечает интересам трудящихся и создает условия для ликвидации существенных различий между умственным и физическим трудом.

LE 4 ⊕ ⊕   Neue Wörter mit bekannten Elementen:

1. переход/и́ть — übergehen, überschreiten; перехо́д — Übergang
2. существ/ова́ть — existieren; суще́ств/енный — wesentlich

LE 5 ⊕ ⊕   Internationalismen:

механиза́ция; автоматиза́ция; цикл; эта́п; фи́нишный; диспе́тчерский; пульт; полуавтома́т — Halbautomat; физи́ческий — physisch; корректиро́вка — Korrektur

---

PK 9 · PA 1 · SQ B

Der Passivsatz

LE 1   Bilden Sie nach folgendem Muster Passivsätze im Präsens, Präteritum und Futur:

Производственный процесс (осуществлять) автоматически. →
Производственный процесс осуществля**ется** автоматически.
Производственный процесс осуществля**лся** автоматически.
Производственный процесс **был осуществлен** автоматически.
Производственный процесс **будет осуществляться** автоматически.
Производственный процесс **будет осуществлен** автоматически.

1. Производство деталей в машиностроении (автоматизировать). 2. На автоматических линиях (производить) механическая обработка деталей. 3. Этот план (осуществлять) рабочими. 4. Созданием новейших механизмов, машин и комплексных систем (облегчать) работа трудящихся. 5. На современных агрегатных станках (выполнять) почти все виды обработки. 6. Контроль за работой (осуществлять) человеком с диспетчерского пульта. 7. Автоматизация работы станка (обеспечивать) использованием автоматических систем. 8. Автоматическое управление металлорежущими станками (осуществлять) или механически, или

электрически, или гидравлически. 9. Все размеры деталей (определять) программоносителем. 10. Обработка деталей (осуществлять) определенной постоянной программой.

LE 2   Übersetzen Sie und unterstreichen Sie die Passivformen:

1. В СССР изготовляются и экспортируются автоматы и автоматические линии самого различного технологического назначения, и их удельный вес (Anteil) в промышленности увеличивается с каждым годом. 2. В неавтоматизированном производстве все производственные процессы строятся на условиях совместной работы человека и машины. 3. Неавтоматизированная рабочая машина имеет только механизмы рабочих ходов, а все холостые ходы совершаются человеком. 4. На первом этапе автоматизации сборка, контроль и упаковка готовой продукции производятся вручную или с применением средств механизации. 5. Новые системы управления основываются на применении гидравлических и электронных устройств.

KÜ   Übersetzen Sie folgende Sätze:

1. Dieser Automat wird jetzt gebaut. 2. Dieser Automat wird noch nicht gebaut werden. 3. Dieser Automat wurde lange Zeit gebaut. 4. Das Programm wird von einem Ingenieur unseres Betriebes errechnet. 5. Das Programm wurde von einem Ingenieur unseres Betriebes errechnet. 6. Das Programm wurde immer von einem Ingenieur unseres Betriebes errechnet. 7. Die Bearbeitung der Teile wird durch ein bestimmtes Programm verwirklicht. 8. Die Bearbeitung der Teile wurde durch ein bestimmtes Programm verwirklicht. 9. Die Bearbeitung der Teile wurde einige Jahre lang durch ein bestimmtes Programm verwirklicht.

PK 9 · PA 1 · SQ C

LE 1   Hören Sie den Text und geben Sie den Inhalt in deutscher Sprache wieder:

Основные этапы автоматизации

Автоматизация процессов производства, создание и широкое внедрение машин-автоматов, автоматических линий, цехов и заводов во все отрасли промышленности является основной тенденцией социалистического производства. В СССР производятся и эксплуатируются автоматы и автоматические линии самого различного технологического назначения, и их удельный вес в промышленности увеличивается с каждым годом.

В неавтоматизированном производстве все производственные процессы строятся на условиях совместной работы человека и машины. Первым этапом автоматизации является автоматизация рабочего цикла, создание автоматов и полуавтоматов. Важной формой автоматизированного производства на первом этапе автоматизации является поточное производство, когда при обслуживании машин человек осуществляет наладку машин и контроль технологического процесса. Таким образом, на первом этапе производится автоматизация отдельных операций технологического процесса обработки — автоматизация технологических процессов. Автоматизация технологических процессов на первом этапе охватывает лишь отдельные операции обработки, а сборка, контроль и упаковка готовой продукции производятся вручную или с применением средств механизации.

Вторым этапом автоматизации является автоматизация системы машин, создание автоматических линий, цехов и заводов. Важной проблемой на втором этапе автоматизации является создание систем управления системой машин. Это вызывает появление новых систем управления, основанных на применении гидравлических, электрических и электронных устройств. На втором этапе автоматизации решается и задача создания средств автоматического контроля.

Высшей формой автоматизации на втором этапе является комплексная автоматизация производственных процессов, которая охватывает все звенья производственного процесса, начиная от заготовительных операций и кончая сборкой, испытанием готовой продукции, упаковкой и погрузкой.

LE 2   Antworten Sie auf die Fragen in Russisch:

1. Что является основной тенденцией социалистического производства? 2. Какие автоматы и автоматические линии изготавливаются и эксплуатируются в СССР? 3. Что является первым этапом автоматизации? 4. Что является высшей формой автоматизированного производства на первом этапе? 5. Что охватывает автоматизация на первом этапе? 6. Что представляет собой второй этап автоматизации? 7. Что является важной проблемой на втором этапе автоматизации?

РК 9 · PA Q · SQ A

LE 0   Wortschatz zur Wiederholung:

через — über, durch; решéние — Entscheidung, Lösung; вы́ставка — Ausstellung; образéц — Muster, Vorbild; заранее — vorher; подготовка — Vorbereitung; ни́зкий — niedrig

LE 1   Neue Lexik:

распредели́тельный вал	Steuerwelle
обра́тная связь	Rückführung, Rückkopplung
перфолéнта	Lochband, -streifen
усили́тель	Verstärker
уси́лить/уси́ливать	verstärken
поступи́ть/поступа́ть	gelangen
безлю́фтовый реду́ктор	spielfreies Getriebe
ходово́й винт	Leitspindel
да́тчик	Geber, Fühler
прекрати́ть/прекраща́ть	unterbrechen
передáточно-преобразу́ющее устро́йство	*hier:* Vergleicher
появлéние	Entstehen, Auftreten

LE 2   Schauen Sie auf das Bild, hören Sie den Satz, sehen Sie den Satz, vergleichen Sie mit dem deutschen Satz, hören Sie den Satz noch einmal und wiederholen Sie:

1. Наиболее распространенные типы автоматизированного оборудования — токарные автоматы с распределительным валом и станки с программным управлением. — Die verbreitetsten Typen der automatisierten Ausrüstung sind Drehautomaten mit Steuerwelle und Werkzeugmaschinen mit Programmsteuerung. 2. Это электрокинематическая схема станка с обратной связью. — Das ist ein elektrokinematisches Schema einer Werkzeugmaschine mit Rückführung. 3. Сигнал от источника 1 проходит через отверстие перфоленты 2. — Das Signal von der Lichtquelle 1 geht durch das Loch des Lochbandes 2. 4. Сигнал усиливается в усилителе 3 и преобразуется в передаточно-преобразующем устройстве 4. — Das Signal wird im Verstärker 3 verstärkt und im Ver-

gleicher 4 umgewandelt. 5. Сигнал поступает на электродвигатель 5. — Das Signal gelangt zum Elektromotor 5. 6. Электродвигатель через безлюфтовый редуктор 6 вращает ходовой винт 7 и перемещает стол 8. — Der Elektromotor dreht über das spielfreie Getriebe 6 die Leitspindel 7 und verschiebt den Tisch 8. 7. Перемещения стола регистрируются датчиком обратной связи 11. — Die Verschiebungen des Tisches werden durch den Geber der Rückführung 11 registriert. 8. Датчик измеряет величину перемещения и передает ее в устройство 4. — Der Geber mißt die Größe der Verschiebung und übergibt sie an die Einrichtung 4. 9. Устройство 4 прекращает подачу стола. — Die Einrichtung 4 unterbricht das Vorschubsignal.

LE 3 Übersetzen Sie:

1. Появление и развитие станков с программным управлением явилось качественно новым этапом в развитии станкостроения. 2. Оно привело к созданию новых механизмов и систем управления и к изменению конструктивных решений кинематических элементов. 3. Главной задачей при составлении кинематики станка с программным управлением является обеспечение высокой точности обработки. 4. В современных станках с программным управлением точность исполнения команд на перемещение доходит до 1 мкм. 5. Такая точность перемещения возможна только для станков, имеющих высокую конструкционную жесткость. 6. Это достигается созданием автономных приводов и заменой механических передач электрическими, электронными и гидравлическими.

LE 4 Neue Wörter mit bekannten Elementen:

1. стан/о́к — Werkzeugmaschine, стро́/ить — bauen, стан/ко/стро/е́ние — Werkzeugmaschinenbau
2. обеспе́ч/ить — gewährleisten, обеспе́ч/ение — Gewährleistung
3. вы/полне́ние — Erfüllung, ис/полне́ние — Ausführung

LE 5 Internationalismen:

програ́мма; програ́ммный; электрокинемати́ческий; сигна́л; конструкти́вный; электро́нный, цифрово́й; прое́кт; традицио́нный; информа́ция; техно́лог; синхрониза́ция; оптима́льный; кома́нда — Kommandogabe, Befehl; шабло́н; копи́р — Kopiereinrichtung; регули́рование — Regulierung, Regelung; автоно́мный — autonom, selbständig

PK 9 · PA 2 · SQ B

LE 1   Die Partizipialkonstruktion mit erweitertem Attribut

Vergleichen Sie die russische Konstruktion mit der deutschen Entsprechung:

       действующие   между частями системы   силы
       (Partizip)   (Erweiterung)   (Bezugswort)

       die zwischen den Teilen des Systems wirkenden Kräfte
          (Erweiterung)   (Partizip)   (Bezugswort)

Im Russischen erscheint die Erweiterung zwischen Partizip und Bezugswort.

LE 2   Übersetzen Sie nachfolgende Partizipialkonstruktionen mit erweiterten Attributen! Beachten Sie die Übereinstimmung von Attribut und Substantiv:

1. созданный для автоматизации производства новый способ 2. достигнутый в машиностроении быстрый рост производства металлорежущих станков 3. разработанная инженером новая программа 4. основанные на применении электрических устройств системы управления 5. преобразующие механическую энергию в электрическую генераторы 6. полученные таким образом новые результаты 7. основанные на автоматизации производственные процессы 8. применяемые при изготовлении деталей автоматы 9. выпускаемые в настоящее время специальные станки 10. созданная в прошлом году автоматическая линия

LE 3   Formen Sie die Partizipialkonstruktionen nach folgendem Muster um:

       разработанный инженером новый способ →
       новый способ, разработанный инженером — новый способ, который разработан инженером

1. достигнутые в настоящее время в машиностроении большие успехи 2. основанные на многих опытах методы 3. разработанные советскими инженерами проекты автоматических линий 4. вызванные автомати-

зацией технологические изменения 5. созданные в последнее время новые конструкции автоматов 6. представленный на выставке образец станков с программным управлением 7. рассчитанные на прочность новые автоматы 8. изложенные в книге научные основы проектирования

PK 9 · PA 2 · SQ C

LE 1 🎧 Hören Sie den Text und geben Sie den Inhalt in deutscher Sprache wieder:

Системы автоматического управления

Быстрое развитие техники требует применения качественно новых методов автоматизации производства. Поэтому за последнее время автоматизация получила новое развитие. Были созданы современные станки с цифровым программным управлением. Они работают по заранее составленной программе. При традиционных методах автоматизации весь объём информации реализуется в копирах, шаблонах и т. д. В станках с цифровым программным управлением технолог занимается только информацией в цифровой форме. Это позволяет применять математические методы для подготовки программы и автоматизировать процесс изготовления с помощью электронных вычислительных машин. Основные требования к системе управления — это высокоточное исполнение команд на перемещение, синхронизация перемещений, высокая надёжность работы, простота конструкции, низкая стоимость, оптимальное регулирование процесса обработки и т. д.

LE 2 Bilden Sie auf der Grundlage des gehörten Textes Sätze mit folgender Lexik:

требовать применения, получить новое развитие, создать современные станки, по составленной программе, реализовать информацию, применять математические методы изготовления, автоматизировать процесс, в ходе технологического процесса, высокоточное исполнение команд, высокая надёжность, низкая стоимость, простота конструкции, оптимальное регулирование

PK 9 · PA 3 · SQ A

LE 1 Neue Lexik:

станóчный элемéнт	Werkzeugmaschinenbauelement
силовáя голóвка	Arbeits- und Vorschubeinheit
зажи́м	Spannen
шаговóй транспортёр	Schrittförderer
поворóтный стол	Drehtisch
накопи́тель	Speicher
механи́зм питáния	Zuführeinrichtung
бунт	Bundmaterial, Draht- und Bandmaterial
шту́чная заготóвка	Einzelwerkstück
агрегати́рованный	Baukasten-
приспособлéние	Vorrichtung
переналáдка	Umrüstung
прóфильный кулачóк	Kurve, Kurvenscheibe
электрóнная вычисли́тельная маши́на (ЭВМ)	elektronische Rechenmaschine

LE 2 Schauen Sie auf das Bild, hören Sie den Satz, sehen Sie den Satz, vergleichen Sie mit dem deutschen Satz, hören Sie den Satz noch einmal und wiederholen Sie:

1. Различают обрабатывающие, контрольные и сборочные автоматы. — Man unterscheidet Bearbeitungs-, Kontroll- und Montageautomaten. 2. Обрабатывающие автоматы служат для изменения формы поверхности и свойств заготовки. — Bearbeitungsautomaten dienen der Veränderung der Form und der Eigenschaften des Werkstücks. 3. Контрольные автоматы устанавливают пределы при обработке заготовки. — Kontrollautomaten gewährleisten die Grenzwerte bei der Bearbeitung des Werkstücks. 4. Способ измерения может быть контактным или бесконтактным. — Das Meßverfahren kann ein berührendes oder ein berührungsloses (Verfahren) sein. 5. Сборочные автоматы могут осуществлять сборку деталей с гарантированным зазором и гарантированным натягом. — Montageautomaten können die Montage von Einzelteilen mit toleriertem Spiel und mit toleriertem Übermaß verwirklichen. 6. Автоматические линии компонуются из нормализованных станочных и межстаночных элементов. — Maschinenfließstraßen werden aus standardisierten Bauelementen für Werkzeugmaschinen und die sie ver-

bindenden Einrichtungen zusammengesetzt. 7. Нормализованными станочными элементами являются силовые головки, приспособления для зажима и фиксации деталей, базовые узлы, привод и управление. — Standardisierte Bauelemente sind Arbeits- und Vorschubeinheiten, Einrichtungen zum Spannen und Fixieren, Grundbaugruppen, Antrieb und Steuerungseinrichtungen. 8. Межстаночными элементами являются шаговые транспортеры, поворотные столы, накопители заготовок и др. — Verbindende Einrichtungen sind Schrittförderer, Drehtische, Werkstückspeicher u. a. 9. Механизмы питания разделяются на три группы: для бунта, для прутков, для штучных заготовок. — Zuführeinrichtungen werden in drei Gruppen eingeteilt: für Bundmaterial, Stangen und Einzelwerkstücke. 10. Путем компоновки из нормализованных механизмов создают агрегатированные машины. — Durch Zusammensetzung von Einheitsbaugruppen schafft man Maschinen nach dem Baukastenprinzip. 11. По возможности переналадки автоматические линии можно разделить на переналаживаемые и непереналаживаемые. — Nach der Möglichkeit der Umrüstung kann man die Maschinenfließstraßen in umrüstbare und nichtumrüstbare unterteilen. 12. В качестве программоносителя на распределительном валу служат профильные кулачки. — Als Programmträger auf Steuerwellen dienen Kurvenscheiben. 13. Для станков с цифровым программным управлением применяют программы, составленные с помощью электронных вычислительных машин. — Für Maschinen mit NC-Steuerung verwendet man Programme, die mit Hilfe elektronischer Rechenmaschinen aufgestellt wurden.

LE 3 ⊸ Übersetzen Sie:

1. По назначению различают обрабатывающие, контрольные и сборочные автоматы. 2. Обрабатывающие автоматы выполняют функцию изменения формы поверхности и свойств заготовки. 3. Установление пределов, в которых находится размер, свойство и положение в пространстве обрабатываемой заготовки, осуществляют контрольные автоматы. 4. Контрольные автоматы можно классифицировать по способу измерения, контактного или бесконтактого. 5. Сборку деталей с гарантированным зазором и гарантированным натягом выполняют сборочные автоматы. 6. Из нормализованных станочных и межстаночных элементов компонуют автоматические линии. 7. Силовые головки, приспособления для зажима и фиксации деталей являются нормализованными станочными элементами. 8. От них отличаются межстаночные элементы, такие как шаговые транспортеры, поворотные столы, накопители заготовок и др. 9. Различают механизмы питания для бунта, для прутков и для штучных заготовок. 10. Агрегатированные машины компонуют из нормализованных механизмов. 11. Автоматические линии разделяют на непереналаживаемые и переналаживаемые.

12. В массовом производстве широкое применение получило оборудование, оснащенное системой управления с распределительным валом, имеющим профильные кулачки. 13. В станках с цифровым программным управлением технолог имеет дело только с информацией в дискретной форме, что позволяет составлять программы с помощью электронных вычислительных машин.

LE 4 ⊕ ⊕ Neue Wörter mit bekannten Elementen:

1. стан/о́к — Werkzeugmaschine, стан/о́чный — Werkzeugmaschinen-, ме́ж/ду — zwischen, меж/стано́чный — sich zwischen den Werkzeugmaschinen befindend
2. цех — Abteilung, меж/цех/ово́й — sich zwischen den Abteilungen vollziehend, befindend
3. вы́пус/тить — ausstoßen, вы́пус/к — Ausstoß
4. сбо́р/ка — Montage, сбо́р/очный — Montage-
5. сов/пада́ть — zusammenfallen, от/пада́ть — wegfallen
6. переналá/дка — Umrüstung, переналá/живаемый — umrüstbar

LE 5 ⊕ ⊕ Internationalismen:

компоно́вка; компонова́ться; ро́торный; конве́йер; адресова́ние; прогресси́вность; перспекти́вность; вариа́нт; реа́льно; конта́ктный — berührend; бесконта́ктный — berührungslos; гаранти́рованный — toleriert

PK 9 · PA 3 · SQ B

Die Konjunktionen „если", „чтобы" und das Adverbialpartizip auf „-я"

LE 1   Achten Sie in den folgenden Sätzen auf die sinngemäß richtige Übersetzung von „если" +Infinitiv („wenn man ..."), „чтобы" +Infinitiv, „для того чтобы" +Infinitiv („um zu ..."), „чтобы" +Präteritum („daß, damit") und des Adverbialpartizips auf „-я":

1. Так, например, если иметь деталь, в которой в заданной последовательности должно быть просверлено большое количество различных отверстий, то, исходя из объема работы, можно определить время, необходимое для последовательной обработки всех отверстий, или технологическую производительность всего процесса. 2. Если оценивать производительность труда данного производства, в данной отрасли, то в текущие эксплуатационные затраты необходимо включать, наряду с инструментом, электроэнергией, стоимость сырья, заготовок и т. д. 3. Если предположить, что один рабочий обслуживает машину или систему машин, то в действительности он работает не один. 4. Если учитывать в текущих годовых затратах стоимость материалов, то получим полную производительность труда при выпуске данного изделия с учетом его производства в разных отраслях. 5. Если не учитывать затраты прошлого труда, то получим производительность живого труда. 6. Чтобы можно было свободно надевать (aufziehen) кулачок на оправку (Dorn), на ее поверхности предусмотрены лыски (Abflachungen). 7. Если необходимо, чтобы муфта делала полуоборот, то на поверхности делается два фигурных паза (Nut). 8. Для того чтобы определить прогрессивность и перспективность любого варианта новой техники, необходимо сравнить его по уровню производительности труда не только с двумя взаимозаменяемыми вариантами новой техники, но и с существующим производством, с той техникой, которая должна быть заменена. 9. Следовательно, для того чтобы обеспечивать высокие темпы технологического прогресса, новую технику необходимо оценивать по уровню производительности труда, который обеспечивает эта техника. 10. Создавая агрегатированные машины и автоматические линии, необходимо реально представлять пути повышения производительности, что невозможно без знания влияния закона агрегатирования на производительность машин и автоматических линий. 11. Учитывая в текущих затратах только те затраты, которые необходимы непосредственно для обработки на данном участке производства, получаем производительность общественного труда при эксплуатации данной машины или системы машин.

LE 2 **Verschaffen Sie sich schnell eine Übersicht über die Struktur des Satzes und übersetzen Sie:**

1. Отдельные автоматы, встроенные в линию, являются элементами, выполняющими рабочие ходы (операции обработки, контроля, сборки), т. е. выполняют в линии те функции, что и механизмы рабочих ходов в отдельном автомате. 2. На третьем этапе автоматизации элементами, выполняющими рабочие ходы, являются уже автоматические линии со своими технологическими роторными машинами, механизмами транспортировки, управления и т. д. 3. Так, если для межстаноч-

ной транспортировки применяются разнообразные транспортеры, то межцеховая транспортировка требует системы конвейеров с автоматическим адресованием. 4. Важнейшей особенностью комплексной автоматизации производственных процессов как нового этапа технического прогресса является широкое применение вычислительной техники, в первую очередь ЭВМ, которые позволяют решать не только задачи управления производством, но и управления технологическим процессом. 5. Дальнейшее увеличение масштабов производства привело к тому, что во многих случаях отпала необходимость в переналадке оборудования, и на автоматах за все время эксплуатации обрабатывают одну и ту же деталь, выполняют одни и те же операции. 6. Так как технологический процесс обработки проектируется, как правило, специально для данной линии, то линия может обеспечивать очень высокую производительность.

РК 9 · РА 3 · SQ C

LE 1   Text zum verstehenden Lesen:

Тенденция развития автоматических линий

Автоматические линии различного технологического назначения в настоящее время применяются не только в машиностроении, приборостроении, но и в химической, легкой, пищевой[1] и других отраслях промышленности. Почти 100 лет потребовалось на то, чтобы автоматы и полуавтоматы стали широко применяться в промышленности. Автоматические линии проделали тот же путь менее, чем за 30 лет. Первая автоматическая линия в СССР была создана И. П. Иночкиным в 1939 г. на Сталинградском тракторном заводе. Сведения о создании первых автоматических линий за рубежом[2] относятся к тому же периоду. Всего в народном хозяйстве СССР работает несколько тысяч автоматических линий различного технологического назначения. Внедрение автоматических линий в различные отрасли производства способствует росту производительности труда, увеличению выпуска и повышению качества продукции, улучшению условий труда рабочих и т. д.

В машиностроении уже в 1968 г. обрабатывалось на автоматических линиях 90% блоков цилиндров, 80% головок блока, 60% коленчатых валов[3] и 40% типов массовых подшипников.

Несмотря на то, что в станочном парке страны автоматические линии составляют только 1,25 % общего количества действующего оборудования, темп нарастания[4] выпуска автоматических линий в СССР в 3—4 раза превышает средний уровень нарастания выпуска всего станочного парка в целом.

За последнее десятилетие автоматические линии не только увеличились в количественном отношении, но изменились качественно. Сейчас на автоматических линиях может производиться комплексная обработка, включая операции сборки и контроля. Увеличивается концентрация операций, появляются автоматические цехи и заводы.

Задачи комплексной механизации и автоматизации потребовали создания автоматических линий не только специализированного производства изделий устоявшейся[5] конструкции, но и переналаживаемых линий, предназначенных для обработки широкого диапазона деталей.

Если учесть, что темпы расширения станочного парка опережают прирост[6] трудоспособности[7] населения, то увеличивающийся станочный парк будет все труднее обеспечить необходимым количеством рабочих. Поэтому создание высокопроизводительных автоматических линий с высокой надежностью в работе, которые обеспечивают рост производительности труда ($\lambda > 1$) и экономию рабочей силы ($\varepsilon > 1$), диктуется острой необходимостью.

Физический объем продукции станкостроения возрастает медленнее, чем ее стоимость. Так, в результате увеличения типоразмеров выпускаемых станков и автоматических линий и т. д. за 1966—1967 гг. количество выпущенных станков возросло на 8,3 %, а стоимость этих станков — на 23,8 %.

По мере увеличения объема производства затраты труда и средства на обслуживание из года в год возрастают, причем наиболее высокими темпами растет численность рабочих, обслуживающих постоянно увеличивающийся парк машин, механизмов и оборудования. Так, в 1965 г. по сравнению с 1948 г. численность слесарей-ремонтников возросла в 3,6 раза, электромонтеров — в 3,1 раза. Автоматизация производства значительно изменяет и структуру состава рабочих. Например, на машиностроительных заводах число рабочих-операторов сокращается с 80—85 до 20—25 %, а удельный вес наладчиков возрастает с 5—6 до 40 %, электромонтеров с 1—2 до 8—10 %, слесарей-ремонтников — с 5 до 25 %.

Таким образом, комплексная автоматизация является необходимой и насущной задачей технического прогресса на современном этапе. Задача создания сложных автоматизированных систем с минимальным участием человека технически уже разрешима. Однако следует иметь в виду, что это решение возможно при всемерном[8] совершенствовании станкостроительного производства (производства средства производства), что позволит резко повысить производительность оборудования и тем самым окупить неизбежные затраты на автоматизацию. Иначе стремление сократить ручной труд при обслуживании машин приведет лишь к перераспределению рабочей силы, а не к ее экономии.

Существует несколько критериев классификации автоматических линий: по способу питания, конфигурации обрабатываемых деталей, характеру выполняемых на линии операций, по способу транспортирования деталей, по сложности структурных схем линий и т. д.
По возможности переналадки все линии можно разделить на две категории:
1. Непереналаживаемые и трудно переналаживаемые автоматические линии: из унифицированного и специализированного типового оборудования; из специального и специализированного оборудования.
2. Переналаживаемые линии: из унифицированного оборудования; из универсального оборудования; из станков с программным управлением.

[1] Nahrungsmittelindustrie [2] im Ausland [3] Gelenkwelle [4] Anwachsen [5] herkömmlich [6] Zuwachs [7] Arbeitsfähigkeit [8] größtmöglich

PK 9 · SQ D

LE 1   Übersetzen Sie den nachfolgenden Text mit Hilfe des Wörterbuchs und der angegebenen Vokabelhilfen:

загру́зка — Zuführung; вы́дача — Ausgabe; патро́нный автома́т — Futterautomat; настро́йка — Einstellung; поте́ря — Verlust; бараба́н — Trommel; упо́р — Anschlag

Токарные автоматы и полуавтоматы

Как сказано выше, автоматом называется станок, в котором автоматизированы все основные и вспомогательные движения, необходимые для выполнения технологического цикла обработки заготовки, включая загрузку и выдачу обработанной детали. Обслуживание автомата сводится к периодической наладке, подаче материала на станок и контролю обрабатываемых деталей.
Таким образом, полуавтоматом называется станок, в котором часть движений не автоматизирована. Как правило, это движения, связанные с загрузкой и снятием заготовок.
Токарные автоматы и полуавтоматы применяют для обработки деталей сложной конфигурации с помощью большого количества инструментов. Следовательно, они подразделяются по различным признакам: по назначению — на универсальные и специализированные; по виду заготовки — на прутковые и патронные; по количеству шпинделей —

на одношпиндельные и многошпиндельные; по расположению шпинделей — на горизонтальные и вертикальные.

Известно, что из автоматов и полуавтоматов наибольшее применение получили станки с кулачковым приводом. Автоматическое управление циклом этих станков осуществляется с помощью распределительного вала, на котором устанавливаются кулачки. Обычно за один оборот распределительного вала происходит полный цикл обработки одной детали.

Проанализировав существующие типы автоматов, можно разделить их на три группы.

Первая группа — автоматы, имеющие один распределительный вал, вращающийся с постоянной для данной настройки частотой. Вал управляет как рабочими, так и вспомогательными движениями. В автоматах этой группы неизбежна большая потеря времени при вспомогательных движениях, так как они выполняются при той же (медленной) частоте вращения распределительного вала, что и рабочие операции. Однако в автоматах малых размеров с небольшим количеством холостых движений применение такой системы целесообразно вследствие ее простоты.

Вторая группа — автоматы с одним распределительным валом, которому в течение цикла сообщаются две частоты вращения: малая при рабочих и большая при холостых операциях. Такая схема обычно применяется в многошпиндельных токарных автоматах и полуавтоматах.

Третья группа — автоматы, имеющие, кроме распределительного вала, еще и быстроходный вспомогательный вал, осуществляющий холостые движения. Команды на выполнение холостых движений подаются распределительным валом с помощью закрепленных на нем специальных барабанов с упорами.

LE 2   **Übersetzen Sie die folgenden Sätze und beachten Sie dabei vor allem die Satzanfänge:**

1. Наконец, вопросы перспективного проектирования требуют от конструкторов и технологов не только знания фундаментальных наук, но и понимания сущности и закономерностей процессов развития техники. 2. Таким образом, с точки зрения решения задач технического прогресса в машиностроении, можно сформулировать две основные задачи — прикладные и проблемные. 3. Соответствующим образом усложняются системы отвода стружки. 4. Как правило, чем выше производительность оборудования и степень его автоматизации, тем ниже показатели универсальности и мобильности. 5. Например, большинство современных автоматических линий является специальным. 6. Наоборот, малопроизводительное оборудование пригодно обычно для производства

самых разнообразных изделий. 7. Именно массовое производство породило современные высокопроизводительные специальные станки, автоматы, полуавтоматы и автоматические линии. 8. Разумеется, таким путем можно выпускать станки высокого качества с минимальной себестоимостью. 9. Но это означало бы, что 10 лет мы будем выпускать станки одного и того же качества, пренебрегая требованиям непрерывного их совершенствования. 10. Можно сказать, что качество технологических машин определяется тем, насколько с их помощью производят больше, лучше и дешевле. 11. Как видим, качество и массовость входят в противоречие, так как первое требует непрерывно совершенствовать продукцию, а второе — постоянства выпуска продукции данного качества. 12. Известно, что темпы изменения качества объектов производства настолько сейчас велики, что прежние понятия о сроках службы совершенно неприемлемы. 13. Как известно, автоматическая линия имеет систему управления без вмешательства человека. 14. Следовательно, на данном этапе развития техники ее движущим началом является противоречие между массовостью и быстросменностью производства. 15. Поэтому создание новых мобильных средств и систем автоматизации является первоочередной проблемой. 16. Однако тот же сменный выпуск может быть обеспечен пятью одношпиндельными или двумя многошпиндельными автоматами. 17. Кроме того, автомат имеет обычно целый ряд дополнительных приспособлений. 18. Необходимо/Следует отметить, что реальные технологические процессы не имеют безграничных возможностей по дифференциации и концентрации операций. 19. Как показано на схеме, испытательный механизм распадается на ряд механизмов. 20. Как выше сказано, такая кинематическая структура является типичной для многошпиндельных автоматов и полуавтоматов. 21. Как ниже еще будет отмечено, основными параметрами режима резания являются скорость, подача и глубина резания. 22. На рис. 1—2 показан токарный многошпиндельный автомат 1А240. 23. На рис. 1—3 приведена схема классификации механизмов автомата. 24. Как показывает сравнение с автоматом (см. рис. 1—3), автоматическая линия представляет собой более высокую ступень развития исполнительного механизма. 25. Как видно, подобные системы решают значительно более сложные задачи, чем обычные межстаночные транспортеры. 26. Рассмотрим основные группы машин по степени автоматизации. 27. Покажем, что развитие автоматизации неизбежно связано с улучшением одних показателей.
28. Выполняя решения партии и правительства, советские станкостроители добились больших успехов. 29. Сравнивая производительность предприятия с надежностью цепи, можно сказать, что простой машины означает прорыв в работе всего предприятия. 30. Анализируя историю и тенденции развития автоматизации производственных процессов, можно отметить три основных этапа. 31. Наблюдая за работой машины, легко заметить, что кроме основных рабочих движений ис-

полнительного механизма имеются движения, непосредственно не связанные с обработкой.
32. Наряду с автоматическими линиями из агрегатных станков широко применяются автоматические линии, созданные из универсальных автоматов и полуавтоматов. 33. В качестве примера на рис. 1—12 показана линия, предназначенная для обработки цилиндрических зубчатых колес диаметром до 360 мм. 34. Хотя автоматы и полуавтоматы этой группы называются универсальными, их универсальность значительно меньше, чем у станков с ручным управлением. 35. Так как последовательность выполнения различных элементов цикла обработки задается самим рабочим в процессе работы, то станок имеет большое количество органов ручного управления.

LE 3   Übersetzen Sie ohne Wörterbuch:

Одношпиндельные автоматы с распределительным валом

Для автоматов с распределительным валом и кулачками наиболее характерно наличие двух кинематических цепей[1]: цепи главного движения — от электродвигателя к рабочему шпинделю и цепи подач — от электродвигателя к распределительному валу. В качестве звеньев кинематической настройки применяются, как правило, гитары сменных зубчатых колес[2], реже коробки скоростей и подач. Разумеется, что кинематика привода распределительного вала определяется прежде всего принадлежностью[3] далного автомата к одной из трех групп по принципу совершения[4] холостых ходов.

В настоящее время одношпиндельные автоматы строятся по всем трем вариантам с холостыми ходами по группам I, II и III. Наиболее простую кинематику и механизмы управления имеют автоматы группы I, у которых конструктивным признаком является наличие одного управляющего устройства — распределительного вала с равномерным вращением.

[1] kinematische Kette   [2] Wechselräderschere   [3] Zugehörigkeit   [4] Ausführung

PK 10 · PA 1

Термодинамика

LE 1   Neue Lexik:

классическая (феноменологическая) термодинамика	klassische (phänomenologische) Thermodynamik
переход	Übergang
предел	Grenze
самопроизвольный	spontan
течение	Ablauf, Verlauf
исходить из чего	ausgehen von
положение	Satz, These
первое начало термодинамики	1. Hauptsatz der Thermodynamik
второе начало термодинамики	2. Hauptsatz der Thermodynamik
частный случай	Sonderfall
закон сохранения и превращения энергии	Gesetz der Erhaltung und Umwandlung der Energie, Energieerhaltungsgesetz
окружающая среда	Umgebung, umgebendes Medium
энтропия	Enthropie
равенство	Gleichheit
эксплуатация	Betrieb, Einsatz
тепловая машина	Wärmekraftmaschine
холодильная машина	Kältemaschine
теплота	Wärme, Wärmeenergie

LE 2   Grundtext:

Введение в термодинамику

Термодинамика — это наука, изучающая переходы энергии из одной формы в другую и от одной части системы к другой в различных процессах, а также направление и пределы самопроизвольного течения самих процессов в данных условиях. Классическая (феноменологическая) термодинамика исходит из ряда основных положений, подтверждающихся опытными данными, и не использует при этом никаких представлений о молекулярном строении вещества в отличие от статистической термодинамики.

10.1.

К этим положениям относятся прежде всего первый закон, или первое начало, термодинамики, являющийся частным случаем наиболее общего закона сохранения и превращения энергии, и второй закон, или второе начало, термодинамики, который характеризует направление протекающих в окружающей среде макроскопических процессов, а также третий закон термодинамики, позволяющий однозначно определить важнейшую термодинамическую функцию состояния тела — энтропию; это начало имеет частное значение по сравнению со вторым и, тем более, первым началом термодинамики. Кроме того, положение о том, что тепловое равновесие характеризуется равенством температуры во всех точках системы, называют иногда нулевым законом термодинамики.

Термодинамические законы, а также основные понятия термодинамики — температура, давление, объем — применимы только к макроскопическим системам, т. е. к системам, которые состоят из достаточно большого числа частиц.

Важной частью термодинамики является техническая термодинамика. Она дает теоретическое обоснование принципов конструирования и эксплуатации различных тепловых машин и аппаратов, в том числе двигателей внутреннего сгорания, реактивных двигателей, газовых турбин, холодильных машин и т. п. В технической термодинамике законы термодинамики применяются к процессам взаимного превращения теплоты и работы, так как современное энергетическое хозяйство основывается главным образом на превращениях теплоты в механическую работу и затем в электрическую энергию.

LE 3   Text zum verstehenden Lesen:

Из истории развития термодинамики и технической термодинамики

Развитие технической термодинамики началось во второй половине XIX века с появлением первой паровой машины, а основные предпосылки[1] этой науки были созданы за 100 лет до этого великим русским ученым Ломоносовым. Сама же термодинамика исторически возникла как учение о взаимопревращениях теплоты и механической работы (механическая теория тепла). Значительную роль в создании термодинамики сыграли многие более ранние открытия в естествознании[2], в том числе изобретение[3] термометра Галилеем в 1592 году, создание первых температурных шкал, введение понятий о теплоемкости[4], теплоте плавления и теплоте испарения[5] и установление газовых законов. Непосредственно к открытию первого закона термодинамики привели исследования Джоуля (1843 год) по установлению принципа эквивалентности между работой и теплотой и измерению механического эквивалента теплоты.

Первый закон термодинамики является частным случаем закона сохранения энергии, его можно сформулировать следующим образом: при тепловых процессах, так же как и при любых других, невозможно возникновение или уничтожение[6] энергии.
Основой второго закона термодинамики послужил труд Карно, в котором впервые был дан анализ работы идеальной тепловой машины. Второй закон был сформулирован Клаузиусом в 1850 году и Томсоном (Кельвином) в 1851 году. Этот закон определяет направление, в котором протекают реальные макроскопические процессы. Таким образом, термодинамика сформировалась в середине XIX века. Дальнейшими важными этапами в развитии термодинамики явились создание общей теории термодинамического равновесия Гиббсом и открытие третьего закона. Параллельно расширялись области применения термодинамических законов в различных областях науки и техники. Особенно большое значение в технике получила техническая термодинамика.

[1] Voraussetzung, Bedingung   [2] Naturwissenschaft   [3] Erfindung   [4] Wärmekapazität, spezifische Wärme   [5] Verdampfungswärme   [6] Vernichten, Verlorengehen

LE 4   ⊕ ⊕   **Hören Sie den Text und geben Sie den Inhalt in deutscher Sprache wieder:**

Термодинамика

Термодинамика — это теория макроскопических процессов, которые связаны с превращениями энергии. Термодинамика изучает закономерности превращения энергии в различных физических, химических и других процессах; можно сказать, что термодинамика представляет собой науку об энергии. Термодинамика не ограничивается анализом каких-либо отдельных видов энергии, как, например, механика, которая изучает энергию механического движения. Термодинамика рассматривает все существующие виды энергии и ее превращения. Это делает термодинамику общей наукой о превращениях энергии.
Особенно важна в термодинамике внутренняя энергия тел. Действительно, любой макроскопический процесс связан с изменением внутренней энергии тел, участвующих в процессе. Вследствие этого превращение внутренней энергии является наиболее общей особенностью макроскопических процессов. Внутренняя энергия вызывается тепловым движением составляющих тело частиц. Поэтому содержание термодинамики можно формулировать как изучение теплового движения.
Термодинамика является феноменологической наукой. Она базиру-

ется на экспериментально установленных законах. Основными законами термодинамики являются первое начало термодинамики — частный случай закона сохранения энергии — и второе начало термодинамики, характеризующее направление протекающих процессов.

PK 10 · PA 2

LE 1   Neue Lexik:

взаимоде́йствие	Wechselwirkung
коли́чество	Menge, Quantität
заключа́ться в чём	bestehen in
рабо́та, произведённая те́лом	abgegebene Arbeit
рабо́та, совершённая над те́лом	aufgenommene Arbeit
джо́уль (дж)	Joule (J)
термодинами́ческая систе́ма	thermodynamisches System
теплоизоли́рованная систе́ма	thermisch isoliertes System
адиабати́чески изоли́рованная систе́ма	adiabat isoliertes System
гомоге́нная систе́ма	homogenes System
гетероге́нная систе́ма	heterogenes System
совоку́пность	Gesamtheit, Komplex
обменя́ться/обме́ниваться чем	austauschen
теплообме́н	Wärmeaustausch
термодинами́ческое равнове́сие	thermodynamisches Gleichgewicht
терми́ческий пара́метр	thermische Zustandsgröße
терми́ческое уравне́ние состоя́ния	thermische Zustandsgleichung

LE 2   Grundtext:

Основные понятия термодинамики

При взаимодействии тела передают друг другу некоторое количество энергии. Передача энергии может осуществляться несколькими способами. Один из способов заключается в совершении работы одним телом над другим. При этом увеличение энергии тела равно работе L, произведенной над ним другим телом. Считают, что работа, произведенная телом, положительна, а работа, совершенная над телом (т. е. полученная им), отрицательна. Измеряется работа в джоулях.

Передача части внутренней энергии тела может происходить также в переходе энергии от более нагретого тела к менее нагретому, т. е. в форме теплоты. Теплоту, так же как и работу, измеряют в джоулях и обозначают буквой Q.
Работа и теплота являются функциями термодинамического процесса.
Объектом изучения термодинамики являются термодинамические системы. Термодинамической системой называется совокупность материальных тел, находящихся в тепловом, или механическом взаимодействии. Система, которая не может обмениваться теплом с окружающей средой, называется теплоизолированной или адиабатически изолированной системой. Если система состоит из одной фазы вещества — газообразной, жидкой или твердой, она называется гомогенной; система, состоящая из нескольких гомогенных частей, называется гетерогенной. В том случае, когда состояние термодинамической системы не меняется со временем, т. е. свойства системы, сравниваемые в два различных момента времени, одинаковы, система находится в термодинамическом равновесии. Состояние системы характеризуют макроскопические величины, называемые термическими параметрами. Основными термическими параметрами являются температура T, давление p и объем V. Уравнение $f(p, T, V) = 0$, связывающее значение давления, температуры и объема данного однородного тела или системы в состоянии равновесия, называется термическим уравнением состояния тел.

LE 3   Text zum verstehenden Lesen:

Термодинамические процессы

Термодинамическим процессом называется последовательность[1] изменений состояния системы. Состояние системы, не изолированной от внешней среды, при изменении внешних условий будет также изменяться. При этом термодинамические параметры в разные моменты времени будут иметь различные значения, другими словами, будет иметь место термодинамический процесс. Всякий процесс приводит к нарушению равновесия. Если процесс протекает так медленно, что система в каждый момент времени находится практически в равновесном состоянии, его называют квазиравновесным. Процесс является неравновесным, если состояние системы в каждый момент времени не является равновесным. Для характеристики неравновесного состояния, в отличие от равновесного, кроме внешних условий даются еще один или несколько внутренних параметров. Основными параметрами являются температура T, давление p и объем V. Если температура тела во время процесса постоянна ($T = \text{const}$), то процесс называется изотермическим. Процесс, протекающий при постоянном давлении ($p = \text{const}$), является изобарическим, а процесс, при котором не меняется объем тела, называется изохорическим (V = const). При адиабатическом процессе тело изолировано от окружающей среды, и теплообмен между телом и окружающей средой не происходит.

Особый интерес в термодинамике представляют замкнутые[2] или круговые[3] процессы, когда система в результате последовательных термодинамических процессов возвращается к начальному состоянию. Круговой процесс называют также циклом.

Важное значение имеют обратимые[4] и необратимые[5] процессы. Процесс будет обратимым, если при протекании его в прямом направлении (от состояния 1 к состоянию 2) в системе происходят такие изменения, которые обеспечивают возможность протекания процесса в обратном[6] направлении (от состояния 2 к состоянию 1), так что в результате процесса все элементы системы пройдут через те же состояния, через которые они проходили в прямом процессе, но в обратном порядке, а в конце обратного процесса вся система придет в начальное состояние. Процессы, не отвечающие этим условиям, называются необратимыми.

[1] Aufeinanderfolge, Reihenfolge [2] geschlossen [3] Kreis- [4] reversibel [5] irreversibel [6] entgegengesetzt

LE 4 Hören Sie den Text und geben Sie den Inhalt in deutscher Sprache wieder:

Практическое значение второго закона термодинамики

Второй закон термодинамики имеет важное значение для теории тепловых двигателей. Тепловой двигатель представляет собой устройство, результатом действия которого является превращение теплоты в работу. Второй закон термодинамики доказывает, что в тепловых двигателях в работу может быть превращена только часть теплоты. Поэтому полезное действие, а следовательно, и экономичность двигателя характеризуют отношением количества теплоты, превращенной в полезную работу, ко всей теплоте. Это отношение называется эффективным к. п. д. двигателя; максимальное значение к. п. д. устанавливается на основе второго закона термодинамики. При помощи этого закона можно количественно анализировать каждый из реальных процессов.

Второй закон термодинамики можно также использовать для определения других свойств вещества, исходя из уже известных, и устанавливать количественные соотношения между ними. В этом состоит принципиальное значение второго закона для исследования физических свойств реальных тел.

Второй закон термодинамики раскрывает также термодинамическую сущность температуры и дает самый общий и универсальный способ определения и сравнения температур различных тел.

РК 11 · РА 1

Тепловые двигатели

LE 1   **Neue Lexik:**

двигатель внутреннего сгорания	Verbrennungsmotor
двигатель внешнего горения	Dampfkraftmaschine
паровая машина	Dampfmaschine
паровая турбина	Dampfturbine
сжигание	Verbrennung
выделение тепла	Wärmeentwicklung
рабочее тело	Arbeitsmedium, Arbeitsmittel
сгорание	Verbrennung
котёл	Kessel
перегреватель	Überhitzer
поршень	Kolben
сущность	Wesen
шатун	Kolbenstange, Pleuel
кривошип	Kurbel
карбюраторный двигатель	Vergasermotor
газовый двигатель	Gasmotor
двигатель с самовоспламенением	Dieselmotor
головка	Kopf
впуск	Einlaß
выпуск	Auslaß
впускной клапан	Einlaßventil
выпускной клапан	Auslaßventil
свеча	Zündkerze
коэффициент полезного действия (к. п. д.)	Wirkungsgrad
зажигание	Zündung
форсунка	Düse
впрыскивание	Einspritzen
крайнее положение	Endstellung, Grenzlage
мёртвая точка	Totpunkt
сжатие	Verdichtung, Kompression
сжать/сжимать	verdichten, komprimieren
обратный	entgegengesetzt
свежий	frisch
смесь	Gemisch
пространство	Raum

11.1.

ка́мера сжа́тия	Verdichtungsraum
воспламене́ние	Zündung
вса́сывание	Ansaugen
отрабо́тавший газ	Abgas

LE 2   Grundtext:

Двигатели внутреннего сгорания

Тепловыми двигателями мы называем машины, которые преобразуют тепловую энергию в механическую. Все тепловые двигатели, получившие в настоящее время практическое значение и распространение, могут быть разделены на две основные группы:
1. двигатели внешнего горения — паровые машины и паровые турбины;
2. двигатели внутреннего сгорания.
Двигателями внутреннего сгорания называются тепловые двигатели, в которых процессы сжигания топлива, выделения тепла и преобразования части теплоты в механическую работу происходят непосредственно внутри рабочего цилиндра двигателя. Рабочим телом двигателя являются продукты сгорания. К числу двигателей внутреннего сгорания относятся карбюраторные двигатели, газовые двигатели, двигатели с самовоспламенением и др. В отличие от паровых двигателей в двигателях внутреннего сгорания рабочий процесс осуществляется полностью только в одном цилиндре, и поэтому эти двигатели не требуют таких агрегатов, как котлы, конденсаторы, перегреватели и др., что значительно упрощает установку двигателей внутреннего сгорания, увеличивает их компактность и снижает вес. Вместе с тем следует отметить, что двигатели внутреннего сгорания требуют высококачественного жидкого или газообразного топлива. Осуществление всего рабочего процесса в одном цилиндре, использование в качестве рабочего тела воздуха (необходимого для горения) и продуктов сгорания приводит к меньшим потерям и высокой экономичности этих двигателей. В зависимости от теплового процесса, осуществляемого в цилиндре двигателей внутреннего сгорания, они имеют к. п. д. в пределах $\eta_e = 0,20 - 0,40$.
Все двигатели внутреннего сгорания по способу осуществления цикла можно разделить на два основных класса: четырехтактные и двухтактные. Четырехтактным двигателем называется двигатель, в котором рабочий цикл совершается в течение четырех ходов поршня. Сущность четырехтактного цикла заключается в следующем. В цилиндре 1 двигателя находится поршень 2, связанный при помощи шатуна 3 и кривошипа 4 с валом 5. Цилиндр закрыт головкой 6, в которой размещены впускной клапан 7 и выпускной клапан 8. В головке могут быть размещены или электрическая свеча, служащая для зажигания,

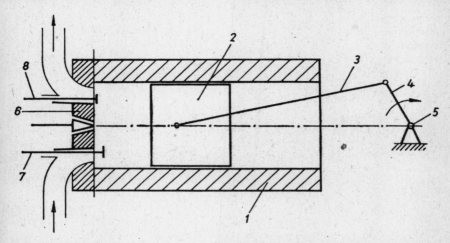

или форсунка для впрыскивания топлива. Поршень может занимать два крайних положения: верхнюю мертвую точку (ВМТ), соответствующую наивысшему положению поршня, при котором расстояние его от оси вала достигает максимума, и нижнюю мертвую точку (НМТ), соответствующую низшему положению поршня, при котором расстояние его от оси вала достигает минимума.

Первым тактом четырехтактного цикла является такт впуска. Этот такт осуществляется при движении поршня вниз от ВМТ до НМТ. Второй такт представляет собой такт сжатия, который происходит при обратном движении поршня от НМТ до ВМТ. В этот период оба клапана закрыты, и в цилиндре происходит сжатие поступившей свежей смеси или воздуха. При положении поршня в ВМТ вся смесь будет сжата в пространстве, которое называется камерой сжатия, или пространством сжатия.

Сгорание смеси происходит в ВМТ. Воспламенение этой смеси происходит от свечи или вследствие самовоспламенения топлива при высоком сжатии воздуха.

Третий такт носит название рабочего хода. При сгорании смеси температура и давление газов быстро возрастают, и поршень начинает двигаться вниз от ВМТ до НМТ; в цилиндре происходит расширение газов. Таким образом, в течение третьего такта в цилиндре совершается процесс расширения образовавшихся газов, во время которого происходит преобразование теплоты в механическую работу. Четвертый такт цикла является тактом выпуска отработавших газов. При движении поршня вверх оставшиеся в цилиндре газы выталкиваются поршнем, происходит очистка цилиндра от продуктов сгорания. В момент прихода поршня в ВМТ выпускной клапан закрывается, открывается впускной клапан, и с ходом поршня вниз снова начинается всасывание свежей смеси и повторение всего цикла.

11.2.

РК 11 · РА 2

LE 1   Neue Lexik:

лопа́точная маши́на	Strömungsmaschine
лопа́тка	Schaufel
задержа́ться/заде́рживаться	sich verzögern
надёжность	Zuverlässigkeit
ка́мера сгора́ния	Brennkammer, Verbrennungsraum
пода́ть/подава́ть	zuführen
направля́ющий аппара́т	Leitapparat
то́пливный насо́с	Brennstoffpumpe, Kraftstoffpumpe
экономайзер	Vorwärmer, Ekonomiser
привести́/приводи́ть в движе́ние	in Bewegung setzen, antreiben
поле́зная мо́щность	Nutzleistung
избы́точная мо́щность	Mehrleistung, Überschußleistung
ра́зность	Differenz
суще́ственный	wesentlich
вес	Masse, Gewicht
габари́т	Abmessung
внедре́ние	Einführung
реакти́вный дви́гатель	Düsentriebwerk, Strahltriebwerk

LE 2   Grundtext:

Газовые турбины

Одним из типов тепловых двигателей является газовая турбина.
Идея газовой турбины возникла давно. Однако вследствие слабого развития техники и неразработанной теории лопаточных машин практическое осуществление газовой турбины надолго задержалось. Высокий уровень техники производства, успехи металлургии и теории лопаточных машин, а также авиационной промышленности, достигнутые в последние годы, в значительной мере способствовали разработке и постройке газовых турбин, обладающих высокой экономичностью и большой степенью надежности.
Газовая турбина является одним из основных элементов газотурбинного двигателя, представляющего собой тепловой двигатель. По принципу работы газотурбинный двигатель напоминает двигатель внутреннего сгорания, поэтому часто газовые турбины называют в отличие от паровых турбин турбинами внутреннего сгорания.

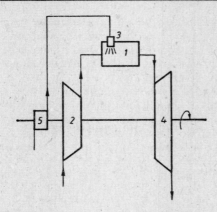

Двигатель состоит из камеры сгорания 1, газовой турбины 4 и компрессора 2, сидящего на одном валу с газовой турбиной. В камере сгорания 1 происходит сгорание топлива, подаваемого через форсунку 3.
Продукты сгорания расширяются в направляющем аппарате и частично в рабочих лопатках турбины 4 и производят на колесе турбины механическую работу. Воздух, необходимый для горения, подается в камеру сгорания при помощи компрессора 2. Топливо подается к форсунке насосом 5. Компрессоры, топливный насос и другие вспомогательные агрегаты приводятся в движение газовой турбиной.
Полезной мощностью двигателя является избыточная мощность турбины, представляющая собой разность мощностей турбины и компрессора вместе с вспомогательными агрегатами. По сравнению с двигателями внутреннего сгорания и паровыми турбинами газовая турбина обладает существенными преимуществами: высоким коэффициентом полезного действия, высоким термическим коэффициентом, небольшими габаритами и весом, огромными мощностями в одном аппарате, не требует применения конденсаторов, экономайзеров и других аппаратов.
В настоящее время газовые турбины получают все большее практическое значение. Над внедрением газовых турбин в различные области народного хозяйства с успехом работают ученые и конструкторы.

LE 3   Text zum verstehenden Lesen:

Двигатели и их классификация

На ранних ступенях развития производства двигательной силой была сила человека или животного[1]. С развитием производства люди стали применять различные машины. Машины, которые преобразуют какой-

11.2.

либо вид энергии в механическую работу, называют двигателями. Первые, примитивные двигатели использовали силу воды и ветра[2]. Так, например, водяное колесо[3] в значительной мере способствовало развитию производительных сил и явилось важным экономическим фактором.

Появление[4] большого количества рабочих машин требовало новой двигательной силы, что привело к созданию более совершенного двигателя — паровой машины. Паровая машина получила большое распространение и изменила технику конца XVIII и начала XIX веков. Паровая машина имеет большое распространение и в наше время. Она является рациональным двигателем для мелких[5] и средних стационарных установок, в особенности в районах, богатых древесным топливом[6], углем и торфом.

Однако паровая машина, несмотря на ряд усовершенствований[7], обладает низким коэффициентом использования тепла.

В середине XIX века перед техникой была поставлена задача создания двигателей, работающих на новой, более совершенной технической основе, с более высоким к. п. д. Такими двигателями стали паровые турбины и двигатели внутреннего сгорания.

В настоящее время паровые турбины достигли высокого совершенства, обладают высокой экономичностью и представляют большую группу тепловых двигателей, играющих крупную роль в современном энергетическом хозяйстве всех промышленных стран.

Широкое распространение в наше время получили также двигатели внутреннего сгорания. Двигатели с принудительным зажиганием[8] являются одним из основных типов двигателей в автомобильной, тракторной и авиационной промышленности; двигатели с самовоспламенением используются в стационарных установках и в судостроении[9].

В современной технике большое распространение получает новый тип тепловых двигателей — газовые турбины и реактивные двигатели.

[1] Tier   [2] Wind   [3] Wasserrad   [4] Auftreten   [5] klein   [6] Brennholz
[7] Vervollkommnung   [8] Fremdzündung   [9] Schiffbau

LE 4   Hören Sie den Text und geben Sie den Inhalt in deutscher Sprache wieder:

Тепловые двигатели

Двигателями называются машины, с помощью которых какой-либо вид энергии преобразуется в механическую. Тепловыми двигателями мы называем такие двигатели, которые преобразуют тепловую энергию в механическую.

В настоящее время широко применяются следующие типы тепловых

двигателей: паровые машины, паровые турбины, двигатели внутреннего сгорания, газовые турбины и реактивные двигатели.
Паровая машина является рациональным двигателем для мелких и средних стационарных установок. Однако паровая машина обладает сравнительно низким коэффициентом полезного действия и большими габаритами и весом. Паровые турбины и двигатели внутреннего сгорания работают на более совершенной технической основе и обладают более высоким к. п. д. Они широко применяются в различных областях народного хозяйства, в тракторной, автомобильной и авиационной промышленности.
В современной технике большое распространение получает новый тип тепловых двигателей — газовые турбины и реактивные двигатели. Они обладают высоким коэффициентом полезного действия, надежны в эксплуатации и экономичны.

РК 12 · РА 1

Насосы и компрессоры

LE 1   Neue Lexik:

насо́с просто́го де́йствия	einfachwirkende Pumpe
насо́с двойно́го де́йствия	doppeltwirkende Pumpe
предназна́чить/предназнача́ть для чего	bestimmen
жи́дкость	Flüssigkeit
подвести́/подводи́ть к чему от чего	zuführen
напо́р	Förderhöhe
по́лный напо́р	Gesamtförderhöhe
пото́к	Strom, Fluß
водяно́й столб	Wassersäule
нагнета́ть	drücken, verdichten
нагнета́тель	Verdichter
газоду́вка	Gasgebläse
воздуходу́вка	Gebläse, Luftgebläse
в свою́ о́чередь	ihrerseits, seinerseits
гидропереда́ча	Hydraulikgetriebe
устро́йство	Einrichtung
совмести́ть/совмеща́ть	vereinen
ло́пастный насо́с	Kreiselradpumpe
насо́с вытесне́ния	Verdrängerpumpe
стру́йный насо́с	Strahlpumpe
центробе́жный насо́с	Kreiselpumpe, Zentrifugalpumpe
вихрево́й насо́с	Wirbelstrompumpe, Seitenkanalpumpe
осево́й насо́с	Axialpumpe, axiale Kreiselpumpe
поршнево́й насо́с	Kolbenpumpe
ротацио́нный насо́с	Umlaufkolbenpumpe
газли́фт	Druckluftheber
эрли́фт	Air-Lift, Druckluftförderer
вя́зкость	Viskosität, Zähigkeit
раство́р	Lösung
зола́	Asche
расхо́д	*hier:* Leistung
производи́тельность	Leistung

LE 2   Grundtext:

Классификация и области применения насосов

Насосами называют машины, предназначенные для перемещения жидкостей или газов и сообщения им энергии.
Работающий насос превращает механическую энергию, подводимую от двигателя, в потенциальную, кинетическую и тепловую энергию потока жидкости или газа. Насосы, перемещающие газ и создающие полный напор до 1500 мм водяного столба, называют вентиляторами. Для машин, развивающих полное давление выше 1500 кг/м² и работающих без искусственного охлаждения, приняты названия нагнетателя, газодувки, воздуходувки.
Компрессорами называют машины, работающие с искусственным охлаждением, дающие степень сжатия $\varepsilon \geqslant 3{,}5$ (степень сжатия ε — отношение давления газа на выходе из машины к давлению его на входе).
В противоположность насосам машины, превращающие гидравлическую энергию в механическую, называют гидравлическими двигателями. В настоящее время в промышленности находят применение так называемые гидравлические передачи — гидравлические устройства для передачи механической энергии с вала двигателя на вал приводимой им машины. Гидропередача состоит из насоса и гидравлического двигателя, совмещенных в одном конструктивном блоке. Гидравлические двигатели, насосы и гидропередачи составляют класс гидравлических машин.
По энергетическому и конструктивному признакам гидравлические машины разделяются на гидравлические двигатели, насосы и гидравлические передачи энергии. В свою очередь насосы мы можем разделить на лопастные насосы, насосы вытеснения, струйные насосы и пневматические насосы. Лопастные насосы — это центробежные, вихревые и осевые. Насосы вытеснения — поршневые и ротационные. Пневматические насосы разделяются на эрлифты и газлифты и пневматические установки.
По свойствам перемещаемой жидкости насосы разделяются на компрессорные машины для газов (лопастные, вытеснения, струйные), для чистой воды и растворов (лопастные, вытеснения, струйные), для смесей грунта или золы с водой (лопастные, струйные), для жидкостей с высокой вязкостью (лопастные, вытеснения).
Основными факторами, характеризующими работу насосов и компрессоров, являются производительность и напор. Количество жидкости или газа, подаваемого насосом в единицу времени, называют производительностью (расходом). Под напором, создаваемым насосом, понимают энергию, сообщаемую каждому килограмму среды, подаваемой машиной.

12.2.

PK 12 · PA 2

LE 1 Neue Lexik:

плу́нжерный насо́с	Tauchkolbenpumpe, Plungerpumpe
вса́сывание	Ansaugen
заса́сывание	Ansaugen
нагнета́ние	Drücken, Fördern
напо́рная труба́	Druckrohr, Druckleitung, Steigrohr
прекрати́ть/прекраща́ть	unterbrechen
ход	Hub
мёртвое положе́ние	Totpunkt
вса́сывающий кла́пан	Saugventil
нагнета́тельный кла́пан	Druckventil
возду́шный колпа́к	Windkessel
подкача́ть/подка́чивать	pumpen
уравне́ние	Gleichung
уде́льный вес	spezifisches Gewicht, Anteil
снабже́ние	Versorgung
пневмати́ческий насо́с	Druckluftpumpe

LE 2 Grundtext:

Насосы вытеснения

Насосы вытеснения по энергетическому и конструктивному признакам разделяют на поршневые и ротационные. В свою очередь поршневые насосы можно разделить на собственно поршневые и плунжерные. По принципу работы поршневые и плунжерные насосы одинаковы; отличие состоит в том, что у поршневых насосов всасывание и нагнетание жидкости осуществляется возвратно-поступательным движением поршня, а у плунжерных вместо поршня двигается цилиндрический плунжер.
При движении поршня в одну сторону в цилиндре образуется вакуум, всасывающий клапан открывается и насос засасывает жидкость. При обратном движении поршня давление в цилиндре растет, нагнетательный клапан открывается, и жидкость вытесняется в напорную трубу.
Основными частями поршневого насоса являются: цилиндр, поршень, клапан и воздушный колпак. Насос простого действия подает воду при ходе нагнетания, при ходе всасывания подача воды прекращается. Насосы двойного действия подкачивают воду при каждом ходе поршня, однако в мертвых положениях поршня движение воды прекращается.

Чтобы движение воды во всасывающей и нагнетающей трубе сделать более равномерным, применяют воздушные колпаки. Воздушные колпаки устанавливают перед входом в цилиндр насоса и на выходе из него. При ускорении подачи воды воздух в колпаке сжимается до объема V_{min}, а при замедлении подачи расширяется до объема V_{max} и подает дополнительно в нагнетательную трубу воду в объеме $V = V_{max} - V_{min}$.

Насосы двойного действия при одинаковом объеме цилиндра являются более производительными, так как обе стороны поршня являются рабочими и каждый ход — одновременно всасывающим и нагнетательным. В зависимости от величины насоса к. п. д. поршневых насосов равен 0,72—0,93.

Поршневые насосы используются для подачи холодной и горячей воды, нефти и других жидкостей. Они широко распространены во многих областях народного хозяйства.

LE 3   Text zum verstehenden Lesen:

Насосы

В современной технике машины для подачи жидкостей и газов подразделяются на насосы, компрессоры, газодувки и вентиляторы. Насосами обычно называют машины для подачи только жидкостей. Названия газовой машины — компрессор, газодувка, вентилятор — обусловлены величиной давления, создаваемого машиной. По своему назначению[1] компрессоры, газодувки и вентиляторы также представляют собой насосы, воздушные или газовые.

Простейшие типы поршневых насосов появились очень давно: они были известны уже в Древнем мире[2]. Машины для перемещения воздуха и газов появились значительно позднее. Изобретение[3] воздушного поршневого насоса связано с именем немецкого физика Отто Герике (1640 г.). Позднее были созданы центробежные насосы.

Более широкое распространение насосов в промышленности было обусловлено введением в производство паровых и электрических двигателей. Важную роль в развитии насосостроения сыграл электрический двигатель трехфазного тока[4].

Основное теоретическое уравнение центробежной машины было дано Л. Эйлером во второй половине XVIII века. Теоретические работы О. Рейнольдса (Англия), Л. Прандтля (Германия) и Н. Е. Жуковского (Россия), относящиеся к концу XIX и началу XX веков, привели к созданию современной научной основы насосостроения.

Значение насосов, вентиляторов и компрессоров в народном хозяйстве возрастает непрерывно вместе с ростом промышленности. Особенно важна их роль на тепловых электростанциях и промышленных предприятиях.

Здесь бесперебойность[5], надежность и энергетическая оснащенность производства неразрывно связаны с совершенством насосного и компрессорного оборудования, включенного[7] в технологический цикл.
Удельный вес насосов и компрессоров в балансе электропотребления очень велик, что требует самого серьезного отношения специалистов к вопросам проектирования, выбора[8] и эксплуатации этих видов машин.

[1] Bestimmung, Verwendung [2] Altertum [3] Erfindung [4] Drehstrom
[5] störungsfreier Ablauf [6] Ausrüstung, Ausstattung [7] einbeziehen [8] Auswahl

LE 4   Text zum verstehenden Lesen:

Насосы (2)

Наибольшее распространение в народном хозяйстве получили лопастные насосы. Они применяются для подачи жидкостей и газов. Создаваемый ими напор доходит до 2500 м вод. ст. и выше, а производительность и до 100 000 м³/ч при работе на жидкостях и до 1 000 000 м³/ч при работе на газах.
Центробежные насосы применяются в теплоэнергетических установках, а также в техническом, хозяйственном и противопожарном[1] водоснабжении электрических станций.
В последнее время в связи с ростом мощности паровых турбин подачу воды в конденсаторы осуществляют быстроходными[2] осевыми насосами.
Из насосов вытеснения в теплоэнергетических установках применяются поршневые насосы для питания[3] паровых котлов небольшой паропроизводительности. Ротационные насосы применяются в системах регулирования турбоагрегатов, крупных насосов и компрессоров. Струйные насосы используются для удаления воздуха из конденсаторов паровых турбин и для некоторых других целей.
Еще более широко применяются насосы всех видов в электрическом хозяйстве промышленных предприятий. Центробежные насосы используются здесь во всех системах хозяйственного и технического водоснабжения, а также для подачи различных химических реагентов, растворов и масел[4] в технологических схемах производства. Центробежные компрессоры являются основным видом компрессорных машин в металлургическом и коксохимическом производстве, где они служат для подачи воздуха и газов. Эти машины получили широкое распространение в системах дальнего газоснабжения для транспортировки газов на большие расстояния.
Очень широкое применение имеют в промышленности центробежные вентиляторы. Все вентиляционное хозяйство промышленных пред-

приятий базируется главным образом на центробежных вентиляторах.
Пневматическое хозяйство металлообрабатывающих и машиностроительных заводов получает энергию в виде сжатого воздуха обычно от поршневых и реже от ротационных компрессоров.

[1] Brandschutz-   [2] schnellaufend   [3] Speisung   [4] Öl

LE 5   Hören Sie den Text und geben Sie den Inhalt in deutscher Sprache wieder:

Насосы

Машины для подачи жидкостей и газов называются насосами. Насосы разделяются на собственно насосы, компрессоры, газодувки и вентиляторы. По энергетическому и конструктивному признакам насосы можно в свою очередь разделить на лопастные насосы, насосы вытеснения, струйные и пневматические насосы.
Основными факторами, которые характеризуют работу насосов, являются производительность и напор. Производительностью называется количество жидкости или газа, подаваемое насосом в единицу времени. Напор — это энергия, которая сообщается каждому килограмму среды, подаваемой машиной.
Значение насосов и компрессоров в народном хозяйстве очень велико, оно непрерывно возрастает вместе с ростом промышленности.
Особенно важна их роль на тепловых электростанциях и промышленных предприятиях.

Schlüssel

1.1.A.–3.
1. Zwischen Industriezweigen, Vereinigungen / Kombinaten und Betrieben existieren Verbindungen. 2. Die Betriebe müssen ihre Erzeugnisse verkaufen. 3. Die Betriebe verkaufen ihre Erzeugnisse und erhalten dafür Werkzeugmaschinen, Rohstoffe und Brennstoffe. 4. Die planmäßige Entwicklung der Volkswirtschaft ist ein Vorzug der sozialistischen Gesellschaft. 5. Die Werktätigen realisieren den Staatsplan. 6. Ein Industriezweig besteht aus vielen Betrieben. 7. Die Entwicklung der Produktion in der sozialistischen Gesellschaft erhöht den materiellen Wohlstand des Volkes. 8. Die Betriebe realisieren den Plan.

1.1.B.–KÜ
1. Die Festigung / Stärkung der Betriebe, die Schaffung von Vereinigungen / Kombinaten hat große Bedeutung für unsere Wirtschaft. 2. In den großen Betrieben / Großbetrieben wird ein großer Teil der Industrieproduktion produziert / hergestellt. 3. Eine Produktionsvereinigung / Ein Kombinat ist ein einheitlicher Produktionskomplex. 4. Diese Vereinigungen / Kombinate werden zur Grundlage der Industrie. 5. Die Vereinigung im einheitlichen Wirtschaftskomplex erhöht das Produktionsniveau. 6. Diese Vereinigungen / Kombinate lösen Fragen / Probleme der Produktion schnell und effektiv. 7. Die Vereinigungen verschiedener Industriezweige errangen große Erfolge in der Arbeit.

1.1.C.–1.
Die sozialistische Produktion

Die sozialistische Produktion besteht aus vielen verschiedenen Zweigen, Vereinigungen / Kombinaten und Betrieben. Zwischen ihnen bestehen enge Verbindungen. Die Betriebe müssen ihre Erzeugnisse verkaufen und erhalten dafür Werkzeugmaschinen, Rohstoffe und Brennstoffe.
Die sozialistischen Betriebe arbeiten auf der Grundlage von Staatsplänen. Die Hauptform der Staatspläne ist der Fünfjahrplan. Die Planmäßigkeit ist ein Gesetz der sozialistischen Gesellschaft. Deshalb hat die Planmäßigkeit der Volkswirtschaft große Bedeutung.

1.2.A.–3.
1. Der Jahresplan wird von den Arbeitern erfüllt. 2. Perspektivpläne werden auf der Grundlage von laufenden Plänen aufgestellt. 3. Ein hohes Entwicklungstempo wird durch Planmäßigkeit gewährleistet. 4. Die Verbindungen zwischen den Zweigen und Betrieben werden komplizierter. 5. Die Betriebe produzieren Werkzeugmaschinen. 6. Die Werktätigen erfüllen den Jahresplan. 7. Die Aktivität der Werktätigen garantiert die Planerfüllung. 8. die Planaufgaben realisieren

1.2.B.–KÜ
1. Die Werktätigen stellen den Plan auf. 3. Durch Planmäßigkeit werden Erfolge in der Arbeit gewährleistet. 3. Der Fünfjahrplan wird realisiert. / Man realisiert ... 4. Diese Probleme wurden kompliziert. 5. Die Aufgaben sind erfolgreich gelöst worden. 6. Diese Zweige sind dem Charakter der Produktion nach unterschiedlich. 7. Dieser Betrieb ist sehr groß. 8. Die Aktivität der Werktätigen ist wichtig für die

Erfüllung des Jahresplanes. 9. Die Aufgaben der Produktion werden kompliziert.
10. Der laufende Plan ist erfüllt worden. 11. Der Staatsplan ist die Grundlage der
Produktion.

1.2.C.–1.
In der sozialistischen Gesellschaft ist der Staatsplan Grundlage der Produktion. Die
erfolgreiche Planerfüllung erhöht den Lebensstandard des Volkes.
Die Erhöhung des Lebensstandards ist eine wichtige Aufgabe der Werktätigen der
DDR. Die Werktätigen in der DDR arbeiten aktiv an der Erfüllung dieser wichtigen
Aufgabe. Seit 1951 arbeiten die Betriebe der DDR nach Fünfjahrplänen. Die Fünf-
jahrpläne legen die konkreten Aufgaben der Betriebe fest.

1.2.C.–2.
1. Die Volkswirtschaft der DDR entwickelt sich planmäßig. 2. Die Hauptaufgabe
des neuen Fünfjahrplans besteht in der Erhöhung des materiellen und kulturellen
Lebensniveaus des Volkes. 3. Die Hauptform der Perspektivpläne sind die Fünfjahr-
pläne. 4. Die moderne Produktion ist ein komplizierter Organismus. 5. Der Jahresplan wird von den Arbeitern des Betriebes erfolgreich erfüllt. 6. In diesem Jahr
haben die Betriebe unserer Stadt den Plan erfolgreich erfüllt.

1.3.A.–3.
1. Der RGW wurde 1949 gegründet. 2. Eine wichtige Aufgabe des RGW besteht in
der planmäßigen Entwicklung der Volkswirtschaft. 3. Der Rat für Gegenseitige
Wirtschaftshilfe ist eine Organisation neuen Typus. 4. Im Rat für Gegenseitige
Wirtschaftshilfe arbeiten viele sozialistische Länder zusammen. 5. Im System der
sozialistischen Länder spielt die SU eine große Rolle. 6. Der RGW hilft den Mit-
gliedsländern bei der Koordinierung der Volkswirtschaftspläne. 7. Eine wichtige
Aufgabe des RGW ist die Erhöhung der Arbeitsproduktivität. 8. Der RGW löst die
Aufgaben der internationalen Arbeitsteilung. 9. Die UdSSR spielt eine führende
Rolle bei der Realisierung der sozialistischen Integration. 10. Die DDR exportiert in
andere Länder Konsumgüter, Werkzeugmaschinen und Ausrüstungen.

1.3.B.–KÜ 1
1. Государственный план выполняется рабочими. 2. Пятилетний план реализуется предприятиями. 3. Текущий план был выполнен комбинатом. 4. Новая
программа составляется рабочими. 5. Новая техника используется на этом
предприятии. 6. Этими заводами экспортируются машины. 7. Производительность труда повышается прогрессивными методами. 8. Этим заводом импор-
тируется новое оборудование. 9. Рабочими решаются сложные проблемы. 10. Пятилетний план выполняется этим заводом.

1.3.B.–KÜ 2
1. Предприятия применяют / используют текущие планы. 2. Активность трудящихся играет большую роль / играет важную роль / играет ведущую роль при
выполнении плана. 3. Рабочие и инженеры реализуют / осуществляют пятилетний план. 4. Производство товаров народного потребления / предметов потребления / товаров широкого потребления повышается. 5. Реализация / Осуществление основных требований научно-технической революции является
основой для повышения производительности труда. 6. Использование / Применение лучших методов в производстве необходимо. 7. Эта отрасль промышлен-

ности производит главным образом / в основном товары широкого потребления / товары народного потребления / предметы потребления. 8. С помощью / При помощи новой техники предприятия достигают лучшего качества продукции.

1.3.C.–1.
Die Sowjetunion und die Bruderländer helfen einander bei der Entwicklung ihrer Wirtschaft. Wichtigstes Instrument der ökonomischen und wissenschaftlich-technischen Zusammenarbeit ist der Rat für Gegenseitige Wirtschaftshilfe.
Eine der Hauptaufgaben des RGW ist die Vervollkommnung der internationalen Arbeitsteilung. Zwischen den RGW-Mitgliedsländern entwickelt sich eine breite Zusammenarbeit auf wissenschaftlich-technischem Gebiet. Für diese Zusammenarbeit ist die Koordinierung der wichtigsten Forschungsarbeiten charakteristisch.
Die Sowjetunion spielt im System der ökonomischen Zusammenarbeit der RGW-Mitgliedsländer eine wichtige Rolle. Die UdSSR exportiert Rohstoffe, Brennstoffe, Spezialausrüstungen sowie Konsumgüter und erhält aus den übrigen sozialistischen Ländern andere Erzeugnisse.

1.3.C.–4.
1. Vorgesehen ist eine Erhöhung der Arbeitsproduktivität. 2. Dieser Plan ist für einige Jahre berechnet. 3. Die Probleme der Planung sind unterschiedlich. 4. Die Verbindung zwischen diesen Betrieben ist kompliziert. 5. Der Fünfjahrplan ist erfüllt. 6. Bei der Erfüllung der Staatspläne ist die Aktivität der Werktätigen wichtig. 7. Wichtig ist die Planung der Produktion auf einige Jahre (im voraus). 8. Notwendig ist die Koordinierung der einzelnen Pläne.

1.3.C.–5.
1. Успехи в выполнении плана обеспечиваются активностью рабочих. 2. Предусмотрено повышение производительности труда. 3. Доля производства товаров широкого / народного потребления высока. 4. Удельный вес промышленной продукции высок. 5. Годовой план был составлен и выполнен. 6. Задача сложна. 7. Задачи пятилетного плана были реализованы трудящимися.

1.D.–1.
Wissenschaftlich-technischer Fortschritt
und Arbeitsproduktivität

Der wissenschaftlich-technische Fortschritt hat großen Einfluß auf die ökonomische Struktur der Volkswirtschaft und die Produktivität der gesellschaftlichen Arbeit.
Unter dem Begriff wissenschaftlich-technischer Fortschritt ist die Vervollkommnung der Technik und Technologie der Produktion, die Einführung der Errungenschaften von Wissenschaft und Technik in die Produktion, die Veränderung der Produktionsmittel zu verstehen, die eine Steigerung der Arbeitsproduktivität sowie eine Verbesserung der Qualität der Erzeugnisse bedingen.
Die Produktivität im engeren Sinne nur als Produktivität der lebendigen Arbeit charakterisiert den technischen Fortschritt ungenügend. Nur Einsparung bei der gesamten Arbeit kann eine verallgemeinernde Kenngröße für den Grad des technischen Fortschritts sein. Somit ist die Hauptkenngröße des wissenschaftlich-technischen Fortschritts die Steigerung der Produktivität der gesellschaftlichen Arbeit (der Effektivität der Produktion), d. h. eine Verringerung des Gesamtaufwands an lebendiger und vergegenständlichter Arbeit je Erzeugniseinheit und je Einheit des Nationaleinkommens.

Die Entwicklung der sozialistischen Wirtschaft wird in hohem Maße bestimmt durch die Einführung der neuesten Ergebnisse der wissenschaftlich-technischen Revolution in die Produktion, durch die Erhöhung der Effektivität der Produktion, besonders durch das Wachstum der Arbeitsproduktivität, das ein entscheidender Faktor bei der ökonomischen Stärkung des Landes ist.

1.D.−4.

Über die Entwicklung der sozialistischen Wirtschaft

Unter dem Einfluß der wissenschaftlich-technischen Revolution erweitern und vertiefen sich beständig die (Produktions-)Beziehungen zwischen den Zweigen der Volkswirtschaft. Dieser Prozeß führt objektiv zur Integration der gesellschaftlichen Produktion und zu einer Verstärkung der gegenseitigen Abhängigkeit von Tempo und Effektivität bei der Entwicklung der (Volks-)Wirtschaftszweige.
In Verbindung / In Zusammenhang mit der Weiterentwicklung der Wirtschaft ist eine prinzipielle / grundlegende Vervollkommnung der gegenwärtig üblichen Praxis in der Planung und Leitung der Volkswirtschaft notwendig. Die Aufgabe besteht in der kontinuierlichen Modernisierung der angewandten Methoden, welche die wichtigen Besonderheiten widerspiegeln müssen, die in Verbindung mit der Entwicklung der wissenschaftlich-technischen Revolution und der Erreichung eines höheren Niveaus der sozialistischen Wirtschaft auftreten.
Folglich muß die Festlegung der sozialökonomischen Aufgaben für die gesellschaftliche Entwicklung in einer konkreten historischen Periode und die Ausrichtung der wirtschaftlichen Entwicklung auf die effektive Realisierung dieser Ziele zum wichtigsten Moment bei der Aufstellung der Volkswirtschaftspläne werden.

1.D.−6.

Die Hebung des technischen Niveaus der Produktion

Hauptfaktor der Steigerung der Arbeitsproduktivität muß die Erhöhung des technischen Niveaus der Produktion auf der Grundlage der Entwicklung und Einführung der neuen Technik und moderner technologischer Prozesse sowie einer umfassenden Anwendung der komplexen Mechanisierung und Automatisierung sein.
Der wissenschaftlich-technische Fortschritt gewährleistet ein Anwachsen der sozialistischen Produktion, eine Einsparung an Arbeit und verbessert die Arbeitsbedingungen. Der wissenschaftlich-technische Fortschritt ist die zweckmäßige Nutzung der natürlichen Reichtümer, der Naturgesetze und der Gesetze der gesellschaftlichen Entwicklung durch die Menschen zur Produktion materieller Güter. Das hohe technische Niveau der Produktion wird bedingt durch die Schaffung und Entwicklung der materiell-technischen Basis des Sozialismus und auf dieser / darauf aufbauend durch die Schaffung und Entwicklung der materiell-technischen Basis des Kommunismus.
Für die materiell-technische Basis des Sozialismus ist die maschinelle Großproduktion charakteristisch. Sie wird zur materiellen Grundlage der industriellen Entwicklung aller Volkswirtschaftszweige. Die sozialistischen Produktionsverhältnisse fördern die technische Vervollkommnung der Maschinen und ihre Einführung in die Volkswirtschaft.

1.D.–8.
Die sozialistische ökonomische Integration

Die Arbeitsteilung in und zwischen den sozialistischen Ländern erfolgt auf der Grundlage der Nutzung der objektiv wirkenden Gesetze des Sozialismus. Die Vertiefung der internationalen sozialistischen Arbeitsteilung ist eine stabile Grundlage für die Beschleunigung der ökonomischen Entwicklung, die Stärkung der ökonomischen Macht der sozialistischen Länder und die Festigung der Gemeinschaft als Ganzes.
Die ökonomische Intergration der sozialistischen Länder ist ein planmäßig steuerbarer Prozeß der Annäherung, der gegenseitigen Abstimmung und Optimierung ihrer Wirtschaftsstrukturen im internationalen Maßstab, der Herausbildung tiefgreifender und beständiger Beziehungen bei der Kooperation der führenden Produktionszweige und auf dem Gebiet der Wissenschaft und Technik.
Ziel der internationalen sozialistischen Arbeitsteilung sind die Erhöhung der Effektivität der gesellschaftlichen Produktion, das Erreichen eines hohen Wachstumstempos der Wirtschaft und des Wohlstandes der Werktätigen in allen sozialistischen Ländern, die Industrialisierung und die allmähliche Überwindung der Unterschiede im Niveau der wirtschaftlichen Entwicklung der sozialistischen Länder. Die planmäßige Arbeitsteilung zwischen den sozialistischen Ländern trägt zur Herstellung richtiger Proportionen in der Volkswirtschaft eines jeden Landes, zur rationellen Aufteilung der Produktivkräfte innerhalb des sozialistischen Weltsystems und zur effektiven Nutzung der Arbeitskräfte- und Materialreserven bei.

1.D.–9.
Das Komplexprogramm der sozialistischen ökonomischen Integration

Bei der Aufstellung des Komplexprogramms der weiteren Vertiefung und Vervollkommnung der Zusammenarbeit und Entwicklung der sozialistischen ökonomischen Integration der RGW-Länder ging man davon aus, daß die ökonomischen Hauptaufgaben der sozialistischen Länder in der Perspektive nur auf der Grundlage der sozialistischen ökonomischen Integration erfolgreich gelöst werden können. Im Komplexprogramm werden die erreichten Erfolge aufgezeigt und die Grundprinzipien, Ziele und Wege der weiteren Vertiefung und Vervollkommnung der ökonomischen und wissenschaftlich-technischen Zusammenarbeit und Entwicklung der sozialistischen ökonomischen Integration der RGW-Länder bestimmt. Zur Erreichung dieser Ziele sind im Komplexprogramm vorgesehen:
— systematische Konsultationen zu den Grundfragen der Wirtschaftspolitik;
— die Erweiterung direkter Beziehungen zwischen den entsprechenden Organen und Organisationen der RGW-Länder, mögliche Organisationsformen und Funktionen internationaler Wirtschaftsorgane, die von den daran interessierten Ländern zu schaffen sind;
— die Entwicklung der Zusammenarbeit auf dem Gebiet der Planung;
— Zusammenarbeit in Wissenschaft und Technik;
— Zusammenarbeit auf dem Gebiet der Standardisierung;
— die Entwicklung der Zusammenarbeit in der Industrie.
Das Komplexprogramm der sozialistischen ökonomischen Integration ist für den Zeitraum von 15–20 Jahren vorgesehen und enthält die erforderlichen ökonomischen und organisatorischen Maßnahmen, die etappenweise innerhalb der vorgesehenen Zeitabschnitte unter Berücksichtigung der Interessen eines jeden Landes und der gesamten Gemeinschaft durchgeführt werden.

2.1.A.–3.
1. Für die Erzeugung von Elektroenergie ist es notwendig, ein elektrisches Feld zu schaffen und aufrechtzuerhalten. 2. Das elektrische Feld entsteht um elektrische Ladungen herum. 3. Die elektrische Ladung wird mit dem Buchstaben q bezeichnet. 4. Die elektrische Ladung ist eine der Haupteigenschaften des Elektrons. 5. Das elektrische Feld ist eine besondere Art der Materie. 6. Im homogenen Feld ist die Feldstärke E in allen Punkten gleich. 7. In Metallen ist die positive Richtung des Stroms entgegengesetzt der Elektronenbewegung.

2.1.B.–2.
1. Различные тела, как известно, по своим свойствам делятся на проводники и диэлектрики. 2. В проводниках имеются свободные электрические заряды. 3. В металлах носителями таких зарядов являются электроны, которые потеряли связь со своими атомами. 4. Их принято называть свободными электронами. 5. Свободные электроны в металлическом проводнике, который находится в электрическом поле, под действием сил поля будут перемещаться в направлении, противоположном напряженности поля. 6. Электрическое поле внутри заряженного проводника отсутствует при равновесии зарядов в проводнике.

2.2.A.–3.
1. Ein geschlossener Stromkreis besteht aus der Energiequelle, der Leitung und dem Verbraucher. 2. Durch die Leitung und den Verbraucher fließt elektrischer Strom. 3. Über den äußeren Stromkreis fließt der Strom vom Pluspol der Energiequelle zum Minuspol, aber über den inneren Stromkreis fließt der Strom vom Minuspol zum Pluspol. 4. Zwischen den Klemmen der Stromquelle wirkt eine Spannung / liegt eine Spannung.

2.2.B.–2.
1. Die Stromstärke wird in Ampere gemessen. 2. Die Intensität des elektrischen Stroms ist eine physikalische Größe, die Stromstärke genannt wird. 3. Die Maßeinheit des Stroms ist Ampere. 4. In Metallen ist die positive Richtung des Stroms entgegengesetzt der Elektronenbewegung. 5. Wenn sich die Bewegungsgeschwindigkeit der Ladung mit der Zeit ändert, dann wird der Strom als Wechselstrom bezeichnet. 6. Leitungsstrom ist die gerichtete Bewegung freier geladener Teilchen im Leiter unter Einwirkung des elektrischen Feldes. 7. Spannungswandler / Spannungstransformatoren dienen zur Umformung der Wechselspannung.

2.2.B.–KÜ
Stromkreis, geschlossener Stromkreis, Gleichstromgenerator, Elektroenergie, Wechselstromgenerator, elektromotorische Kraft, Unterschied des elektrischen Niveaus, Potentialunterschied

2.3.A.–3.
1. Bauelemente, die auf der Ausnutzung der Eigenschaften von Elektronen- und Ionenströmen beruhen, heißen elektronische Bauelemente. 2. Sie werden in Röhren und Halbleiterbauelemente eingeteilt. 3. Röhren sind Bauelemente, bei denen der Hauptarbeitsprozeß die Bewegung der Elektronen im Hochvakuum oder im Gas ist. 4. Bauelemente mit Glühkatode / thermoelektrischer Katode und gesteuertem Anodenstrom heißen Elektronenröhren. 5. Bauelemente, die auf der Ausnutzung elektrischer Erscheinungen im Halbleiter basieren, werden Halbleiterbauelemente genannt. 6. Halbleiterdioden verwendet man in breitem Umfang in modernen Geräten der Informationselektronik.

2.3.B.–KÜ 1
Maßeinheit, Feldstärkevektor, Leitungsstrom, Stromschwingungen, Stromquelle, Gleichstromgenerator, Wechselstromgenerator, Energieteil, Potentialunterschied, Elektronenstrom, Elektronenfluß

2.3.B.–KÜ 2
1. Телевизор выполнен на полупроводниковых приборах. 2. Электронные лампы являются важнейшими приборами. 3. Электронная лампа, имеющая два электрода и называемая диодом, может пропускать ток только в одном направлении. 4. Действие электронной лампы основано на использовании потока свободных электронов, движущихся в вакууме. 5. В настоящее время развитию электронной аппаратуры уделяется огромное внимание, так как полупроводниковые приборы широко применяют во всех областях науки и техники. 6. Катод служит источником электронов. 7. Первая простейшая двухэлектродная лампа (диод) была создана в 1883 году знаменитым американским изобретателем Эдисоном.

3.1.A.–З.
1. Die Statik beschäftigt sich mit den Gleichgewichtsgesetzen starrer Körper. 2. Eine beliebige Kraft hat eine bestimmte Größe. 3. Die Maßeinheit der Kraft ist das N. 4. Jede Kraft besitzt eine bestimmte Richtung. 5. Die Kraft ist eine Vektorgröße. 6. Das Axiom, das auch Trägheitsprinzip heißt, wurde erstmals von Galilei formuliert / eingeführt.

3.1.B.–KÜ
1. силы, приложенные к одной точке тела 2. направленные на твердые тела силы 3. Занимающийся законами сложения и разложения сил отдел механики называется статикой. 4. Отдел механики, служащий для определения неизвестных сил, называется статикой.

3.1.C.–З.
1. Статика представляет собой отдел механики. 2. Статика служит для определения неизвестных сил. 3. Статика занимается законами равновесия твердых тел (сложения и разложения сил). 4. В статике рассматривают законы сложения и разложения сил (равновесия твердых тел). 5. В статике изучают/ся законы равновесия твердых тел / сил.

3.2.A.–З.
1. Auf starre Körper wirken äußere Kräfte. 2. Wenn eine Kraft an einem Punkt des Körpers angreift, so ist das eine Einzelkraft. 3. Wenn die Kraft über den Umfang des Körpers verteilt ist, so handelt es sich um eine verteilte Kraft. 4. Man kann den Angriffspunkt der Kraft auf der Kraftwirkungslinie verlegen. 5. Bei Gleichgewicht heben sich die an einem Körper angreifenden Kräfte auf.

3.2.B.–KÜ
1. Статика занимается законами равновесия твердых тел. 2. Различают внутренние и внешние силы. 3. Есть сосредоточенные и распределенные силы. 4. Сила приложена к твердому телу. 5. Две противоположно направленные, по модулю равные силы уравновешиваются. 6. Силы, приложенные к твердым телам извне, называются внешними силами.

3.3.A.−3.
1. Im Unterschied zur Kinematik untersucht man in der Dynamik sowohl wirkende Kräfte als auch die Trägheit materieller Körper. 2. Im Unterschied zur Statik, wo man alle Kräfte als konstant annimmt, beschäftigt sich die Dynamik mit veränderlichen Kräften. 3. Ein von äußeren Einwirkungen isolierter Massepunkt behält seinen Zustand bei. 4. Ein solcher Punkt befindet sich in Ruhe oder bewegt sich mit einer in Betrag und Richtung konstanten Geschwindigkeit. 5. Auf alle Körper, die sich nahe der Erdoberfläche befinden, wirkt die Schwerkraft.

3.3.B.−KÜ 1
1. направленные 2. находящаяся 3. лежащую 4. приложенных 5. проходящая 6. действующие 7. занимающийся 8. действующая

3.3.B.−KÜ 2
1. К одной точке твердого тела приложена сосредоточенная сила. 2. Лежащая / Находящаяся на линии действия силы точка называется точкой приложения силы. Точка, лежащая / находящаяся на линии действия силы, называется точкой приложения силы. 3. Проходящая через точку приложения силы линия называется линией действия силы. Линия, проходящая через точку приложения силы, называется линией действия силы. 4. Действующие извне на твердое тело силы называются внешними силами. Силы, действующие извне на твердое тело, называются внешними силами. 5. Изучающий законы движения материальных тел раздел механики называется динамикой. Раздел механики, изучающий законы движения материальных тел, называется динамикой. 6. Динамика занимается переменными силами.

3.3.B.−KÜ 3
1. Im Unterschied zur Statik, die sich mit konstanten Kräften beschäftigt, untersucht die Dynamik veränderliche Kräfte. 2. Beide Aufgaben der Dynamik werden durch Gleichungen gelöst, die das Grundgesetz der Dynamik ausdrücken, da diese Gleichungen die Beschleunigung, d. h. eine Größe, die die Bewegung des Punktes charakterisiert, mit den auf ihn wirkenden Kräften verbinden. 3. Praktisch kann man einen gegebenen Körper (in den Fällen) als materiellen Punkt ansehen, wenn die Entfernungen, die von den Punkten des Körpers bei seiner Bewegung durchlaufen werden, im Vergleich zur Größe des Körpers sehr groß sind. 4. Insbesondere ist die gewöhnlich in der Mechanik betrachtete Schwerkraft, die auf einen gegebenen starren Körper wirkt, die Resultierende der Schwerkräfte seiner Teile. 5. Die Wirkungslinie dieser Resultierenden geht durch einen Punkt, der Schwerpunkt des Körpers genannt wird.

3.3.C.−3.
1. Динамика занимается переменными силами. 2. В динамике изучаются законы движения материальных тел под действием сил. 3. В динамике рассматривают как действующие силы, так и инертность самих материальных тел. 4. В отличие от статики динамика занимается переменными силами.

4.1.A.−3.
1. Stahl und Gußeisen dienen als wichtigste Werkstoffe für die Herstellung von Maschinenteilen, Konstruktionen und Werkzeugen. 2. Nichteisenmetalle werden oft durch Eisenmetalle ersetzt. 3. Aluminium ist die Grundlage für die Herstellung

4.1.

vieler Legierungen. 4. Legierte Stähle haben eine große Bedeutung in der modernen Technik, besonders auf dem Gebiet des Maschinenbaus. 5. Legierte Stähle werden verwendet, wenn der Einsatz unlegierter Stähle nicht möglich ist. 6. Etwa 95% der gesamten Produktion der Metallurgie sind Eisenkohlenstofflegierungen, d. h. Stahl und Gußeisen. 7. Für die Herstellung von Schneidwerkzeugen, die bei Temperaturen bis 350 °C eingesetzt werden, verwendet man Kohlenstoffstähle. 8. Von den nichtmetallischen Werkstoffen fanden in letzter Zeit die Plaste breite Anwendung. 9. Alle Metalle kann man in zwei große Gruppen einteilen — in Eisen- und Nichteisenmetalle. 10. Die Entwicklung der Metallurgie und des Maschinenbaus ist mit der Schaffung neuer Metallegierungen verbunden.

4.1.B.–KÜ
1. важнейших 2. более тесной 3. лучшее 4. самую большую / наибольшую 5. более широкое

4.1.C.–2.
материал, металлический материал, металл, чистый металл, черный металл, цветной металл, сплав, железоуглеродистый сплав, сталь, чугун, металлокерамический материал, пластмасса

4.1.C.–3.
Материалы можно классифицировать на металлические и неметаллические. Пластмассы относятся к неметаллическим материалам. Различают черные и цветные металлы. По применению стали разделяются на конструкционные и инструментальные.

4.2.A.–3.
1. Die Eigenschaften der Eisenmetalle, die von vielen Faktoren abhängig sind, kann man mit verschiedenen Verfahren verändern. 2. Kohlenstoff ist das wichtigste Legierungselement aller Eisenmetalle. 3. Durch Legieren verbessert man vor allem die Festigkeitseigenschaften der Werkstoffe. 4. Durch Erhöhung der Kohlenstoffkonzentration verringert sich die Verformbarkeit des Stahls. 5. Von den Baustählen wird eine hohe Festigkeit und Verformbarkeit gefordert. 6. Legierungselemente haben einen großen Einfluß auf das Gefüge und im Zusammenhang damit auf viele Eigenschaften des Stahls, vor allem auf Festigkeit, Zähigkeit, Härte und Korrosionsbeständigkeit. 7. Mit zunehmender Härte des Stahls wächst sein Verschleißwiderstand erheblich. 8. Schnellarbeitsstähle müssen hart, fest und möglichst zäh sein. 9. Die Haupteigenschaften der Metalle sind von ihrem atomaren Kristallaufbau abhängig. 10. Außer ihrer Verformbarkeit besitzen alle Metalle eine hohe elektrische und Wärmeleitfähigkeit. 11. Für den praktischen Einsatz / die Verwendung der Werkstoffe sind ihre Gebrauchseigenschaften von Bedeutung / wichtig.

4.2.B.–2.
1. редко 2. часто 3. низко 4. высоко 5. быстро 7. широко 8. плохо 9. много 10. хорошо

4.2.B.–KÜ
1. все больше 2. более просто / проще 3. более быстро / быстрее 4. наиболее сильно / сильнее всего 5. все чаще

4.3.A.–3.

1. Die Wärmebehandlung wird zu dem Zweck angewandt, das Gefüge der metallischen Legierungen zu verändern und (bei ihnen) die notwendigen Eigenschaften zu erzielen, z. B. Festigkeit, Härte, Verschleißwiderstand u. a. 2. Im modernen Maschinenbau wird die Wärmebehandlung in großem Umfang / häufig angewandt. 3. Wärmebehandelt werden nicht nur Stahl und Gußeisen, sondern auch zahlreiche Nichteisenmetallegierungen. 4. Durch die Wärmebehandlung erhält man aus einfachen und billigen metallischen Legierungen Teile mit guten mechanischen Eigenschaften. 5. Als Anlassen bezeichnet man das Verfahren der Wärmebehandlung, bei dem durch Erwärmen der gehärteten Legierung unterhalb der Temperatur der Phasenumwandlung, durch Halten und nachfolgendes Abkühlen aus dem instabilen gehärteten Gefüge ein stabileres entsteht. 6. Das Härten von Stählen und Gußeisen verfolgt den Zweck, deren Festigkeitskennwerte und vor allem das Verschleißverhalten zu verbessern. 7. Die Hauptparameter der Wärmebehandlung sind die Erwärmungstemperatur und -geschwindigkeit, die Haltedauer bei der Erwärmungstemperatur und die Abkühlungsgeschwindigkeit. 8. Nach dem Glühen besitzt der Stahl ein stabiles Gefüge, das eine hohe Verformbarkeit und Zähigkeit sowie eine geringe Härte und Festigkeit bedingt. 9. Beim Härten wird der Stahl oberhalb der Temperatur der Phasenumwandlungen erwärmt und mit hoher Geschwindigkeit rasch abgekühlt. 10. Nach dem Härten verfügen die Legierungen über eine hohe Härte und Festigkeit, aber auch über eine große Sprödigkeit. 11. Wärmebehandelt werden unlegierte und legierte Stähle und Gußeisen sowie Nichteisenmetallegierungen. 12. Die Theorie der Wärmebehandlung der Stähle beruht auf der allgemeinen Theorie der Phasenumwandlungen, die in den Legierungen im festen Zustand stattfinden. 13. Beim Anlassen der Legierungen erfolgt eine Erwärmung unterhalb der Temperatur der Phasenumwandlungen und in den meisten Fällen eine langsame Abkühlung. 14. Bei der Erwärmung des Stahls unter A_{c1} verändern sich dessen Gefüge und mechanische Eigenschaften nicht. 15. Gefüge und mechanische Eigenschaften des Stahls verändern sich erheblich bei der Erwärmung über A_{c3} und bei rascher Abkühlung. 16. Im normalisierten Zustand besitzt der Stahl ein Gefüge, das aus Ferrit- und Perlitkörnern besteht. 17. Im gehärteten Stahl besteht das Gefüge aus Martensit bzw. Bainit und Restaustenit. 18. Nach dem Härten ist der Restaustenit die instabilste Phase.

4.3.B.–3.

1. Чистые металлы дороже сплавов. 2. Металлические сплавы дешевле чистых металлов. 3. Новый способ производительнее старого (способа). 4. Пластмассы легче металлов. 5. Легированная сталь лучше углеродистой стали. 6. Качество важнее количества.

4.3.В.–KÜ

1. В машиностроении черные металлы имеют большее значение, чем цветные. 2. Для изготовления режущих инструментов применяют самые различные сорта легированных сталей. 3. Углерод является важнейшим легирующим элементом всех черных металлов. 4. Чаще всего применяется на практике конструкционная сталь. 5. В технике все больше используются пластмассы. 6. Неметаллические материалы применяют реже, чем металлические. 7. Сталь содержит меньше углерода, чем чугун. 8. В чугуне содержится больше углерода, чем в стали. 9. Чем больше в стали углерода, тем выше ее твердость. 10. Чистые металлы дороже сплавов.

5.1.A.–3.
1. Zur Ausführung ihrer Funktionen in der Maschine verbindet man die Maschinenelemente untereinander. 2. Im Maschinenbau werden lösbare und unlösbare Verbindungen verwendet. 3. Im modernen Maschinenbau verwendet man vorwiegend Gewinde-, Schweiß-, Löt- und Klebeverbindungen. 4. Lösbar heißen Verbindungen, die man ohne Zerstörung sowohl der Verbindungs- als auch der zu verbindenden Elemente auseinandernehmen kann. 5. Das Schweißen läßt sich relativ leicht automatisieren.

5.1.B.–KÜ
1. которое 2. которые 3. которая 4. которое 5. который 6. котором

5.2.A.–3.
1. Ein Maschinenelement, auf welchem drehende Teile befestigt sind, heißt Achse oder Welle. 2. Die Achse dient nur zum Stützen sich drehender Teile. 3. Im Unterschied zu den Achsen stützen Wellen nicht nur sich drehende Teile, sondern übertragen auch ein Drehmoment. 4. Die Abschnitte der Achse oder Welle, die Belastungen aufnehmen, heißen Zapfen. 5. Man unterscheidet Tragzapfen / Stirntragzapfen, Spurzapfen und Halstragzapfen. 6. Auflager, in denen sich Wellen drehen, können Radial- oder Axiallager sein.

5.2.B.–KÜ
1. Детали / Части, на которых закреплены вращающиеся детали, называются осями или валами. 2. Большое значение в машиностроении имеют соединения, для получения которых применяются болты. 3. Вал, нагрузка которого высока ... 4. Ось, участки которой называются цапфами ... 5. Цапфы, которые воспринимают опорные реакции радиального направления, называются шипами. 6. Соединения, части которых разрушаются при разборке, называют неразъемными соединениями.

5.3.A.–3.
1. Nach dem Arbeitsprinzip teilt man die Getriebe in zwei Arten ein: a) mechanische Getriebe, d. h. Getriebe ohne Umwandlung mechanischer Energie in eine beliebige andere Energie, b) Getriebe mit Umwandlung mechanischer Energie in elektrische und umgekehrt. 2. Die größte Verwendung im modernen Maschinenbau haben / finden die Zahnradgetriebe. 3. Sie dienen zur Übertragung und Umwandlung der Drehbewegung und des Drehmoments. 4. In Zahnradgetrieben wird die Bewegung durch Zahnräder übertragen.

5.3.B.–KÜ 1
1. которые 2. которые 3. которая 4. которая 5. которые 6. которые 7. которой 8. которых

5.3.B.–2.
1. вал, который поддерживает вращающиеся детали 2. цепные передачи, которые применяются в машиностроении 3. деталь, которая выполняет разные функции 4. болтовое соединение, которое соединяет разные детали 5. зубчатая передача, которая передает движение 6. детали машин, которые образуют подвижные и неподвижные соединения

5.3.B.–KÜ 2
1. Ein Maschinenelement ist ein Elementarteil einer Maschine, das ohne Montage (Anwendung von Montagearbeiten) hergestellt wurde. 2. Eine Gruppe ist eine Verbindung von Baugruppen und Maschinenelementen, die einer der Grundbestandteile einer Maschine ist. 3. In Reibradgetrieben wird die Rotationsbewegung / Drehbewegung von der treibenden Welle zur getriebenen durch Reibung übertragen, die zwischen Rädern oder Scheiben entsteht. 4. Die Automatisierung, die den Menschen von schwerer körperlicher Arbeit befreit, ist die charakteristische Entwicklungstendenz der modernen Technik im Maschinenbau.

6.1.A.–3.
1. Geschweißt werden können nicht nur Metalle, sondern auch Plaste und andere Werkstoffe. 2. Das Gasschmelzschweißen gehört zum Schmelzschweißen. 3. Ein Hauptschweißverfahren ist das Lichtbogenschweißen. 4. Das Verschmelzen erfolgt meistens durch Zusetzen von geschmolzenem Metall. 5. Das geschmolzene Elektrodenmetall und das geschmolzene Grundmetall bilden die Schweißnaht. 6. Das geschmolzene Metall wird von der Elektrode in das Schweißbad zugeführt.

6.1.B.–KÜ
1. die Klassifizierung der Lötverfahren nach der Methode der Erwärmung 2. die Vorzüge des automatischen Schweißens im Vergleich zum Handschweißen (gegenüber dem ...) 3. die Deformierung des Metalls der einzelnen Teile an ihren Oberflächen 4. das Gleichgewicht im Verhältnis zur Erde 5. Die Kraft ist über den Umfang des Körpers verteilt. 6. nach dem ersten Gesetz der Dynamik

6.2.A.–3.
1. Beim UP-Schweißen wird gewöhnlich nicht nur die Zuführung des Schweißdrahtes in die Schweißzone automatisiert, sondern auch andere Prozesse. 2. Die Höhe der Schweißpulverschicht auf dem Grundmetall beträgt 20–80 mm. 3. In der Zone des Lichtbogens bilden sich unter der Wirkung hoher Temperaturen Gase. 4. Der Schweißdraht wird mit Hilfe eines speziellen Mechanismus von der Rolle durch das Schweißpulver in die Schweißzone gebracht / zugeführt. 5. Die Anwendung des UP-Schweißens hat gegenüber dem (im Vergleich zum) Handschweißen eine Reihe von Vorteilen. 6. Der Schweißkopf hat beim Schweißen mehrere Funktionen.

6.2.B.–KÜ
1. die Erhöhung der Arbeitsproduktivität um das Dreifache 2. unter komplizierten Bedingungen 3. die Einteilung der Schweißverfahren in verschiedene Gruppen 4. unter schwierigen Bedingungen 5. An Instituten werden wissenschaftliche Untersuchungen durchgeführt. 6. die Erhöhung der Arbeitsproduktivität um 5% 7. auf dem Gebiet der Fügetechnik / Schweißtechnik 8. im festen Zustand 9. im flüssigen Zustand des Metalls 10. Die Produktion wuchs um das Dreifache. 11. die Erwärmung des Metalls beim Schweißen 12. Schweißpulver unterteilt man in verschiedene Gruppen. 13. Dabei schmilzt das Metall.

6.3.A.–3.
1. Es gibt einige / mehrere Hartlötverfahren. 2. Diese Verfahren können danach klassifiziert werden, wie das Metall beim Löten erwärmt wird. 3. Gewöhnlich werden harte / feste Lote in Kupfer-, Kupfer-Nickel-, Kupfer-Zink- und Silberlote eingeteilt. 4. Schweißpulver kommt häufig in Pulverform oder als Paste vor. 5. Beim Löten schmilzt das Grundmetall nicht. 6. Beim Tauchlöten wird das Werkstück in

ein (Salz-)Flußmittelbad oder in ein Bad mit geschmolzenem Lot getaucht. 7. Das Erwärmen des Metalls erfolgt mit verschiedenen Brennern. 8. Häufig / Gewöhnlich sind Lote Buntmetallegierungen.

6.3.B.−1.
1. В институте им. Патона в Киеве разрабатывают новые способы сварки. 2. С помощью этих новых способов во много раз повышается производительность труда. 3. По химическому составу флюсы разделяются на различные группы. 4. Сварку можно производить и в особых условиях. 5. В этой области разработаны новые способы / методы. 6. Производство повышается на 20%. 7. перемещение сварочного пламени по поверхности изделия 8. распределение внешних сил по объему тела 9. При этом повышается / увеличивается эффективность сварки. 10. лекции по сварочной технике 11. при автоматической сварке под флюсом 12. деление / классификация методов сварки по способу нагрева металла

7.1.A.−3.
1. Das Gießen ist ein wichtiges Verfahren zur Herstellung verschiedenartiger metallischer Teile und Erzeugnisse. 2. Als Gießen bezeichnet man den technologischen Prozeß der Herstellung von Formguß durch Gießen der Schmelze in die Gießform. 3. Gegossene Teile sind erheblich billiger als Erzeugnisse, die mit anderen Verfahren hergestellt werden. 4. In der Gießereiindustrie werden verschiedene Metalle und Legierungen für die Herstellung von Gußstücken komplizierter Gestalt verwendet. 5. Die Vergießbarkeit charakterisiert die Fähigkeit einer Schmelze, den Hohlraum der Gießform auszufüllen und ihn genau zu reproduzieren. 6. Zu den Gießeigenschaften der Schmelze zählt man die Vergießbarkeit und die Schwindung. 7. Die Größe der Schwindung ist von der chemischen Zusammensetzung der Legierung, der Temperatur und der Art des Vergießens, der Abkühlungsgeschwindigkeit, der Form des Gußstücks und von anderen technologischen Faktoren abhängig. 8. Die Schwindung ruft im Gußstück innere Spannungen hervor, die das Gußstück verformen und sogar zerstören; je größer die Schwindung einer Legierung ist, desto größer ist der Betrag der inneren Spannungen. 9. Durch richtige Konstruktion des Modells und der Form, durch Regulierung der Abkühlungsgeschwindigkeit und auch durch Wärmebehandlung kann man die inneren Spannungen in den Gußstücken herabsetzen. 10. Man unterscheidet folgende Gießverfahren: Formmaskenverfahren, Modellausschmelzverfahren, Schleudergießverfahren, Druckgießverfahren u. a. 11. Das Druckgießverfahren ist eines der produktivsten und wirtschaftlichsten Verfahren zur Herstellung von genauen Gußstücken. 12. Im Druckgießverfahren werden gewöhnlich Teile aus Zink-, Aluminium-, Magnesium- und Kupferlegierungen hergestellt. 13. Der technologische Prozeß der Herstellung von Gußstücken besteht aus einer Vielzahl einzelner Arbeitsgänge: Modellherstellung, Aufbereitung der Formstoff- und Kernformstoffmischungen, Kern- und Formherstellung, Schmelzen des Metalls, Gießen des Metalls in die Formen und Erstarren des Gußstückes, Ausschlagen des erstarrten Gußstückes aus der Form, Putzen des Gußstückes, Qualitätskontrolle. 14. Die Arbeitsgänge Ausschlagen und Putzen erfolgen im wesentlichen maschinell; gegenwärtig sind sie schon teilweise automatisiert.

7.1.C.−2.
1. По производству стального фасонного литья СССР занимает первое место в мире. 2. Высокие механические свойства стали дают возможность применять ее для изготовления различных фасонных отливок. 3. Для производства фасонного литья применяют конструкционные, инструментальные стали и стали с особыми

физико-химическими свойствами. 4. Отливки, полученные из конструкционных сталей, обладают высокими прочностными свойствами. 5. Обычно для получения углеродистых стальных отливок в СССР применяются стали следующих девяти марок: 15 Л, 20 Л, 25 Л, 30 Л, 35 Л, 40 Л, 45 Л, 50 Л, 55 Л. 6. При этом цифры соответствуют содержанию углерода в сотых процента, а буква Л означает литье. 7. Отливки из низкоуглеродистой стали марок 15 Л и 20 Л используют в электротехнике и машиностроении. 8. Так как низкоуглеродистая сталь имеет высокую температуру плавления и низкую жидкотекучесть, изготовление фасонного литья из этой стали связано с определенными трудностями. 9. Литейные свойства низкоуглеродистых сталей ниже, чем литейные свойства среднеуглеродистых сталей. 10. Поэтому в литейном производстве для большинства фасонных отливок применяется среднеуглеродистая сталь следующих марок: 25 Л, 30 Л, 35 Л. 11. С целью повышения механических свойств отливки из среднеуглеродистой стали термически обрабатывают, причем их подвергают отжигу, нормализации и закалке с последующим отпуском.

7.2.A.–3.
1. Das Umformen zählt zu den progressivsten Verfahren für die Herstellung von Halbzeugen und Maschinenteilen unterschiedlicher Bestimmung. 2. Das Umformen besitzt viele Vorzüge, die vor allem in der hohen Produktivität und Wirtschaftlichkeit bestehen. 3. Beim Umformen werden Form und Abmessungen der Teile durch die Formänderung des Rohlings infolge plastischer Verformung garantiert, was die Möglichkeit bietet, den Werkstoff rationeller zu nutzen. 4. Die Forderungen des modernen Maschinenbaus bedingen eine breite Anwendung verschiedener Umformverfahren bei der Produktion sowohl von Halbzeugen als auch von Maschinenteilen und -baugruppen. 5. Spröde Werkstoffe, zu denen verschiedene Gußeisenarten gehören, lassen sich nicht umformen. 6. Das Umformen ist nur bei Metallen und Legierungen anwendbar, die über eine hinreichende Verformbarkeit verfügen, d. h. über die Fähigkeit, ihre Form unter Einwirkung angreifender Kräfte ohne Zerstörung zu verändern. 7. Als Grenze zwischen Warm- und Kaltverformung dient die Rekristallisationstemperatur des betreffenden Metalls oder der entsprechenden Legierung, wobei oberhalb der Rekristallisationstemperatur eine Warmverformung und unterhalb eine Kaltverformung stattfindet. 8. Als wichtigste Umformverfahren werden das Walzen, Schmieden, Pressen und Ziehen angewandt. 9. In Abhängigkeit von den Temperaturbedingungen unterteilt man die Walzanlagen in Warm- und Kaltwalzgerüste. 10. Das Walzen dient zur Herstellung erforderlicher metallischer Profile. 11. Walzerzeugnisse sind entweder Fertigteile, z. B. Bleche, Rohre, Profile, oder Rohlinge für die nachfolgende Bearbeitung. 12. Zu den Grobblechen zählt man Warmwalzstahl mit einer Dicke von 4–160 mm, einer Breite von 600–3000 mm und einer Länge von 2–8 m nach GOST 5681–57, zu den Feinblechen gehören warm- und kaltgewalzter Stahl mit einer Dicke von 0,2–4 mm und einer Breite von 600–1400 mm. 13. Genauigkeit, Qualität und Produktivität beim Freiformschmieden sind von vielen Faktoren abhängig, vor allem von der Masse und der Gestalt des Schmiedestücks, vom verwendeten Werkzeug, dem Typ der Anlage und der Form des Rohlings. 14. Die Vorzüge des Gesenkschmiedens gegenüber dem Freiformschmieden sind allgemein bekannt. 15. Große Schmiedestücke erhält man aus Gußblöcken, mittelgroße oder kleine dagegen aus Walzhalbzeugen. 16. Das Pressen als Umformverfahren kann in Gesenken, auf hydraulischen, mechanischen und anderen Pressen im warmen oder kalten Zustand erfolgen. 17. Ein fortschrittliches und sich intensiv entwickelndes Verfahren zur Herstellung von Profilen und Rohren aus Aluminium- und anderen Legierungen für den Flugzeugbau ist das Pressen auf hydraulischen

Pressen. 18. Durch Ziehen bearbeitet man Stahl verschiedener Sorten, aber auch Kupfer, Aluminium und deren Legierungen. 19. Metalle und Legierungen werden gewöhnlich bei Raumtemperatur gezogen.

7.2.C.–2.

Обработка давлением

Обработкой давлением называют технологический процесс, при котором получают профили и заготовки. Основой всех способов обработки давлением служит пластическое деформирование обрабатываемого материала. Обработка давлением может осуществляться в горячем или холодном состоянии. Давлением обрабатывают прежде всего сталь — главным образом путем прокатки, волочения, ковки — и цветные металлы и их сплавы — прессованием, волочением, прокаткой.
Продукцией обработки давлением являются или заготовки, требующие дальнейшей обработки, или готовые изделия. Полуфабрикаты — это, напр., профили, трубы, листы, проволока. Готовыми изделиями могут быть проволока и трубы, а также листы и профили.
Обработка давлением относится к наиболее прогрессивным и экономичным технологическим способам, применяемым в современной технике. Детали, изготовленные с помощью обработки давлением, применяются в самых различных областях промышленности, как, напр., в машиностроении, автомобильной промышленности, а также в приборостроении.
Кроме получения требуемых форм и размеров, при обработке давлением достигают и требуемого изменения определенных свойств материалов, из которых получают готовые детали и заготовки.

7.3.A.–3.

1. Oberflächen von Maschinenteilen vorgegebener Formen, Abmessungen und Genauigkeit erhält man gegenwärtig durch Spanabheben (spanende Formung), ohne Spanabheben (Umformen) und Bearbeitung unter Verwendung von elektrischer, chemischer, Lichtenergie und anderen Energiearten. 2. Als spanende Formung bezeichnet man das Abheben einer Metallschicht in Form eines Spans von der Oberfläche des Werkstückes, um die erforderliche geometrische Form, Genauigkeit und Oberflächengüte des Teils zu erhalten. 3. Für die Durchführung des Spanungsprozesses ist es erforderlich, daß sich Werkstück und Schneidwerkzeug relativ zueinander bewegen. 4. Die Zerspanbarkeit ist vor allem von der Art, der Zusammensetzung und dem Gefüge des Werkstoffes abhängig, deren geringfügige Veränderungen [schon] großen Einfluß auf diese Verarbeitungseigenschaft ausüben. 5. Die Schnittgeschwindigkeit wird von einer Reihe von Faktoren beeinflußt, von denen die Standzeit des Schneidwerkzeugs, die physikalisch-mechanischen Eigenschaften des zu bearbeitenden Werkstoffes und des Werkstoffes der Schneide, die Werkzeuggeometrie, der Vorschub und die Schnittiefe sowie die Bearbeitungsart die wichtigsten sind. 6. Die Schnittgeschwindigkeit hat die Dimension m/min bei allen Verfahren der spanenden Formung, außer dem Schleifen, Polieren und einigen anderen, wo die Schnittgeschwindigkeit in m/s gemessen wird. 7. Auf die Qualität der bearbeiteten Oberfläche hat das Schneidwerkzeug, das bei ihrer Bearbeitung verwendet wird, einen großen Einfluß. 8. Eine Erhöhung der Temperatur des Schneidwerkzeugs ruft einen Härteabfall seines Werkstoffes hervor und schafft Bedingungen für dessen erhöhten Verschleiß. 9. Mit einer Temperaturerhöhung des Werkzeugs ist eine Änderung seiner geometrischen Abmessungen verbunden, was die Genauigkeit der zu bearbeitenden Oberflächen der Werkstücke herabsetzt. 10. In Abhängigkeit von den

physikalisch-mechanischen Eigenschaften des zu bearbeitenden Werkstoffes, dem Werkstoff der Werkzeugschneide, der Zerspanungstemperatur, den Schnittbedingungen usw. erfolgt der Verschleiß mit unterschiedlicher Intensität. 11. Als Standzeit des Werkzeugs bezeichnet man die Zeit seines ununterbrochenen Einsatzes bei konstanten Schnittbedingungen. 12. Den größten Einfluß auf die Standzeit des Werkzeugs hat die Schnittgeschwindigkeit. 13. Versuche ergaben, daß sogar eine geringfügige Erhöhung der Schnittgeschwindigkeit einen beträchtlichen Abfall der Standzeit des Werkzeugs zur Folge hat. 14. Als Vorschubbewegung, oder einfach Vorschub, bezeichnet man eine der Bewegungen, die für das Spanabheben erforderlich ist. 15. Unter Schnittgeschwindigkeit versteht man die Größe der Bewegung der Werkzeugschneide relativ zur Werkstückoberfläche in der Zeiteinheit. 16. Als Fräsen bezeichnet man die Bearbeitung von Oberflächen mit rotierenden Werkzeugen, den Fräsern. 17. Das Hobeln erfolgt auf Werkzeugmaschinen, wo die Hauptbewegung eine geradlinige hin- und hergehende Bewegung des Werkstückes ist und der Vorschub vom Meißel in der Richtung ausgeführt wird, die senkrecht zur Richtung der Hauptbewegung verläuft. 18. Durch Kühlung läßt sich die Schnittgeschwindigkeit bei der Bearbeitung von Stahl und anderen zähen Werkstoffen um 25—40% erhöhen. 19. Beim Bohren führt das Werkzeug, zumeist ein Spiralbohrer, die Schnittbewegung mit der Geschwindigkeit v und außerdem die Vorschubbewegung in axialer Richtung aus. 20. Für die Herstellung von Schneidwerkzeugen verwendet man Werkzeugstähle, sowohl unlegierte als auch legierte, Schnellarbeitsstähle, Hartmetalle, Metallkeramiken und Diamanten. 21. Aus Schnellarbeitsstählen werden vor allem Bohrer, Fräser, Formmeißel und andere Werkzeuge hergestellt.

7.3.B.–KÜ
1. попадая — попав 2. охлаждая — охладив 3. оказывая — оказав 4. проникая — проникнув

8.1.A.–3.
1. Als Nennmaße bezeichnet man die Hauptmaße, die alle zu verbindenden Teile gemeinsam haben und die als Basismaße für die Abmaße dienen. 2. Nennmaße bestimmt man ausgehend vom Verwendungszweck des Teils, der Konstruktion, den Festigkeitsberechnungen und Versuchswerten. 3. Das Nennmaß, das man durch Berechnung erhält, wird im Toleranzfeldschaubild durch die Nullinie gekennzeichnet. 4. Bei der Bearbeitung von Werkstücken auf Werkzeugmaschinen sind Maßabweichungen infolge einer bestimmten Ungenauigkeit der Werkzeugmaschine, infolge der elastischen Verformung des Werkstücks und des Schneidwerkzeugs sowie anderer Faktoren unvermeidlich. 5. Zur Sicherung der Austauschbarkeit werden zwei Grenzmaße für das Teil bestimmt, d. h. das Größt- und Kleinstmaß, zwischen denen das Istmaß liegen soll. 6. Austauschbar können Einzelteile, Baugruppen und ganze Aggregate oder Mechanismen sein. 7. Die Differenz zwischen Größt- und Kleinstmaß eines Teils nennt man Toleranz. 8. Die Differenz zwischen Größtmaß und Nennmaß bezeichnet man als oberes Abmaß, zwischen Kleinstmaß und Nennmaß dagegen als unteres Abmaß. 9. Für die Beurteilung der Oberflächengüte werden Oberflächenvergleichsstücke und verschiedene Meßgeräte verwendet. 10. Die Toleranz bestimmt die Größe der zulässigen Streuung der Istmaße der brauchbaren Teile im Los, d. h. die vorgegebene Fertigungsgenauigkeit. 11. Die Maßtoleranzen der Einzelteile und Baugruppen können als Toleranzfeldschaubilder dargestellt werden. 12. Das Toleranzfeld bestimmt den Bereich der zulässigen Istmaße, der durch die Grenzmaße begrenzt ist. 13. Unter Maßfehler versteht man die Differenz zwischen Istmaßen und Sollmaßen.

8.1.B.–KÜ
1. являться, соединять, служить 2. получать 3. унифицировать, обладать 4. определять 5. влиять 6. составлять

8.2.A.–3.
1. Als Beispiel der Paarungsmaße kann der Außendurchmesser der Welle und der Innendurchmesser des Zylinders dienen. 2. Freimaße sind die Maße, bei denen auf der Zeichnung keine Toleranzen angegeben werden. 3. Im System Einheitsbohrung bestimmt das Toleranzfeld der Welle den Charakter der Passung. 4. Unter Passung versteht man den Grad des Widerstandes gegen wechselseitige Verschiebung der Paarungsteile oder die Freiheit ihrer relativen Bewegung. 5. Man unterscheidet drei Hauptarten von Passungen: a) mit Spiel oder Spielpassungen, b) Übergangspassungen, die entweder ein Spiel oder ein Übermaß haben, und c) mit Übermaß oder Preßpassungen. 6. Der Wellendurchmesser und der Bohrungsdurchmesser eines Lagers, in dem sich die Welle dreht, haben das gleiche Nennmaß. 7. Die umhüllte Fläche der Paarungsteile bezeichnet man als Welle, die umhüllende dagegen als Bohrung. 8. Bei der Spielpassung ist das Istmaß des Bohrungsdurchmessers größer als das Istmaß des Wellendurchmessers. 9. Bei der Preßpassung haben die Paarungsteile ein Übermaß, wodurch unter Betriebsbedingungen eine Bewegung ausgeschlossen ist. 10. Die positive Differenz zwischen Bohrungs- und Wellendurchmesser bezeichnet man als Spiel. 11. Bei der Preßpassung muß der Wellendurchmesser vor dem Pressen etwas größer sein als der Bohrungsdurchmesser. 12. Bei den Übergangspassungen ist eine gute Zentrierung der Bohrungen garantiert. 13. Die Differenz zwischen Wellen- und Bohrungsdurchmesser ist bei den Übergangspassungen geringfügig, wodurch auch Übermaß oder Spiel klein ist. 14. Das Istmaß der Welle oder der Bohrung kann man in mehreren Schnitten messen. 15. Jede Genauigkeitsklasse wird durch bestimmte Toleranzen für Welle und Bohrung charakterisiert und durch verschiedene Bearbeitungsverfahren, vor allem durch spanende Formung, garantiert.

8.2.B.–KÜ
1. номинальный размер, получаемый путем расчета 2. Номинальный размер обозначается нулевой линией, изображенной в схеме поля допуска. 3. допуск, определяющий величину допустимого рассеивания действительных размеров 4. на основе значений, заданных/показанных на чертежах 5. в соединениях/сопряжениях, состоящих ис охватывающей и охватываемой поверхностей. 6. для деталей и узлов, заменяемых друг другом

8.2.C.–2.
1. Посадка характеризует соединение деталей. 2. Вид посадки зависит от расположения полей допусков отверстия и вала. 3. Если размер отверстия больше вала, то их разность называется зазором. 4. Если до сборки размер вала больше размера отверстия, то их разность называют натягом. 5. Посадки разделяются на три группы: а) подвижные посадки, или посадки с зазором, б) неподвижные посадки, или посадки с натягом, и в) переходные посадки. 6. Имеющийся в подвижных посадках зазор обеспечивает возможность относительного перемещения собранных деталей. 7. Посадки с зазором характеризуются тем, что поле допуска отверстия расположено над полем допуска вала. 8. Прессовыми посадками называют такие, в которых между сопрягаемыми поверхностями до сборки имелся натяг, исключающий относительное перемещение деталей после сборки. 9. Для посадок с натягом поле допуска вала расположено над полем

допуска отверстия. 10. При переходной посадке получается или натяг, или зазор.
11. Для этой посадки поля допусков отверстия и вала частично или полностью перекрываются.

8.3.A.–3.
1. Der technische Fortschritt, die Herstellung von Maschinen und Geräten mit hoher Genauigkeit, Zuverlässigkeit und Lebensdauer, die Qualitätssteigerung der Erzeugnisse sowie die Sicherung der Austauschbarkeit und Kooperation der Produktion sind ohne die Entwicklung des Meßwesens und die ständige Vervollkommnung der Meßtechnik nicht möglich. 2. Unter Messen versteht man das Auffinden des Wertes einer physikalischen Größe auf experimentellem Wege mit Hilfe spezieller technischer Mittel. 3. Die Einheit einer physikalischen Größe ist eine Maßeinheit, die durch einen festgelegten Zahlenwert bestimmt wird, der als Ausgangseinheit gilt (z. B. Meter als Maßeinheit der Länge u. dgl.). 4. Messungen werden sowohl zur Bestimmung der Istmaße der Teile und ihrer Übereinstimmung mit den Forderungen der Zeichnung als auch zur Prüfung der Genauigkeit eines technologischen Systems durchgeführt. 5. Um die Qualität eines Teiles beurteilen zu können, muß es geprüft werden. 6. Anstelle der Ermittlung des Zahlenwerts wird häufig geprüft, ob sich der Istwert dieser Größe in den festgelegten Grenzen befindet. 7. Beim Prüfen der Teile wird nur die Übereinstimmung der Istwerte von geometrischen, mechanischen, elektrischen und anderen Kenngrößen mit den zulässigen Werten dieser Parameter kontrolliert (z. B. mit Hilfe verschiedener Lehren). 8. Zur Vereinheitlichung der Maßeinheiten im internationalen Maßstab wurde das Internationale Einheitensystem eingeführt, das mit SI bezeichnet wird. 9. Ein Meßmittel ist ein technisches Mittel, das bei Messungen verwendet wird und genormte meßtechnische Eigenschaften besitzt. 10. Eine Maßverkörperung ist ein Meßmittel, das zur Reproduktion einer physikalischen Größe mit vorgegebener Abmessung dient. 11. Lehren dienen zum Prüfen der Übereinstimmung der Istmaße, der Form und der Lage der Bauteiloberflächen mit den vorgeschriebenen Parametern. 12. Mit Grenzlehren wird festgestellt, ob das Istmaß zwischen den vorgeschriebenen Maßen liegt. 13. Im Maschinenbau sind Grenzlehren sehr verbreitet, die das Größt- und Kleinstmaß eines Teils verkörpern. 14. Arbeitslehren, d. h. Gut- und Ausschußlehren, dienen zum Prüfen von Werkstücken während ihrer Fertigung. 15. Grenzlehren sollen nach dem Taylorschen Grundsatz gestaltet sein, dem entsprechend auf der Gutseite das Paarungsmaß und auf der Ausschußseite das Istmaß zu prüfen ist.

8.3.B.–KÜ 1
1. в установленных пределах 2. для определенных размеров 3. сравнение значения с принятой единицей измерения 4. соответствие действительных размеров предписанным 5. предельные калибры, широко распространенные в машиностроении 6. на основе полученных результатов 7. проверяемые действительные размеры 8. величина номинального размера, указанного на чертеже 9. средства измерения, предназначенные для ... 10. в зависимости от зазора, обеспечивающего относительное перемещение собранных деталей

8.3.B.–KÜ 2
1. пределы 2. детали, натяг, деталей 3. допусками 4. качество 5. поверхность 6. характер, зазоров 7. средство, размера

8.3.C.−2.
Контроль и измерение

Под метрологией понимают науку, занимающуюся установлением единиц измерения и разработкой средств и методов измерения. Составной частью этой науки являются технические измерения.

Измерением называют сравнение измеряемой величины с другим известным значением. Путем измерения / Измерением устанавливаются / определяются действительные размеры деталей / изделий и их соответствие требованиям чертежа, т. е. требуемым на чертеже размерам. При этом одновременно проверяется точность технологического процесса.

На практике часто только проверяют, находится ли соответствующий / данный действительный размер или какой-нибудь другой показатель / параметр детали в установленных пределах. Этот / Такой процесс называют контролем.

9.1.A.−3.
1. Die Automatisierung umfaßt alle Zweige der Technik, alle Glieder des Produktionsprozesses. 2. Die komplexe Mechanisierung und Automatisierung ist die Grundlage des technischen Fortschritts. 3. Sie erleichtert und verändert den Charakter der Arbeit und erhöht die Arbeitsproduktivität. 4. In schnellem Tempo wird die komplexe Mechanisierung und Automatisierung großer Maschinenbaubetriebe durchgeführt. 5. Ein schnelles Wachstum der modernsten Arten von spanabhebenden Werkzeugmaschinen, Werkzeugmaschinen für die Endproduktion / Feinbearbeitung, automatischer und halbautomatischer Werkzeugmaschinen und Maschinenfließreihen ist vorgesehen. 6. In der sozialistischen Gesellschaft entspricht die komplexe Automatisierung der Produktionsprozesse den Interessen der Werktätigen und schafft die Bedingungen für die Liquidierung / den Wegfall wesentlicher Unterschiede zwischen geistiger und körperlicher Arbeit.

9.1.B.−KÜ
1. Этот автомат теперь строится. 2. Этот автомат еще не будет построен. 3. Этот автомат долго строился. 4. Программа рассчитывается инженером нашего завода. 5. Программа была рассчитана инженером нашего завода. 6. Программа всегда рассчитывалась инженером нашего завода. 7. Обработка деталей осуществляется по определенной программе. 8. Обработка деталей была осуществлена по определенной программе. 9. Обработка деталей несколько лет осуществлялась по определенной программе.

9.2.A.−3.
1. Das Auftreten und die Entwicklung von Werkzeugmaschinen mit Programmsteuerung war eine qualitativ neue Etappe in der Entwicklung des Werkzeugmaschinenbaus. 2. Sie führte zur Schaffung neuer Mechanismen und Steuerungssysteme und zur Veränderung konstruktiver Lösungen kinematischer Elemente. 3. Eine Hauptaufgabe bei der Aufstellung der Kinematik einer Werkzeugmaschine mit Programmsteuerung ist die Gewährleistung einer hohen Bearbeitungsgenauigkeit. 4. In modernen Werkzeugmaschinen mit Programmsteuerung erreicht die Genauigkeit der Kommandoerfüllung zur Verschiebung / Vorschubgenauigkeit 1 μm. 5. Diese Genauigkeit der Verschiebung / Vorschubgenauigkeit ist nur möglich bei Werkzeugmaschinen, die eine hohe konstruktive Steife haben. 6. Das wird durch die Schaffung autonomer / selbständiger Antriebe und den Ersatz von mechanischer Übertragung durch elektrische, elektronische und hydraulische erreicht.

9.3.A.−3.
1. Nach dem Verwendungszweck unterscheidet man Bearbeitungs-, Kontroll- und Montageautomaten. 2. Bearbeitungsautomaten haben die Funktion, die Form der Oberfläche und die Eigenschaften des Werkstücks zu verändern. 3. Die Gewährleistung der Grenzwerte, zwischen denen das Maß, die Eigenschaft und die Lage des zu bearbeitenden Werkstücks im Raume liegen, verwirklichen Kontrollautomaten. 4. Kontrollautomaten kann man nach dem Meßverfahren klassifizieren, das berührend oder berührungslos sein kann. 5. Die Montage von Teilen mit toleriertem Spiel und toleriertem Übermaß führen Montageautomaten aus. 6. Aus standardisierten Bauelementen für Werkzeugmaschinen und die sie verbindenden Einrichtungen setzt man Maschinenfließstraßen zusammen. 7. Arbeits- und Vorschubeinrichtungen, Einrichtungen zum Spannen und Fixieren der Einzelteile sind standardisierte Werkzeugmaschinenbauelemente. 8. Von ihnen unterscheiden sich Bauelemente der verbindenden Einrichtungen, wie Schrittförderer, Drehtische, Werkstückspeicher u. a. 9. Man unterscheidet Zuführeinrichtungen für Bundmaterial, für Stangen und für Einzelwerkstücke. 10. Nach dem Baukastenprinzip setzt man Maschinen aus standardisierten Baugruppen zusammen. 11. Maschinenfließstraßen werden in nichtumrüstbare und umrüstbare unterteilt. 12. In der Massenproduktion ist eine Ausrüstung weit verbreitet, die mit einem Steuerungssystem mit Steuerwelle ausgerüstet ist, auf der sich Kurvenscheiben befinden. 13. Bei Maschinen mit NC-Steuerung hat es der Technologe mit Informationen in diskreter Form zu tun, was erlaubt, die Programme mit Hilfe elektronischer Rechenmaschinen aufzustellen.

Größenvorsätze

Kurzzeichen russisch	deutsch	Bezeichnung	Größenordnung
п	p	Pico	10^{-12}
н	n	Nano	10^{-9}
мк	µ	Mikro	10^{-6}
м	m	Milli	10^{-3}
к	k	Kilo	10^{3}
М	M	Mega	10^{6}
Г	G	Giga	10^{9}
Т	T	Tetra	10^{12}

Maßeinheiten

Einheit	Kurzzeichen russisch alt	neu	deutsch	Erläuterungen
ампер	а		A	единица силы тока
атмосфера	ат		At	~ давления
бар	бар		B	~ давления
ватт	вт	Вт	W	~ мощности
вольт	в	В	V	~ напряжения
герц	гц	Гц	Hz	~ частоты
градус	град		K	разность температур
~ Кельвина	°К		°К	единица термодинамической температуры
грамм	г		g	~ массы
~ -сила	Г, гс		p	~ давления, напряжения
джоуль	дж	Дж	J	~ работы
калория, малая	кал		cal	~ количества теплоты
кулон	к	К	C	~ электрического заряда
литр	л		l	~ объема
метр	м		m	~ длины
микрон	мк		µm	~ длины
минута	мин		min	~ времени
ньютон	н		N	~ силы массы
ом	ом		Ω	~ сопротивления
свеча	св		cd	~ силы света
секунда	сек		s	~ времени
час	ч		h	~ времени
фарада	ф	Ф	F	~ электрической емкости

Единицы измерения в Международной системе единиц измерения (система СИ)

1. Давление измеряют
    в н/м² (ньютон на квадратный метр),
    в барах: 1 бар = 10⁵ н/м²,
    в технических атмосферах: 1 техн. ат. = 1 кГ/см² = 1000 Г/см²,
    в физических атмосферах: 1 физ. ат. = 1,033 кГ/см² = 10330 Г/см²,
    в миллиметрах ртутного и водяного столбов.

2. **Температуру измеряют**
    в градусах Кельвина или в градусах Цельсия:
    T°K = t °C + 273,15 °C,
    где T — температура в градусах Кельвина
    и t — температура в градусах Цельсия.

3. Объем измеряют
    в кубических метрах или кубических сантиметрах.

4. Работу измеряют
    в джоулях: 1 дж = 1 н · м = 1 кГ · м/сек².

5. Количество тепла (теплоту) измеряют
    в джоулях, а также в килокалориях: 1 ккал = 4,1868 · 10 дж.

6. Теплоемкость измеряют
    в килоджоулях на градус (кдж/гр) или в килокалориях на градус (ккал/гр)

Verzeichnis des Wortschatzes

Die den Wörtern nachgestellten Ziffern kennzeichnen ihr Auftreten im Programm.

автома́т 6.2. — Automat
  многошпи́ндельный ~ 9. D — Mehrspindelautomat
  одношпи́ндельный ~ 9. D — Einspindelautomat
  патро́нный ~ 9. D — Futterautomat
  сбо́рочный ~ 9.3. — Montageautomat
  сва́рочный ~ 6.2. — Schweißautomat
  тока́рный ~ 9.D — Drehautomat
автоно́мный 9.2. — autonom, selbständig
агрегати́рованный 9.3. — Baukasten-
азо́т 4.2. C — Stickstoff
алма́з 7.3. — Diamant
аппара́т 6.2. — Apparat
  направля́ющий ~ 11.2. — Leitapparat
атмосфе́ра 6.2. — Atmosphäre
  восстанови́тельная ~ 6.3. — reduzierende Atmosphäre
аустени́т 4.3. — Austenit
  оста́точный ~ 4.3. — Restaustenit

ба́бка
  за́дняя ~ 7.3. C — Reitstock
ба́за 2.3. — Basis, Grundlage
  измери́тельная ~ 8.1. C — Meßbasis
  технологи́ческая ~ 8.1. C — technologische Basis
бази́рование 8. D — Antastung, Berührung
бараба́н 9. D — Trommel
бейни́т 4.3. — Bainit, Zwischenstufengefüge
бесконта́ктный 9.3. — berührungslos
бла́га 1. D — Güter
благодаря́ чему́ 4.3. — dank, durch, infolge
благосостоя́ние 1.1. — Wohlstand
блок — Block
  мозаи́чный ~ 4.3. C — Subkorn
болт 5.3. — Schraube, Durchsteckschraube
большинство́ 4.1. — Mehrheit
брак 8.3. — Ausschuß
брако́ванный 7.1. D — Ausschuß-, fehlerhaft
бу́ква 2.1. — Buchstabe
бу́нкер 6.2. — Behälter, Vorratsbehälter
бунт 9.3. — Bund-, Draht-, Bandmaterial
быстрохо́дный 12.2. — schnellaufend, hochtourig

вал 5.2. — Welle
  коле́нчатый ~ 9.3. D — Gelenkwelle
  распредели́тельный ~ 9.2. — Steuerwelle
ва́нна — Wanne; Bad
  сва́рочная ~ 6.1. — Schweißbad

ввести́ / вводи́ть 8.3.	einführen
величина́ 1.D	Größe, Betrag
ве́рхний 7.1. C	oberer
вес 7.2.	Gewicht; Masse
уде́льный ~12., 9.1. C	spezifisches Gewicht, Wichte; Anteil
вещество́ 2.2. C	Stoff
взаи́мно 1. D	wechselseitig
взаи́мный 1. D, 6. D	gegenseitig, wechselseitig
взаимоде́йствие 10., 2.2. C, 3. D	Wechselwirkung
взаимозаменя́емость 8.1.	Austauschbau; Austauschbarkeit
взаимозаменя́емый 8.1.	austauschbar
взаимосвя́зь 2.2. C	Wechselbeziehung
взять за осно́ву 6. D	zugrundelegen
вид 1.2.	Art; Ansicht; Form
ви́дный 4.3.	ersichtlich, sichtbar
винт	Schraube; Spindel
ходово́й ~9.2., 7.3. C	Leitspindel
включи́ть / включа́ть 1.2.	einschließen; einschalten
влия́ние 4.2., 1. D	Einfluß
влия́ть на что 4.2.	beeinflussen
вме́сто чего́ 8.3.	anstelle, statt
внедре́ние 1. D	Einführung
внедри́ть / внедря́ть 1. D	einführen
вну́тренний 7.1.	innerer, innen
внутри́ 3.2.	im Inneren
возбужде́ние 2.3. C	Erregung
возде́йствие 3.3.	Einwirkung
во́здух 6.2.	Luft
воздуходу́вка 12.1.	Gebläse, Luftgebläse
возникнове́ние 4.2., 1. D	Entstehung, Auftreten, Bildung
возни́кнуть / возника́ть 2.1.	entstehen, auftreten
возрасти́ / возраста́ть/ 4.2.	wachsen, zunehmen, ansteigen
войти́ / входи́ть в соста́в 2.2. C	gehören zu; enthalten sein
волоче́ние 7.2.	Ziehen
воспламене́ние 11.1.	Zündung
восприня́ть / воспринима́ть 5.2.	aufnehmen
восприя́тие 5.2.	Aufnahme
воспроизведе́ние 8.3.	Reproduktion
воспроизвести́ / воспроизводи́ть 7.1.	reproduzieren
впры́скивание 11.1.	Einspritzen
впуск 11.1.	Einlaß
враща́ться 5.2.	sich drehen, rotieren, angetrieben werden
вре́дный 4.2. C	schädlich, nachteilig
вре́мя	
маши́нное ~7.3. C	Maschinengrundzeit
вручну́ю 9.1. C	von Hand
всасывание 11.1.	Ansaugen
всеме́рный 9. D	größtmöglich
всле́дствие чего́ 8.1.	infolge, durch, wegen
вста́вка 8.3. C	Einsatz
втори́чный 2.2.	sekundär, Sekundär-

16 SKA Russ. Maschb.

Anhang

входи́ть в соста́в 2.2. C — gehören zu; enthalten sein
вы́бивка 7.1. — Ausschlagen, Ausleeren, Leeren
вы́бор 12.2. — Auswahl
вы́годный 8.1. C — vorteilhaft, günstig
вы́дача 9. D — Ausgabe
выделе́ние — Hervorhebung; Ausscheidung
  ~тепла́ 11.1. — Wärmeentwicklung
вы́делить / выделя́ть 4.3. C — freisetzen, ausscheiden; hervorheben
вы́держать / выде́рживать 8.2. C — einhalten; halten
вы́держка 4.3. — Halten; Haltedauer
вы́звать / вызыва́ть 4.3. — hervorrufen
вы́нуть / вынима́ть 7.1. C — herausnehmen
вы́плавить / выплавля́ть 7.1. — schmelzen, erschmelzen
вы́плавка 4.2. C, 4. D — Schmelzen, Schmelzverfahren
выплавля́емый 7.1. — ausschmelzbar
выполне́ние 1.1. — Erfüllung; Ausführung
вы́полнить / выполня́ть 8.3. — erfüllen; ausführen
выпрями́тель 2.3. — Gleichrichter
  рту́тный ~2.3. C — Quecksilberdampfgleichrichter
вы́пуск 9.3., 11.1. — Ausstoß, Produktion; Auslaß
вы́пустить / выпуска́ть 7.3. C — herstellen, produzieren
вы́разить / выража́ть 8.2. — ausdrücken, darstellen
вы́расти / расти́ 7.2. — wachsen
вы́сушить / суши́ть 7.1. C — trocknen
вя́зкий 4.2. — zäh
вя́зкость 4.2., 12.1. — Zähigkeit; Viskosität
  уда́рная ~4.2. — Kerbschlagzähigkeit

габари́т 11.2. — Abmessung
газ — Gas
  отрабо́тавший ~11.1. — Abgas
газли́фт 12.1. — Drucklufttheber
газоду́вка 12.1. — Gasgebläse
газообра́зный 3.3. C — gasförmig
гаранти́рованный 9.3., 8.2. C — toleriert; definiert
гидравли́ческий 7.1. — hydraulisch
гидропереда́ча 12.1. — Hydraulikgetriebe
гита́ра — Schere, Räderschere
  ~сме́нных колёс 9. D — Wechselräderschere
гла́дкий 8.2. C — glatt
глубина́ — Tiefe
  ~ре́зания 7.3. — Schnittiefe
глубо́кий 5.3. — tief, tiefgreifend
гну́тый 7.2. D — gebogen
го́дность 8. D — Brauchbarkeit
го́дный 8.1. C — brauchbar
голо́вка 6.2. — Kopf; Kopfteil
  силова́я ~9.3. — Arbeits- und Vorschubeinheit
горе́лка 6.3. — Brenner
горе́ние 6.2. — Brennen
горячека́таный 4.2. C — warmgewalzt, Warmwalz-

давле́ние 7.1., 6. D
да́нные 8.1.
да́тчик 9.2.
дви́гатель 2.1. C
   га́зовый ~11.1.
   карбюра́торный ~11.1.
   реакти́вный ~11.1.
   теплово́й ~11.1.
   ~вне́шнего горе́ния 11.1.
   ~вну́треннего сгора́ния 11.1., 5.3. C
   ~с самовоспламене́нием 11.1.
движе́ние 2.1.
   возвра́тно-поступа́тельное ~7.3.
   враща́тельное ~5.3.
   поступа́тельное ~5.3.

де́йствие 2.1., 1. D
действи́тельный 8.3.
де́йствовать 3.1.
дели́ть на что 7.3.
держа́вка 7.3. C
деревя́нный 7.1. C
дета́ль 4.1.
   стандартный ~8.1.
   ~маши́ны 4.1.
деформа́ция 4.3., 3. D
деформи́рование 6.2.
деформи́ровать 4.2.
диагра́мма 4.2.
   ~состоя́ния 4.3.
диа́метр 5.3.
диапазо́н 9.3.
дио́д 2.3.
   герма́ниевый ~2.3.
   кре́мниевый ~2.3.
диэле́ктрик 2.1.
длиноме́р 8. D
дно 7.3. B
доба́вить / добавля́ть 4. D
добавле́ние 6.1.
дово́льно 6.3.
долгове́чность 8.3., 4. D, 7.1. C
до́пуск 8.1., 7.3. C
   сумма́рный ~8. D
допусти́мый 8.1.
допусти́ть / допуска́ть 8.3.
дорабо́тка 8.1.
доста́точный 7.2., 4.3. C
дуга́
   сва́рочная ~6.1.

Druck
Daten, Werte, Ergebnisse
Geber, Fühler
Motor
Gasmotor
Vergasermotor
Düsentriebwerk, Strahltriebwerk
Wärmekraftmaschine
Dampfkraftmaschine
Verbrennungsmotor

Dieselmotor
Bewegung
hin- und hergehende Bewegung
Rotationsbewegung, Drehbewegung
Translationsbewegung, fortschreitende Bewegung
Wirkung
wirklich, real; Ist-
wirken, einwirken
teilen, einteilen; dividieren
Halter, Halterung
Holz-
Teil, Einzelteil; Werkstück
Normteil
Maschinenteil, Maschinenelement
Verformung, Formänderung
Verformen
verformen
Diagramm, Schaubild
Zustandsdiagramm
Durchmesser
Bereich, Intervall
Diode
Germaniumdiode
Siliziumdiode
Dielektrikum, Nichtleiter
Längenmeßgerät
Grund, Boden
zusetzen, beifügen; ergänzen
Zusetzen; Ergänzung
ziemlich
Lebensdauer
Toleranz
Summentoleranz
zulässig
zulassen
Nacharbeit
hinreichend, ausreichend, genügend
Bogen
Lichtbogen

Anhang

едини́ца 2.2. C	Eins; Einheit, Maßeinheit
~измере́ния 3.3.	Maßeinheit
естествозна́ние 10.1.	Naturwissenschaften
жаросто́йкость 4. D	Hitzebeständigkeit
желе́зный 4.1.	Eisen-
жёсткость 7.2. C, 8.1. C, 8.3. C, 9.2. C	Starrheit; Steifigkeit, Steife
жёсткий 8.3.	starr; steif
жи́дкий 6.1., 3.3. C	flüssig
жи́дкость 12.1.	Flüssigkeit
сма́зывающе-охлажда́ющая ~7.3. B	Schmier- und Kühlmittel
жидкотеку́честь 7.1.	Vergießbarkeit, Gießbarkeit, Fließvermögen
зави́сеть от 3.3.	abhängen von, abhängig sein von
зави́симость 4.2., 1. D	Abhängigkeit
загото́вка 7.2.	Rohling, Halbzeug, Werkstück, Teil
шту́чная ~9.3., 7.3. C	Einzelwerkstück
загру́зка 9. D	Zuführung
зада́ть / задава́ть 7.3.	geben, vorgeben
задержа́ться / заде́рживаться 11.2.	sich verzögern
зажа́ть / зажима́ть 7.3. C	spannen, einspannen
зажига́ние 11.1.	Zündung
принуди́тельное ~11.2.	Fremdzündung
зажи́м 2.2., 9.3.	Klemme; Spannen; Spannvorrichtung
зазо́р 8.2.	Spiel
зака́зчик 8.3. C	Kunde, Abnehmer
закали́ть / закаля́ть 4.3.	härten; abschrecken
зака́лка 4.3.	Härten; Abschrecken
заключа́ться в чём 4.3.	bestehen in
зако́н 1.1.	Gesetz
~сохране́ния и превраще́ния эне́ргии 10.1.	Gesetz der Erhaltung und Umwandlung der Energie, Energieerhaltungsgesetz
закрепи́ть / закрепля́ть 5.2.	befestigen
зали́вка 7.1.	Gießen, Eingießen
зали́ть / залива́ть 7.1.	eingießen, vergießen
заме́на 8.1., 9.2. C	Ersetzen, Austausch
замени́ть / заменя́ть 4.1.	ersetzen, austauschen
заня́ть / занима́ть 7.1.	einnehmen, belegen; beschäftigen
запо́лнить / заполня́ть 7.1.	ausfüllen
запрессо́вка 8.2.	Einpressen, Pressen
заря́д 2.1.	Ladung
заря́женный 2.1.	geladen
заса́сывание 11.1.	Ansaugen
затвердева́ние 7.1.	Erstarren, Erstarrung
затверде́ть / затвердева́ть 6.1.	hart werden, erstarren
затра́та 7.2. C, 7.3. C	Aufwand
затра́тить / затра́чивать 7.3. B	aufwenden
защи́та	Schutz
га́зовая ~6.1.	Gasschutz
шла́ковая ~6.1.	Schlackenschutz

защити́ть / защища́ть 6.2.	schützen
звено́	Glied
ведо́мое ~5.3.	getriebenes Glied
веду́щее ~5.3.	treibendes Glied
земно́й 3.3.	Erd-
зерно́ 4.3., 4.2. C	Korn
знак 8.1. C	Zeichen; Vorzeichen
стержнево́й ~7.1. C	Kernmarke
значе́ние 1.1., 3.1.	Bedeutung; Wert, Betrag
значи́тельный 4.2.	bedeutend, beträchtlich, erheblich
зола́ 12.1.	Asche
зо́на 2.3.	Zone, Bereich; Band
игла́ 4.3. C	Nadel
избы́ток 2.2.	Überschuß
извне́ 3.2.	von außen
изги́б 5. D	Biegung
изгота́вливать 7.2.	fertigen, herstellen
изгото́вить / изготовля́ть 7.1.	fertigen, herstellen
изготовле́ние 4.1.	Fertigung, Herstellung
изде́лие 6.1.	Erzeugnis, Fertigteil; Teil; Werkstück
из-за 8.2. C, 8. D	wegen
изложи́ть / излага́ть 3. D	darlegen
измене́ние 7.2., 1. D	Veränderung, Änderung
измени́ть / изменя́ть 4.2.	verändern, ändern
измере́ние 8.3.	Messung
ко́свенное ~8. D	indirekte Messung
относи́тельное ~8. D	Unterschiedsmessung
прямо́е ~8. D	direkte Messung
измери́тельный 8.1.	Meß-
изме́рить / измеря́ть 2.1.	messen
изно́с 7.3.	Verschleiß
износи́ться / изна́шиваться 7.3. D	verschleißen
износосто́йкий 4.3.	verschleißbeständig
износосто́йкость 4.2.	Verschleißwiderstand, Verschleißverhalten
изобрази́ть / изобража́ть 8.2.	darstellen
изобрете́ние 10.1.	Erfindung
изучи́ть / изуча́ть 3.1.	untersuchen
име́ется / име́ются 2.1.	es gibt, es ist vorhanden
име́ть 1.1.	haben, besitzen
име́ть ме́сто 4.3.	stattfinden
ине́ртность 3.3.	Trägheit
ине́рция 3.1.	Trägheit
инструме́нт 1.3., 4.1.	Instrument; Werkzeug
ре́жущий ~4.1.	Schneidwerkzeug
резьбообразу́ющий ~8. D	Gewindeschneidwerkzeug
искаже́ние 4.3. C	Verzerrung, Entstellung
исключи́тельно 2.3. C	ausschließlich
исключи́ть / исключа́ть 8.2.	ausschließen
исполне́ние 9.2.	Ausführung

Anhang 242

испо́льзовать 1.2.   nutzen, aus-, benutzen, verwenden
испыта́ние 9.1.   Prüfung; Erprobung, Versuch
испыта́ть / испы́тывать 5. D   prüfen; erfahren
иссле́дование 1.3.   Untersuchung, Forschung
исто́чник   Quelle
  ∼ то́ка 2.2.   Stromquelle
исходи́ть из 8.1.   ausgehen von
исхо́дный 8.3.   Ausgangs-, ursprünglich
исходя́ из 2.1. C   ausgehend von

как 7.2.   wie, als
как пра́вило 8.3.   in der Regel, normalerweise
кале́ние 4.2. C   Glut, Glühen
  кра́сное ∼ 4.2. C   Rotwärme
кали́бр 8.3.   Lehre
  контро́льный ∼ 8.3.   Prüflehre
  непроходно́й ∼ 8.3.   Ausschußlehre
  норма́льный ∼ 8.3. C   Normallehre
  преде́льный ∼ 8.3.   Grenzlehre
  приёмный ∼ 8.3. C   Abnahmelehre
  проходно́й ∼ 8.3., 8.2. C   Gutlehre
  рабо́чий ∼ 8.3.   Arbeitslehre
кали́бр-кольцо́ 8.3. C   Lehrring
калибр-про́бка 8.3.   Lehrdorn
калибр-скоба́ 8.3.   Rachenlehre
калибри́рование 8.3.   Lehren
ка́мера 11.2.   Kammer, Raum; Kamera
  ∼ сгора́ния 11.2.   Brennkammer, Verbrennungsraum
  ∼ сжа́тия 11.1.   Verdichtungsraum
ка́чественный 8.1., 1. D   qualitativ
ка́чество   Qualität, Güte
  в ка́честве 1. D, 4. D, 7.2. C   als
ква́рцевый 7.1.   Quarz-
кислоро́д 4.2. C   Sauerstoff
кислотоупо́рный 6.2.   säurebeständig
кла́пан 11.1.   Ventil
  впускно́й ∼ 11.1.   Einlaßventil
  вса́сывающий ∼ 12.2.   Saugventil
  выпускно́й ∼ 11.1.   Auslaßventil
  нагнета́тельный ∼ 12.2.   Druckventil
ко́ваный 7.2., 7.1. D   geschmiedet, Schmiede-
ко́вка 7.2.   Schmieden
  свобо́дная ∼ 7.2.   Freiformschmieden.
колеба́ние 3.2.   Schwingung; Schwankung
колесо́ 5.3.   Rad
  водяно́е ∼ 11.2.   Wasserrad
  зубча́тое ∼ 5.3.   Zahnrad
коли́чество 10.2., 2.2. C   Quantität, Menge
колпа́к   Haube, Deckel, Glocke
  возду́шный ∼ 12.2.   Windkessel
кома́нда 9.2.   Kommandogabe, Befehl

компоновать 9.3.	zusammensetzen, zusammenstellen
компоновка 9.3.	Zusammensetzung, Anordnung, Ausführung
конвейер 9.3.	Fließband, Förderband
контактный 9.3.	berührend
контроль 8.3.	Kontrolle, Prüfung
конусность 8. D	Kegligkeit
конфигурация 7.1.	Gestalt, Form
копир 9.2.	Kopiereinrichtung
корпус 5. D	Gehäuse, Ständer
корректировка 9.1.	Korrektur
косвенный 8.1. C, 8. D	indirekt
котёл 11.1.	Kessel
коэффициент 2. D	Koeffizient, Kennwert
~ полезного действия 11.1.	Wirkungsgrad
красноломкость 4.2. C	Rotbrüchigkeit
красностойкость 7.3. D	Warmhärte, Warmfestigkeit
кремний 4.2. C	Silizium
криволинейный 7.1. D	gekrümmt
кривошип 11.1.	Kurbel
кромка	Kante, Rand
режущая ~ 7.3.	Schneide
круг	Kreis; Scheibe
шлифовальный ~ 7.3.	Schleifscheibe
крупногабаритный 7.3. C	Groß-, groß
крупный 1.1.	groß
кручение 5. D	Torsion, Verdrehung
кузнечный 7.2.	Schmiede-
кулачок	Backe, Nocke
профильный ~ 9.3.	Kurve, Kurvenscheibe
лампа 2.2.	Lampe, Röhre
электровакуумная ~ 2.2.	Hochvakuumröhre
лампочка 2.2.	Lampe
электрическая ~ 2.2.	Glühlampe, elektrische Lampe
латунь 7.2. C	Messing
легирование 4.2.	Legieren
лента 7.2. D	Band
ликвация 7.1.	Seigerung
линейка	Linie, Zeile; Lineal
синусная ~ 8. D	Sinuslineal
линия 3.2.	Linie
автоматическая ~ 9.1.	Maschinenfließstraße, -reihe
поточная ~ 7.2. D	Fließstraße
лист 7.2.	Blatt; Blech
толстый ~ 7.2.	Grobblech
тонкий ~ 7.2.	Feinblech
листовой 7.2.	Blech-
литейный 7.1.	Gieß-, gießtechnisch
литый 7.1.	gegossen, Guß-
лить 7.1.	gießen

Anhang

литьё 7.1. — Gießen; Guß, Gußstück
  фасо́нное ~7.1. — Formguß
  центробе́жное ~7.1. — Schleudergießverfahren, Schleuderguß
  ~в оболо́чковые фо́рмы 7.1. — Formmaskenverfahren
  ~под давле́нием 7.1. — Druckgießverfahren; Druckguß
лопа́тка 11.2. — Schaufel

ма́гниевый 7.1. — Magnesium-
ма́рганец 4.2. C — Mangan
ма́рка 7.1. — Marke, Sorte
ма́сло 12.2. — Öl
масшта́б 8.3. — Maßstab, Umfang
материа́л 4.1. — Material, Werkstoff
  металли́ческий ~4.1. — metallischer Werkstoff
  металлокерами́ческий ~4.1. — Metallkeramik
  неметалли́ческий ~4.1. — nichtmetallischer Werkstoff
  связу́ющий ~7.1. C — Bindemittel, Binder
материа́льный 3.3. — materiell; Massen-, Masse-
маши́на 5.3. — Maschine
  лопа́точная ~11.2. — Strömungsmaschine
  парова́я ~11.1. — Dampfmaschine
  теплова́я ~10.1. — Wärmekraftmaschine
  холоди́льная ~10.1. — Kältemaschine
  электро́нная вычисли́тельная ~9.3., 9.2. C — elektronische Rechenmaschine
маши́на-ору́дие 5.3. C — Arbeitsmaschine
маши́нный 7.1. — maschinell, Maschinen-
машинове́дение 5.3. — Maschinenkunde
машиностое́ние 4.1. — Maschinenbau
машинострои́тельный 4.1. — Maschinenbau-
ме́дный 7.1. — Kupfer-
медь 6.3., 4.2. C — Kupfer
межстано́чный 9.3. — sich zwischen den Werkzeugmaschinen befindend
межцеховóй 9.3. — sich zwischen den Abteilungen vollziehend, befindend
ме́лкий 11.2. — klein
ме́ра 8.3. — Maß, Ausmaß; Maßnahme; Maßverkörperung
  концева́я ~8. D — Endmaß
  устано́вочная ~8. D — Einstellmaß
мероприя́тие 1. D — Maßnahme
ме́стный 6.1. — örtlich, lokal
мета́лл 4. D — Metall
  цветно́й ~4.1. — Nichteisenmetall, Buntmetall
  чёрный ~4.1. — Eisenmetall
  чи́стый ~4.1. — reines Metall, Reinmetall
ме́тод 1.3. — Methode, Verfahren
  двухто́чечный ~8.3. C — Zweipunktmessung
  дифференци́рованный ~измере́ния 8. D — Einzelfehlermessung
  ко́мплексный ~измере́ния 8. D — Summenfehlermessung

метрологи́ческий 8.3.	meßtechnisch
метроло́гия 8.3.	Meßwesen
ме́тчик 7.3. D	Gewindebohrer
механи́зм 5.3.	Mechanismus, Einrichtung; System
исполни́тельный ~ 9.3.	Arbeitsmechanismus
~пита́ния 9.3.	Zuführeinrichtung
микро́метр 8. D	Mikrometer, Meßschraube
микроско́п	Mikroskop
опти́ческий ~ 4.3. C	Lichtmikroskop
микротре́щина 7.3. B	Mikroriß
моби́льность 9.3.	Beweglichkeit
мо́дуль 3.3.	Modul; Betrag
моме́нт	Moment
крутя́щий ~ 5.2.	Drehmoment
мо́щность 7.2. D	Leistung, Leistungsfähigkeit, Kapazität
избы́точная ~ 11.2.	Überschußleistung, Mehrleistung
поле́зная ~ 11.2.	Nutzleistung
му́фта 5.3. C	Kupplung
наблюда́ть 4.3. C	beobachten
нагнета́ние 12.2.	Drücken, Fördern
нагнета́тель 12.1.	Verdichter
нагнета́ть 12.1.	drücken, verdichten
нагре́в 4.3.	Erwärmung
нагре́ть / нагрева́ть 4.3.	erwärmen
нагрузи́ть / нагружа́ть 5.2.	belasten, beanspruchen
нагру́зка 5.2., 3.3. C	Last, Belastung, Beanspruchung
надёжность 8.3., 2.3. C, 4. D, 8.1. C	Zuverlässigkeit, Sicherheit
назначе́ние 7.2., 5.3. C	Bestimmung, Bestimmungszweck, Verwendung, Verwendungszweck
назна́чить / назнача́ть 8.1.	bestimmen
накла́дываться друг на дру́га 4.3. C	sich überlagern
наклёп 7.2. D	Kaltverfestigung
накопи́тель 9.3.	Speicher
нала́дка 9.1., 8. D	Einrichten, Einrichtung, Einstellung
нала́дчик 9.3.	Einrichter
нали́п 7.3. B	Verklebung
наложи́ться / накла́дываться друг на дру́га 4.3.	sich überlagern
напо́р 12.1.	Förderhöhe
по́лный ~ 12.1.	Gesamtförderhöhe
напра́вить / направля́ть 3.1.	richten
направле́ние 2.1.	Richtung
напряже́ние 2.2.	Spannung
напряжённость	Intensität, Spannung
~по́ля 2.1.	Feldstärke
на́пуск 7.2. C	Maßzugabe
нараста́ние 9.3. D	Anwachsen
нареза́ние 7.3. C	Schneiden
народнохозя́йственный 8.2.	volkswirtschaftlich
нару́жный 8. D	Außen-

Anhang

насо́с 11.2.
  вихрево́й ~12.1.
  ло́пастный ~12.1.
  осево́й ~12.1.
  плу́нжерный ~12.2.
  пневмати́ческий ~12.1.
  поршнево́й ~12.1.
  ротацио́нный ~12.1.
  стру́йный ~12.1.
  то́пливный ~11.2.

  центробе́жный ~12.1.
    ~вытесне́ния 12.1.
    ~двойно́го де́йствия 12.1.
    ~просто́го де́йствия 12.1.
настро́йка 7.3. C, 9. D
натя́г 8.2.
нау́чно-иссле́довательский 1.3.
нахожде́ние 8.3.
нача́ло 3. D
  второ́е ~термодина́мики 10.1.
  пе́рвое ~термодина́мики 10.1.
невели́кий 8.2.
недоста́ток 2.2.
нежеле́зный 4.1.
незави́симый 8.1.
незначи́тельный 7.3.
неизбе́жный 7.2. C
нельзя́ 7.2.
необрати́мый 10.2.
необходи́мость 1. D
необходи́мый 2.1.
неоднор́одность 7.1.
неоднор́одный 4.3. C
неотдели́мый 2. D
неподви́жный 5.1.
непосре́дственный 7.2., 7.1. C
непреры́вный 2.2. C

неразры́вный 2. D
несмотря́ на что 7.2. C
неусто́йчивость 4.3.
неусто́йчивый 4.3.
низкоуглеро́дистый 4. D
но́мер
  поря́дковый ~7.3. C
нормализа́ция 4.3.
нормализова́ть 4.3., 8.2.
носи́тель 2.1.

Pumpe
Wirbelstrompumpe, Seitenkanalpumpe
Kreiselradpumpe; Flügelpumpe
Axialpumpe, axiale Kreiselpumpe
Tauchkolbenpumpe, Plungerpumpe
Druckluftpumpe
Kolbenpumpe, Hubkolbenpumpe
Umlaufkolbenpumpe
Strahlpumpe
Brennstoffpumpe, Kraftstoffpumpe; Einspritzpumpe
Kreiselpumpe, Zentrifugalpumpe
Verdrängerpumpe, Flügelpumpe
doppeltwirkende Pumpe
einfachwirkende Pumpe
Einstellen, Einrichten
Übermaß
Forschungs-
Auffinden, Ermittlung
Beginn, Anfang; Grundlage; Prinzip
Zweiter Hauptsatz der Thermodynamik
Erster Hauptsatz der Thermodynamik
klein, gering, geringfügig
Mangel
Nichteisen-
unabhängig
geringfügig
unvermeidlich
man kann nicht, man darf nicht
nicht umkehrbar, irreversibel
Notwendigkeit
notwendig
Inhomogenität
inhomogen
untrennbar
unbeweglich, starr
direkt, unmittelbar
ständig, stetig, ununterbrochen, kontinuierlich
untrennbar
ungeachtet, trotz
Instabilität
instabil, unbeständig
kohlenstoffarm
Nummer
laufende Nummer
Normalisieren, Normalglühen
normalisieren, normalglühen; normen
Träger

обеднéние 4.3. C — Verarmung
обеспéчение 9.2. — Gewährleistung, Sicherung
обеспéчить / обеспéчивать 1.2. — gewährleisten, sichern, garantieren
обкáтка 8. D — Abwälzen
обладáть чем 4.2., 2.2. C — besitzen, verfügen
óбласть 1. D — Gebiet, Bereich
облегчи́ть / облегчáть 2. D — erleichtern
обменя́ться / обмениваться чем 10.2. — austauschen
обнарýжить / обнарýживать 4.2. C — aufweisen, zeigen
обознáчить / обозначáть 2.1. — kennzeichnen, bezeichnen
оборýдование 1.3. — Ausrüstung, Ausrüstungen, Anlage, Anlagen
обрабáтываемость — Bearbeitbarkeit
  ∼рéзанием 7.3. — Zerspanbarkeit
обрабóтать / обрабáтывать 7.2. — bearbeiten, verarbeiten
  терми́чески ∼4.3. — wärmebehandeln
  ∼давлéнием 7.2. — umformen
обрабóтка 7.1. — Bearbeitung, Verarbeitung
  горя́чая ∼давлéнием 4.2. C — Warmumformen
  терми́ческая ∼4.3. — Wärmebehandlung
  термомехани́ческая ∼4.3. — thermomechanische Behandlung
  хи́мико-терми́ческая ∼4.3. — chemisch-thermische Behandlung
  ∼давлéнием 7.2. — Umformen, Umformtechnik
  ∼рéзанием 7.3. — spanende Formung
образéц 8. D — Muster; Probe; Maßverkörperung
образовáние 2.2. — Bildung
образовáть / образóвывать 2.2. — bilden
обрати́мый 10.2. — umkehrbar, reversibel
обрáтный 11.1. — entgegengesetzt, umgekehrt
обрýбка 7.1. — Trennen; Putzen
обуслóвить / обуслóвливать 4.3. — bedingen
óбщий 4.2. — allgemein; gemeinsam; Gesamt-
объединéние 1.1. — Vereinigung
объéкт — Objekt, Gegenstand
  контроли́руемый ∼8.3. — Prüfling
объём 1.1. — Umfang; Volumen
обы́чный 6.3. — gewöhnlich
ограни́чить / ограни́чивать 4.1. — begrenzen, einschränken
одинáковый 2.1. — gleich, identisch
однорóдный 6. D — gleichartig, homogen
одноя́корный 2. D — Einanker-
означáть 7.1. — bedeuten, bezeichnen
оказáть / окáзывать влия́ние на что 4.2., 1. D — Einfluß ausüben auf, beeinflussen
оказáть / окáзывать пóмощь 1.3. — Hilfe leisten, helfen
округли́ть / окрули́ть 8.1. C — runden
окружи́ть / окружáть 2.2. — umgeben
операция 4.3. — Operation, Arbeitsgang, Vorgang
опереди́ть / опережáть 9.3. — überholen
опирáться на что 5. D — sich stützen auf
опóка 7.1. C — Formkasten

опо́ра 5.2. — Stütze, Lagerung, Auflager
опо́рный 5.1. — Lager-, Stütz-
определе́ние 3.1. — Bestimmung, Festlegung, Ermittlung; Definition

определённый 3.1. — bestimmt
определи́ть / определя́ть 1.2. — bestimmen, festlegen, ermitteln; definieren

о́пыт 7.3. — Erfahrung, Erfahrungen; Versuch, Experiment

о́пытный 8.1. — experimentell, Versuchs-; erfahren, Erfahrungs-

ору́дие труда́ 2. D — Arbeitsmittel
осево́й 5.2. — Achs-, axial
оснасти́ть / оснаща́ть 4.1. — ausstatten, ausrüsten, bestücken
осна́стка 7.2. C — Ausrüstung, Bestückung
осно́ва 1.1., 4.3. C — Grundlage, Basis; Matrix
основа́ть / осно́вывать 1.3. — gründen
основно́й 1.1. — Grund-, Haupt-, grundlegend, hauptsächlich

в основно́м 7.1. — im wesentlichen, hauptsächlich, in der Hauptsache

осно́вный 4.2. C — basisch
осо́бый 6.2. — besonders
оста́точный 4.3. — Rest-, bleibend; Eigen-
оста́ться / остава́ться 6.2. — bleiben
осуществи́ть / осуществля́ть 1.2. — verwirklichen, realisieren, durchführen
осуществле́ние 7.3. — Verwirklichung, Realisierung, Durchführung

ось 5.2. — Achse
отве́рстие 8.2. — Bohrung, Öffnung
отве́тственный 8.3. C — verantwortlich; funktionswichtig
отде́л 3.1. — Gebiet, Zweig
отде́льный 6.1. — einzeln
о́тжиг 4.3. — Glühen
откла́дывать 8.1. C — abtragen
отклоне́ние 8.1. — Abweichung
  ве́рхнее преде́льное ~8.1. — oberes Ausmaß
  ни́жнее преде́льное ~8.1. — unteres Abmaß
отли́вка 7.1. — Guß, Gußstück; Gießen
отли́ть / отлива́ть 7.1. — gießen, abgießen
отличи́тельный 2.2. C — Erkennungs-, Unterscheidungs-
отличи́ться / отлича́ться от чего́ 6.1. — sich unterscheiden von
отличи́ться / отлича́ться чем 6.1. — sich unterscheiden durch
отложи́ть / откла́дывать 8.1. — abtragen
отме́тить / отмеча́ть 8.1. C — bemerken, feststellen
относи́тельный 7.3., 2.3. D — relativ, verhältnismäßig
относи́тельно чего́ 7.3. — hinsichtlich, in bezug auf
относи́ться к чему́ 4.1., 2.3. C — gehören zu, sich beziehen auf
отноше́ние 1. D, 3.3. C, 6. D — Verhältnis, Relation, Beziehung
отпа́сть / отпада́ть 9.3. — wegfallen
отпеча́ток 7.1. C — Abdruck

о́тпуск 4.3. — Anlassen
отпу́щенный 4.3. — angelassen
отрази́ть / отража́ть 3. D — widerspiegeln
о́трасль 1.1. — Zweig
отрица́тельный 2.1. — negativ
отсу́тствие 7.2. C — Fehlen
отсу́тствовать 7.2. D — fehlen
охвати́ть / охва́тывать 8.2., 2.2. C, 6. D — umfassen, erfassen; umhüllen
охлади́ть / охлажда́ть 4.3. — abkühlen
охлажде́ние 4.3. — Abkühlung
оцени́ть / оце́нивать 2.1. — einschätzen, werten, bewerten, beurteilen
оце́нка 8.1. — Bewertung, Abschätzung, Schätzung, Beurteilung

о́чередь — Reihe
в свою́ ~ 12.1. — ihrerseits, seinerseits
очи́стка 7.1. — Reinigung, Reinigen; Putzen

па́йка 6.3. — Löten
га́зовая ~ 6.3. — Flammenlöten
твёрдая ~ 6.3. — Hartlöten
электри́ческая ~ 6.3. — Löten mit Elektroenergie
~ погруже́нием 6.3. — Tauchlöten
~ твёрдыми припо́ями 6.3. — Hartlöten
пара́метр 4.3. — Parameter
терми́ческий ~ 10.2. — thermische Zustandsgröße
па́ртия 8.1. — Los, Losgröße
патро́н 7.3. C — Futter, Spannfutter
па́яльник 6.3. C — Lötkolben
перви́чный 2.2. — primär
первостепе́нный 3.3. C — erstrangig, vorrangig
переверну́ть / перевора́чивать 7.1. C — wenden, schwenken
перегрева́тель 11.1. — Überhitzer
переда́ть / передава́ть 2.2. — übergeben, übertragen, übermitteln
переда́ча 5.3. — Übertragung; Getriebe
бесступе́нчатая ~ 5.3. — stufenloses Getriebe
зубча́тая ~ 5.3. — Zahnradgetriebe
ремённая ~ 5.3. — Riemengetriebe, Riementrieb
ступе́нчатая ~ 5.3. — Stufengetriebe
фрикцио́нная ~ 5.3. — Reibradgetriebe
цепна́я ~ 5.3. — Kettengetriebe, Kettentrieb
червя́чная ~ 5.3. — Schneckengetriebe
перекристаллиза́ция 4.3. — Umkristallisation, Neukristallisation
перекры́ться / перекрыва́ться 8.2. — sich überdecken, sich überlagern, sich überschneiden
переме́нная 7.3. — Variable
перемести́ть / перемеща́ть 2.1. — verschieben, bewegen
перемеще́ние 2.1. — Verschiebung, Bewegung
перенала́дка 9.3. — Umrüstung
перенала́живаемый 9.3. — umrüstbar
перераспределе́ние 9.3. — Umverteilung, Neuverteilung

Anhang 250

перехо́д 9.1.	Übergang
перпендикуля́рный 7.3.	senkrecht
перфоле́нта 9.2.	Lochband
песо́к 7.1.	Sand
пита́ние 12. 2.	Speisung, Beschickung, Zufuhr
пла́мя 6.1.	Flamme
сва́рочное ~6.1.	Schweißflamme
план 1.1.	Plan
госуда́рственный ~1.1.	Staatsplan
теку́щий ~1.1.	laufender Plan
планоме́рность 1.1.	Planmäßigkeit
пласти́нка 4.3. C	Plättchen
пласти́ческий 6.2.	plastisch, verformbar
пласти́чность 4.2.	Plastizität, Verformbarkeit
пласти́чный 7.2.	plastisch, verformbar
пластма́сса 4.1.	Plast
пла́шки 7.3. D	Schneidbacken
плита́ 7.1. C	Platte
пло́скость 6.3. C	Ebene; Fläche
пло́тный 8.3. C	dicht
пневмати́ческий 7.1.	pneumatisch
пове́рхность 3.3.	Oberfläche, Fläche
за́дняя ~7.3. B	Freifläche
несопряга́емая ~8.1. C	Freifläche
пере́дняя ~7.3. B	Spanfläche
сопряга́емая ~8.1. C., 8.2. C	Paarungsfläche
~тре́ния 7.3. B	Reibfläche
повлия́ть / влия́ть на кого́/что 4.2.	beeinflussen
повыше́ние 1.2.	Erhöhung, Steigerung, Anstieg, Hebung
погре́шность 8.1.	Fehler
погрузи́ть / погружа́ть 6.3.	eintauchen, tauchen
погру́зка 9.1.	Verladen, Verladung
пода́ть / подава́ть 6.2.	geben, angeben; zuführen
пода́ча 6.2., 7.3.	Zuführung; Vorschub
подве́ргнуть / подверга́ть что чему́ 4.3.	unterziehen, aussetzen
подвести́ / подводи́ть 6.1., 12.1.	heranführen; zuführen
подви́жный 5.1.	beweglich
подго́нка 8.1.	Anpassung
поддержа́ние 5.2.	Stützen
поддержа́ть / подде́рживать 2.1.	stützen; aufrechterhalten
подкача́ть / подка́чивать 12.2.	pumpen
подня́ть / поднима́ть 7.1. C	abheben, heben
подпя́тник 5.2.	Axiallager
подши́пник 5.2.	Lager; Radiallager
~каче́ния 5.2.	Wälzlager
~скольже́ния 5.2.	Gleitlager
позво́лить / позволя́ть 2.1. C, 6.3. C	erlauben, gestatten, ermöglichen
показа́ние 8.3.	Anzeige, Angabe
показа́тель 7.2., 1. D	Kenngröße, Kennwert, Kennziffer
поко́вка 7.2.	Schmiedestück
поко́й 3.3.	Ruhe, Ruhezustand

	benetzen; überziehen
	Feld
...ическое ~2.1.	inhomogenes Feld
...еское ~2.1.	homogenes Feld
электрическое ~2.1.	elektrisches Feld
~допуска 8.1.	Toleranzfeld
полéзный 4.2. C	vorteilhaft, günstig, nützlich
полирование 7.3.	Polieren
пóлный 8.3.	voll, vollständig
полу... 8. D	Hälfte
	Teilflankenwinkel
	Lage; These; Satz
	Endstellung; Grenzlage
	Totpunkt
	positiv
	Streifen, Band
	Hohlraum
	Halbautomat
...3.	Halbleiter
...7.2.	Halbzeug
...кáт 7.2.	Halbzeug
...ние 4.1.	Erzeugung, Gewinnung, Herstellung
получить / получáть 1.1.	erhalten; erzeugen, gewinnen
помимо 5. D	außer, neben
понижéние 4.2.	Verringerung, Abnahme, Abfall, Senkung
понизить / понижáть 7.1.	verringern, senken
поперéчный 5.2.	Quer-
попытка 2.3. C	Versuch
порошóк 6.3.	Pulver
пóршень 8.1.	Kolben
порядок 4.3. C	Ordnung; Größenordnung
посáдка 8.2., 8.1. C	Passung
неподвижная ~8.2.	Preßpassung
переходная ~8.2.	Übergangspassung
подвижная ~8.2.	Spielpassung
~с зазóром 8.2.	Spielpassung
~с натягом 8.2.	Preßpassung
поскóльку 8.1. C	insofern, da
послéдовательность 9.3.	Folge, Aufeinanderfolge, Reihenfolge
послéдующий 4.3.	nachfolgend
послужить / служить для чего; чем 3.1.	dienen für, dienen zu; dienen als
посрéдством чего 5.3.	mit Hilfe von; durch
постоянная 7.3.	Konstante
постоянный 7.3., 3. D	konstant, ständig, stetig
поступить / поступáть 9.2.	gelangen
потéря 9. D	Verlust
потóк 12.1.	Strom, Fluß
потребитель 2.2.	Verbraucher
потрéбовать / трéбовать 3.3.	fordern

появле́ние 9.2.	Erscheinung
пра́вильный 7.1.	richtig; regel...
пра́ктика 4.1.	Praxis; Prakti...
пребыва́ть 3. D	bleiben, verha...
преврати́ть / превраща́ть 2.2.	umwandeln
превраще́ние 4.3.	Umwandlung
фа́зовое ~ 4.3.	Phasenumwandlung
предвари́тельный 7.3. C	vorhergehend, Vor-
преде́л 8.1., 2.3. C, 4.2. C	Grenze; Grenzwert
~ про́чности 4.2.	Festigkeit; Bruchfestigk...
в преде́лах 4.2.	im Bereich
предме́т	Gegenstand
~ дома́шнего обихо́да 7.2. D	Haushaltsgegenstand
предназна́чить / предназнача́ть 8.3.	bestimmen, vorsehen
предписа́ть / предпи́сывать 8.3.	vorschreiben
предпосы́лка 1.3.	Voraussetzung, Bedingung
предприя́тие 1.1.	Betrieb
предста́вить / представля́ть собо́й кого́ / что 4.1.	sein, darstellen
предусмотре́ть / предусма́тривать 1.2.	vorsehen
пре́жде всего́ 4.1.	vor allem
преиму́щественный 5.1.	überwiegend, vorwiegend
преиму́щество 1.1.	Vorzug, Vorteil
прекрати́ть / прекраща́ть 9.2.	unterbrechen, einstellen, beenden
пренебре́чь / пренебрега́ть чем 3.3. C, 8.3. C	vernachlässigen
преобразова́ние 2.3.	Umformung, Umwandlung
преобразова́ть / преобразо́вывать 2.2.	umformen, umwandeln, transformieren
преры́вистый 7.3. D	unterbrochen
пресс 7.2.	Presse
прессова́ние 7.2.	Pressen
приблизи́тельно 4.1.	annähernd, etwa, ungefähr
прибо́р 2.3.	Gerät
электрова́куумный ~ 2.3.	Elektrovakuumgerät; Röhre
электро́нный ~ 2.3.	elektronisches Bauelement
привести́ / приводи́ть 4.2.	anführen; führen zu
привести́ / приводи́ть в движе́ние 2.1. C	antreiben, in Bewegung setzen
приво́д 2.1.	Antrieb
приготовле́ние 7.1.	Aufbereitung, Vorbereitung
прие́м 8. D	Aufnahme, Empfang, Annahme; Abnahme; Methode; Teilschritt
при́знак 6.1.	Merkmal, Anzeichen
примене́ние 4.1.	Anwendung, Verwendung
примени́мый 7.2.	anwendbar
примени́ть / применя́ть 3.1.	anwenden, verwenden
приме́р 8.2.	Beispiel
при́месь 4.2. C, 4. D	Beimengung, Zusatz, Begleiter
принадле́жность 9. D	Zugehörigkeit
при́нцип 3.1.	Prinzip
~ Те́йлора 8.3.	Taylorscher Grundsatz

принять / принимать 2.1.	annehmen
принять / принимать за что 8.3., 8.1. C	annehmen als
приобрести / приобретать 3.3. C	gewinnen, annehmen
припой 6.3.	Lot
припуск 7.2. C	Aufmaß, Zugabe
природа 1. D	Natur, Charakter
прирост 9.3. D	Zuwachs
приспособление 9.3.	Vorrichtung
причина 8. D	Ursache, Grund
проверить / проверять 8.3.	prüfen, überprüfen, kontrollieren
проверка 8.3.	Prüfen, Prüfung, Überprüfung, Kontrolle
провести / проводить 6.1.	durchführen
провод 2.2.	Leitung, Leiter, Draht
проводник 2.1.	Leiter, Leitung
проводность 4.2.	Leitfähigkeit
проволока 7.2.	Draht
электродная ~ 6.2.	Schweißdraht
программоноситель 9.1.	Programmträger
прогресс 4.1.	Fortschritt
продолжительность 4.3. C	Dauer
продольный 6.3. C	Längs-
продукция 1.1.	Erzeugnisse, Produktion
произвести / производить 1.2.	durchführen, ausführen; produzieren, herstellen
производительность 1.3.	Produktivität; Leistung
~ труда 1.3.	Arbeitsproduktivität
производительный 4.3.	produktiv
производство 1.1.	Produktion, Herstellung
единичное ~ 7.1. D	Einzelfertigung
индивидуальное ~ 8. D	Einzelfertigung
литейное ~ 7.1.	Gießereiindustrie, Gießen
мелкосерийное ~ 7.1. D	Kleinserienfertigung
поточное ~ 9.1., 7.1. D	Fließfertigung
произойти / происходить 4.2.	vor sich gehen, stattfinden
пройти / проходить 3.2.	hindurchgehen, durchlaufen
прокат 7.2.	Walzgut, Walzmaterial
прокатка 7.2.	Walzen
промежуток	Abstand, Zwischenraum
~ времени 3. D	Zeitabschnitt
промежуточный 5.2.	Zwischen-
промышленность 1.1.	Industrie
пищевая ~ 9.3.	Nahrungsmittelindustrie
прорыв 9.3.	Bruch, Durchbruch
простой 4.2.	einfach
простой 9.3.	Stillstand
простота 9.2. C	Einfachheit
пространство 11.1., 7.3. C, 8.1. C	Raum
протечь / протекать 2.2.	fließen, durchfließen; ablaufen
противоположный 2.1.	entgegengesetzt
профилактика 8.3.	Vermeidung

17 SKA Russ. Maschb.

прохо́д 7.3. D	Durchgang, Durchlauf
проце́нт 1.3.	Prozent; Prozentsatz
проце́сс 8.3.	Prozeß, Vorgang
за́мкнутый ~10.2.	geschlossener Kreis
кругово́й ~10.2.	Kreisprozeß
в проце́ссе 4.3.	bei, während
про́чность 4.2.	Festigkeit
про́чный 4.2.	fest, stabil
пруто́к 7.2.	Stab, Stange. Stangenmaterial
пряма́я 5. D	Gerade
прямо́й 8. D	direkt; gerade
прямолине́йный 3.3.	geradlinig
прямоуго́льник 8.1. C	Rechteck
путь 3. D	Weg
путём 4.3.	auf dem Weg, durch, infolge
о́пытным путём 2. D	experimentell
пята́ 5.2.	Spurzapfen
рабо́та 1.3.	Arbeit
~, произведённая те́лом 10.2.	abgegebene Arbeit, geleistete Arbeit
~, совершённая над те́лом 10.2.	aufgenommene Arbeit, zugeführte Arbeit
ра́венство 10.1.	Gleichheit
равнове́сие 2.1.	Gleichgewicht
термодинами́ческое ~10.2.	thermodymanisches Gleichgewicht
равноде́йствующая 3.2.	Resultierende, Resultante
равноме́рный 2.1.	gleichmäßig, regelmäßig
радиоэлектро́нный 2.3.	radioelektronisch, funkelektronisch
разбира́ть 5.1.	auseinandernehmen
разбо́рка 5.1.	Auseinandernehmen
разви́ть / развива́ть 1.3.	entwickeln
разде́л 3.3.	Gebiet, Zweig, Abschnitt
разделе́ние	Teilung, Trennung
~труда́ 1.3.	Arbeitsteilung
раздели́ть / разделя́ть на что 2.1.	teilen, unterteilen
разли́чие 1. D	Unterschied
различи́ть / различа́ть 2.1.	unterscheiden
разли́чный 1.1.	verschieden, unterschiedlich
разложе́ние 3.1.	Zerlegen
разме́р 8.1.	Maß, Abmessung; Größe
действи́тельный ~8.1.	Istmaß
за́данный ~8.1.	Sollmaß
координи́рующий ~8.1. C	Koordinatenmaß
лине́йный ~8.1.	Längenmaß
наибо́льший преде́льный ~8.1.	Größtmaß
наиме́ньший преде́льный ~8.1.	Kleinstmaß
номина́льный ~8.1.	Nennmaß
преде́льный ~8.1.	Grenzmaß
свобо́дный ~8.2.	Freimaß
сопряга́емый ~8.2.	Paarungsmaß
углово́й ~8.1. C	Winkelmaß
функциона́льный ~8.1. C	Funktionsmaß

размéрность 7.3.	Dimension
размéрный 8.2.	Maß-
размещéние 1. D	Verteilung, Anordnung; Standortverteilung
разнообрáзный 6.1.	verschieden, verschiedenartig
разнорóдный 6. D	verschiedenartig
рáзность 8.1., 2.2. C	Unterschied, Differenz
рáзный 5.1.	verschieden
разобрáть / разбирáть 5.1.	auseinandernehmen
разрабóтать / разрабáтывать 6.2.	ausarbeiten; entwickeln
разрабóтка 1. D	Ausarbeitung, Aufstellung; Entwicklung
разрушéние 5.1.	Zerstörung
разрýшить / разрушáть 5.1.	zerstören
разъём 7.1. D	Teilung, Teilungsebene
разъёмный 7.1. C	geteilt; lösbar
раскислéние 4.2. C	Desoxydation, Reduktion
расплáв 7.1.	Schmelze
расплáвить / расплавля́ть 6.1.	schmelzen
расплавлéние 7.1.	Schmelzen
расположéние 8.2., 7.3. C, 8.1. C	Anordnung, Lage
расположи́ть / располагáть 8.2.	anordnen
распредели́ть / распределя́ть 2. D	verteilen
распространéние 2.3. C	Verbreitung
распространённый 6.3. C, 6. D	verbreitet
распространи́ть / распространя́ть 7.3.	verbreiten
рассéивание 8.1.	Streuung
рассмотрéть / рассмáтривать 3.3.	betrachten; untersuchen
расстоя́ние 2. D, 8. D	Entfernung, Abstand
рассчитáть / рассчи́тывать 1.2.	berechnen
раствóр 12.1.	Lösung
твёрдый ~4.3.	Mischkristall
раствори́мый 4.2. C	löslich
раствори́ть / растворя́ть 4.2. C	lösen
расти́ 7.2.	wachsen
растяжéние 7.3. D	Dehnung, Streckung; Zug
расхóд 12.1., 1.3. C	Ausgabe, Aufwand, Verbrauch; Leistung
расчёт 8.1., 3.3. C, 3. D	Berechnung
регули́рование 9.2. C	Regelung, Regulierung
рéдкий 4.2.	selten
редýктор	Getriebe, Reduziergetriebe
безлю́фтовый ~9.2.	spielfreies Getriebe
режи́м 4.3.	Regime, Bedingung, Bedingungen
~рéзания 7.3.	Schnittbedingungen
рéзание 7.3.	Schneiden, Spanen, Zerspanen
резéц 7.3.	Meißel
фасóнный ~7.3.	Formmeißel
резьбá 8.1. C, 8. D	Gewinde
тóчная ~8. D	Feingewinde
рéйка	Latte, Leiste, Stange
зубчáтая ~7.3. C	Zahnstange
ремóнт 8.1.	Reparatur

Anhang

решéние 9.2. — Lösung; Beschluß; Entscheidung
решётка 4.3. C — Gitter
род 2.1. — Art
рост 1.2. — Wachsen, Wachstum
ручнóй 5.1. — Hand-, manuell
ряд 6.2. — Reihe
  размéрный ~7.3. C — Baureihe
  ~предпочтительных чисел 8.1. C — Vorzugszahlenreihe

самопроизвóльный 10.1. — spontan
сближéние 1. D — Annäherung
сбóрка 6.1., 9.1. — Montage
сбóрочный 9.3. — Montage-
свáрка 6.1. — Schweißen
  автоматическая ~ под флюсом 6.2. — UP-Schweißen
  гáзовая ~6.1. — Gasschmelzschweißen, Autogenschweißen
  ручнáя ~6.2. — Handschweißen
  электродугoвáя ~6.2. — Lichtbogenschweißen
  ~давлéнием 6.1. — Preßschweißen
  ~плавлéнием 6.1. — Schmelzschweißen
свéдения 9.3. — Angaben, Daten
сверлéние 7.3. — Bohren
сверлó 7.3. — Bohrer
световóй 2.2. — Licht-, Leucht-
свечá 11.1., 2.2. C — Kerze, Zündkerze; Candela (cd, Grundeinheit der Lichtstärke)

свинчивание 8. D — Einschrauben, Verschrauben
свобóда 8.2. — Freiheit
свóйство 2.1. — Eigenschaft
  прóчностное ~7.1. — Festigkeitseigenschaft
  технологическое ~4.2. — Verarbeitungseigenschaft
  эксплуатациóнное ~4.2. — Gebrauchseigenschaft
связáть / свя́зывать 1.3. — verbinden
связь 1.1. — Verbindung
  обрáтная ~9.2. — Rückführung, Rückkopplung
сгорáние 11.1. — Verbrennung
сгорéть / горéть 6.2. — brennen, glühen
себестóимость 7.2. C — Selbstkosten
сéра 4.2. C — Schwefel
серебрó 6.3. — Silber
серийный 8.1. — Serien-, serienmäßig
сечéние 8.2., 7.2. D — Schnitt, Querschnitt
  поперéчное ~8.2. — Querschnitt
сжáтие 11.1., 7.3. D — Druck; Verdichtung, Kompression
сжать / сжимáть 11.1. — verdichten, komprimieren
сжигáние 11.1. — Verbrennung, Verbrennen
сила 3.2. — Kraft, Stärke
  внéшняя ~3.2. — äußere Kraft
  внýтренняя ~3.2. — innere Kraft
  прилóженная ~7.2. — angreifende Kraft

производительная ~1. D	Produktivkraft
распределённая ~3.2.	verteilte Kraft
сосредоточенная ~3.2.	Einzelkraft
электродвижущая ~2.2.	elektromotorische Kraft
~поля 2.1.	Feldstärke
~трения 5.3.	Reibkraft
~тяжести 3.3.	Schwerkraft
сильный 4.2.	stark
система 1.3.	System
гетерогенная ~10.2.	heterogenes System
гомогенная ~10.2.	homogenes System
двухкомпонентная ~4.1.	Zweistoffsystem
адиабатически изолированная ~10.2.	adiabat isoliertes System, adiabat geschlossenes System
литниковая ~7.1. C	Eingußsystem
Международная ~единиц 2.2.	Internationales Einheitensystem
однокомпонентная ~4.1.	Einstoffsystem
периодическая ~4.1.	Periodisches System
теплоизолированная ~10.2.	thermisch isoliertes System, energiedichtes geschlossenes System
термодинамическая ~10.2.	thermodynamisches System
~вала 8.2.	System Einheitswelle
~отверстия 8.2.	System Einheitsbohrung
сказаться / сказываться 4.2. C	sich zeigen, sich äußern, sich auswirken
склад 7.1. C	Lager
скользящий 8.2. C	gleitend
скомпоновать / компоновать 9.3.	zusammensetzen, zusammenstellen
скорость 3.3.	Geschwindigkeit
угловая ~5.3.	Winkelgeschwindigkeit
~резания 7.3.	Schnittgeschwindigkeit
следовать	folgen
следует +Inf. 3. D	man muß
слесарь-ремонтник 9.3.	Reparaturschlosser
слиток 7.2.	Gußblock
сложение 3.1.	Zusammenlegen; Addition
сложить / складывать 3.3. C	zusammenlegen; addieren
сложный 1.2.	kompliziert; zusammengesetzt
слой 6.2.	Schicht
служить для чего; чем 3.1.	dienen für, zu; als
случай 4.3.	Fall
частный ~10.1.	Sonderfall
случайный 8.1.	zufällig
смазать / смазывать 8.3. C	schmieren, einfetten
смена 7.2. D	Schicht; Ablösung
смесь 4.3. C	Gemisch, Mischung
стержневая ~7.1.	Kernformstoffmischung
формовочная ~7.1.	Formstoffmischung
смещение 8.2.	Verschiebung, Verlagerung, Bewegung
снабжение 12.2.	Versorgung
снижение 7.3.	Verringerung, Verminderung, Senkung, Abnahme

снизить / снижать 7.3. verringern, senken, herabsetzen
снятие 7.3., 4.3. C Abheben; Abnahme; Abbau; Aufnehmen
снять / снимать 7.3., 4.3. C abheben, abnehmen; abbauen; fotografieren
соблюсти / соблюдать 8.3. C wahren, einhalten
собрать / собирать 5.1. montieren, zusammensetzen
собственный 8.3. C eigen, Eigen-
совершение 9. D Ausführung
совершенствование 1.3. Vervollkommnung
совершенствовать 1.3. vervollkommnen
совершить / совершать 7.3. ausführen
совместить / совмещать 12.1. vereinen
совместный 9.1. gemeinsam, gemeinschaftlich
совокупность 10.2. Gesamtheit, Komplex
совпасть / совпадать 3.1. zusammenfallen
согласно 4.3. gemäß, laut, entsprechend
содержание 4.2. Gehalt; Inhalt
содержать 4.2. enthalten
соединение 5.1. Verbindung
  болтовое ~5.1. Durchsteckschraubenverbindung
  винтовое ~5.1. Schraubenverbindung
  заклёпочное ~5.1. Nietverbindung
  неподвижное ~5.1. starre Verbindung
  неразъёмное ~5.1. unlösbare Verbindung
  подвижное ~5.1. bewegliche Verbindung
  разъёмное ~5.1. lösbare Verbindung
  резьбовое ~5.1. Gewindeverbindung
  сварное ~5.1. Schweißverbindung
  шпоночное ~5.3. C Längskeilverbindung, Paßfederverbindung

  ~сваркой 5.1. Schweiß-, Löt- und Klebeverbindung
соль 6.3. Salz
соляный 6.3. Salz-
соответствие 8.3. Entsprechung, Übereinstimmung
соответствовать 7.1., 3. D entsprechen
соотношение 7.3. C Verhältnis, Wechselbeziehung
сопротивление 2.3. C Widerstand
  ~материалов 3.3. C Festigkeitslehre
сопряжение 8.2., 8.1. C Paarung, Verbindung
сопрячь / сопрягать 8.2., 7.2. C paaren, verbinden
состав 4.2. Zusammensetzung, Bestand
составить / составлять 1.2., 6.3. aufstellen, zusammenstellen; bilden, betragen

составление 1.2. Aufstellen, Aufstellung, Zusammenstellen; Ausarbeitung

составляющая 7.1. Bestandteil, Komponente
состояние 3.3., 2.2. C Zustand
состоять из 1.1. bestehen aus
состоять в чём 1.1. bestehen in
сосуд 7.2. D Behälter; Gefäß
сотая 7.1. Hundertstel

Anhang

сотру́дничать 1.3. — zusammenarbeiten
сотру́дничество 1.3. — Zusammenarbeit
сохране́ние 5.3. — Erhaltung, Beibehalten
сочета́ние 5.3. C, 6.3. C — Verbindung
сочине́ние 3. D — Aufsatz, Werk
сплав 4.1. — Legierung
  железоуглеро́дистый ~4.1. — Eisenkohlenstofflegierung
  твёрдый ~4.1. — Hartmetall
сплавле́ние 6.1. — Verschmelzen
спо́соб 4.2. — Art; Verfahren, Methode
спосо́бность 7.1. — Fähigkeit, Vermögen
спосо́бствовать чему́ 1. D, 7.1. D — beitragen, begünstigen, fördern, unterstützen

сравне́ние 8.3. — Vergleich, Vergleichen
сравни́тельно 5.1. — relativ, verhältnismäßig
среда́ 10.1. — Medium, Mittel; Umwelt
  окружа́ющая ~10.1. — umgebendes Mittel, Medium, Umgebung
сре́дний 5.2. — mittlerer, Mittel-
  в сре́днем 6. D — im Durchschnitt, durchschnittlich
сре́дство 8.3., 1.3. C, 1. D — Mittel
  ~произво́дства 9.3. — Produktionsmittel
срок 1. D — Termin, Frist
ста́дия 4.3. C — Stadium, Stufe
сталь 4.1. — Stahl
  быстроре́жущая ~4.1. — Schnellarbeitsstahl
  высокоуглеро́дистая ~4.2. — kohlenstoffreicher Stahl
  инструмента́льная ~4.1. — Werkzeugstahl
  конструкцио́нная ~4.1. — Baustahl
  леги́рованная ~4.1. — legierter Stahl
  листова́я ~7.2. — Stahlblech
  нержаве́ющая ~7.2. C — nichtrostender Stahl
  низкоуглеро́дистая ~4.2. — kohlenstoffarmer Stahl
  углеро́дистая ~4.1. — Kohlenstoffstahl, unlegierter Stahl
стан 7.2. — Walzwerk, Walzstraße
  прока́тный ~7.2. — Walzgerüst, Walzwerk, Walzstraße
станда́ртный 8.1. — Standard-, Norm-, genormt
стани́на 5. D — Bett, Ständer
станкостроениe 9.2. — Werkzeugmaschinenbau
стано́к 1.1. — Werkzeugmaschine
  зубообраба́тывающий ~7.3. C — Zahnschneidemaschine
  копирова́льно-фре́зерный ~7.3. C — Kopier-Fräsmaschine
  металлоре́жущий ~7.3. C — spanende Werkzeugmaschine
  резьбонарезно́й ~7.3. C — Gewindeschneidemaschine
  сверли́льный ~7.3. — Bohrmaschine
  строга́льный ~7.3. — Hobelmaschine
  тока́рно-винторе́зный ~7.3. C — Leit- und Zugspindeldrehmaschine
  тока́рный ~7.3. — Drehmaschine
  фре́зерный ~7.3. — Fräsmaschine
  шлифова́льный ~7.3. — Schleifmaschine
  ~с цифровы́м програ́ммным управле́нием 9.3. — NC-Werkzeugmaschine

станочный 9.3. — Werkzeugmaschinen- werden
стать / становиться кем / чем 1.1.
степень 1. D, 6. D, 7.2. C — Grad, Stufe, Maß; Potenz
~ сжатия 12.1. — Verdichtungsgrad
стержень 7.1. — Kern; Stab, Schaft
стойкость 7.3. — Standzeit, Beständigkeit
  коррозионная ~ 4.2. — Korrosionsbeständigkeit
  размерная ~ 7.3. D — Maßhaltigkeit
стоимость 2.3. C, 4. D, 7.1. D, 8.1. C — Kosten
стол — Tisch
  поворотный ~ 9.3. — Drehtisch, Schwenktisch
столб — Säule
  водяной ~ 12.1. — Wassersäule
  ртутный ~ 10. — Quecksilbersäule
сторона — Seite
  проходная ~ 8.3. — Gutseite
  непроходная ~ 8.3. — Ausschußseite
страна-член 1.3. — Mitgliedsland
стремиться к 7.1. D — streben nach, anstreben
строгание 7.3. — Hobeln
строение 4.2. — Aufbau, Struktur
строй
  общественный ~ 1.3. C — Gesellschaftsordnung
стружка 7.3. — Span, Späne
структура 2.3., 4.2. — Struktur; Gefüge
  атомно-кристаллическая ~ 4.2. — atomarer Kristallaufbau
судостроение 11.2. — Schiffsbau
сушить 7.1. — trocknen
существенный 9.1., 3.3. C — wesentlich
существовать 1.1. — existieren, vorhanden sein
сущность 11.1. — Wesen
схема 8.1. — Schema; Schaltplan; Schaubild
  ~ поля допуска 8.1. — Toleranzfeldschaubild
сходный 7.3. C — ähnlich, verwandt
счёт — Rechnung, Kosten
  за счёт 3.3. C, 4.3. C, 7.3. C — durch, infolge
считать 3.3. C — annehmen, betrachten
сырьё 1.1. — Rohstoff, Rohstoffe

твёрдость 4.2. — Härte
твёрдый 4.2. — hart; fest
текущий 1.1. — laufend
тело 3.1. — Körper
  рабочее ~ 11.1. — Arbeitsmedium, Arbeitsmittel
  твёрдое ~ 3.1. — starrer Körper
температура 4.1. — Temperatur
  комнатная ~ 7.2. — Raumtemperatur
  ~ плавления 7.1. — Schmelztemperatur
темпы 1.2. — Tempo
теория 3.1. — Theorie; Lehre
  ~ упругости 3.3. C — Elastizitätslehre

тепловóз 7.2.	Diesellokomotive
теплоёмкость 10.1.	Wärmekapazität; spezifische Wärme
теплообмéн 10.2.	Wärmeaustausch
теплопровóдность 4.2.	Wärmeleitfähigkeit
теплотá 10.1.	Wärme; Wärmeenergie
~испарéния 10.1.	Verdampfungswärme
~плавлéния 10.1.	Schmelzwärme
термодинáмика 10.1.	Thermodynamik
класси́ческая ~10.1.	klassische Thermodynamik
феноменологи́ческая ~10.1.	phänomenologische Thermodynamik
термообрабóтка 4.3.	Wärmebehandlung
тéхника 4.1.	Technik
вычисли́тельная ~9.3.	Rechentechnik
свáрочная ~6.1.	Fügetechnik; Schweißtechnik
силовáя полупроводникóвая ~2.3.	Leistungselektronik
технологи́чность 8.1. C	fertigungsgerechte Gestaltung
течéние 7.2., 10.1.	Fließen; Verlauf, Ablauf
типизáция 8.1. C	Typung
типовóй 9.3.	Typen-, Einheits-, Muster-
типоразмéр 7.3. C, 8.1. C	Typ, Typenmaß
товáры	Waren
~нарóдного потреблéния 1.3.	Konsumgüter
~широ́кого потреблéния 1.3.	Konsumgüter
ток 2.1.	Strom
переме́нный ~2.2.	Wechselstrom
постоя́нный ~2.2.	Gleichstrom
трёхфазный ~12.2.	Drehstrom
электри́ческий ~2.1.	elektrischer Strom
~проводи́мости 2.2.	Leitungsstrom
токáрный 7.3.	Dreh-
толщинá 7.2.	Dicke
~стéнки 7.1. D	Wanddicke
тóпливо 1.1.	Brennstoff, Brennstoffe
точéние 7.3.	Drehen
тóчечный 8.3. C	punktförmig
тóчка 2.1.	Punkt
материáльная ~3.3.	Massepunkt
мёртвая ~11.1.	Totpunkt
~зрéния 4.2. C, 6. D	Gesichtspunkt
~приложéния 3.2.	Angriffspunkt
тóчность 5.3.	Genauigkeit
транспортёр 9.3.	Förderer, Transportvorrichtung
шаговóй ~9.3.	Schrittförderer
трéбование 7.2.	Forderung, Anforderung
трéбуемый 7.2.	gefordert; erforderlich, notwendig
трéние 7.3. D	Reibung
трубá 7.2.	Rohr
напóрная ~12.2.	Druckrohr, Druckleitung, Steigrohr
труд	Arbeit
живóй ~9.3.	lebendige Arbeit
овеществлённый ~1. D	vergegenständlichte Arbeit

Anhang

трýдность 7.1.	Schwierigkeit
трудоёмкий 8. D	arbeitsaufwendig
трудоёмкость 8.1. C	Arbeitsaufwand
трудоспосóбность 9.3. D	Arbeitsfähigkeit
турбúна 11.	Turbine
гáзовая ~11.2.	Gasturbine
паровáя ~11.1.	Dampfturbine
увеличéние 7.3.	Vergößerung, Steigerung, Erhöhung
увелúчить / увелúчивать 1.1.	vergrößern, steigern, erhöhen
углерóд 4.2.	Kohlenstoff
угловóй 8.1.	Winkel-
углублéние 1. D	Vertiefung
ýгол 8. D	Winkel
удалéние 7.2. D	Beseitigung
удéльный 7.2. C	spezifisch
ýзел 5.3.	Baugruppe
укрепúть / укреплять 7.1. C	befestigen
улучшéние 4.2.	Verbesserung
улýчшить / улучшáть 4.2.	verbessern
уменьшéние 4.2.	Verringerung, Herabsetzung
умéньшить / уменьшáть 4.2.	verringern, herabsetzen
ýмственный 9.1.	geistig
унификáция 8.3.	Vereinheitlichung
унифицúрованный 9.3.	Einheits-, vereinheitlicht
унифицúровать 8.1.	vereinheitlichen
уничтожéние 10.1.	Vernichtung; Aufhebung, Beseitigung
упакóвка 9.1.	Verpacken, Verpackung
уплотнúть / уплотнять 7.1. C	verdichten
упóр 9. D	Anschlag
управлéние (чем) 9.1., 1. D	Leitung; Verwaltung; Steuerung
цифровóе прогрáммное ~9.3.	NC-Steuerung
управлéнческий 1. D	Leitungs-, Verwaltungs-
упрýгий 8.1. C	elastisch
упрýгость 4.3. C	Elastizität
уравнéние 12.2.	Gleichung
термúческое ~состоя́ния 10.2.	Zustandsgleichung
уравновéситься / уравновéшиваться 3.2.	sich aufheben
ýровень 1.2.	Niveau
усáдка 7.1.	Schwindung
усилúтель 9.2.	Verstärker
усúлить / усúливать 9.2.	verstärken
ускорéние 3.3.	Beschleunigung
услóвие 2.1.	Bedingung, Voraussetzung
услóвность 8.2. C	Bedingtheit; Annahme
услóвный 7.3. C	symbolisch; bedingt
усовершéнствование 11.2.	Vervollkommnung, Verbesserung
усовершéнствовать / совершéнствовать 1.3.	vervollkommnen

устанoвить / устанáвливать 8.3., 7.3. С, 8.1. С — aufstellen, festlegen; montieren, einrichten; einspannen, befestigen
устанóвка 8.1. С — Einstellung; Montage; Anlage
преобразовáтельная ~2.3. — Umformanlage
установлéние 8.3., 1. D — Festlegung, Bestimmung, Ermittlung, Aufstellen, Einrichten
устóйчивость 4. D — Beständigkeit, Stabilität
устóйчивый 4.3. — beständig, stabil
устоя́вшийся 9.3. D — herkömmlich
устрóйство 5.3. — Einrichtung, Vorrichtung, Anlage
передáточно-преобразýющее ~9.2. — Vergleicher
радиотехни́ческое ~2.1. — funktechnische Anlage
учáсток 2.3. — Abschnitt, Bereich; Strecke
учéние 8.3. — Lehre, Theorie
учéсть / учи́тывать 4. D — berücksichtigen
учёт 7.1., 3.3. С — Berücksichtigung

фáза 4.2. — Phase
заготови́тельная ~9.1. — Vorbereitungsphase
обрабóточная ~9.1. — Bearbeitungsphase
сбóрочная ~9.1. — Montagephase
фасóнный 7.2. — Profil-, Form-
фигýра 4.2. — Bild, Abbildung
физи́ческий 3.1., 9.1. — physikalisch; physisch, körperlich
фи́нишный 9.1. — Fein-, End-
флюс 6.2. — Schweißpulver; Fließmittel
форсýнка 11.1. — Düse
фрезá 7.3. — Fräser
фрéзерный 7.3. — Fräs-
фрезеровáние 7.3. — Fräsen
функционáльный 8.1. — Funktions-, Funktional-, funktionell

характери́стика 2.1. — Kennziffer, Kenngröße; Kennlinie
хладнолóмкость 4.2. С — Kaltbrüchigkeit
ход 9.1., 12.2. — Gang, Lauf; Hub
рабóчий ~9.1. — Arbeitsgang, Arbeitsspiel
холостóй ~9.1. — Leerlauf
холоднокáтаный 7.2. — kaltgewalzt, Kaltwalz-
хрýпкий 7.2. — spröde
хрýпкость 4.2. — Sprödigkeit

целесообрáзный 1. D, 7.2. С — zweckmäßig
цéлый 6.2., 1. D — ganz
цель 7.3., 1. D — Ziel; Zweck
цементи́т 4.2. — Zementit
втори́чный ~4.2. — Sekundärzementit
центр 8.3. С — Zentrum, Mittelpunkt; Spitze
цепь — Kette
внéшняя электри́ческая ~2.2. — äußerer Stromkreis; Verbraucher
внýтренняя электри́ческая ~2.2. — innerer Stromkreis; Erzeuger

Anhang 264

    за́мкнутая электри́ческая ~2.2., 9. D   geschlossener Stromkreis
    кинемати́ческая ~9. D   kinematische Kette
    электри́ческая ~2.2.   Stromkreis
цех 8.1.   Werkhalle, Abteilung

части́ца 2.2.   Teilchen
части́чно 6.2.   teilweise
частота́ 2.2.   Frequenz
часть 4.3.   Teil
    составна́я ~8.3.   Bestandteil
чертёж 8.1., 7.1. C   Zeichnung
чи́сленность 9.3.   Zahl
чи́сленный 3.1.   zahlenmäßig
число́   Zahl
    переда́точное ~5.3.   Übersetzungsverhältnis
    предпочти́тельное ~8.1.   Vorzugszahl
    в том числе́ 5.3.   darunter, unter anderem
числово́й 8.3.   Zahlen-
чистота́   Reinheit, Sauberkeit
    ~пове́рхности 7.3., 7.2. C   Oberflächengüte
чугу́н 4.1.   Gußeisen; Roheisen

шаг 8. D   Steigung; Teilung; Schritt
шату́н 11.1.   Kolbenstange, Pleuel
ше́йка 5.2.   Halstragzapfen
шип 5.2.   Tragzapfen; Stirntragzapfen
шкив 5. D   Riemenscheibe
шлифова́ние 7.3.   Schleifen
шлицево́й 8. D   Keil-, keilförmig
шов 6.1.   Naht
    сварно́й ~6.1.   Schweißnaht
    стыково́й ~6.1.   Stumpfnaht
    углово́й ~6.1.   Kehlnaht
шпи́лька 8. D   Stift; Stiftschraube
штамп 7.2.   Gesenk; Stempel; Preßwerkzeug; Stanzwerkzeug
штампова́ть 7.2.   gesenkschmieden; pressen; stanzen
штампо́вка 7.2., 7.1. D   Umformen im Gesenk, Gesenkschmieden, Pressen; Stanzen; Gesenkschmiedestück; Preßteil; Stanzteil
    горя́чая ~7.2.   Gesenkschmieden
    листова́я ~7.2.   Blechumformen; Stanzen
    объёмная ~7.2.   Massivumformen
    холо́дная ~7.2.   Kaltpressen, Kaltdrücken
штангенци́ркуль 8. D   Meßschieber
штихма́с 8.3. C   Stichmaß

эвте́ктика 4.2. C   Eutektikum
эвтекто́идный 4.2.   eutektoid
экономайзер 11.2.   Vorwärmer, Ekonomiser
эконо́мика 1.3.   Ökonomie, Wirtschaft

эконо́мичность 7.2.	Wirtschaftlichkeit, Rentabilität, Sparsamkeit
эконо́мичный 7.1	wirtschaftlich, rentabel
эконо́мия 1. D	Einsparung
эксплуатацио́нный 8.1.	Betriebs-
эксплуата́ция 10.1.	Betrieb, Einsatz
электрово́з 7.2.	E-Lok
электродви́гатель 2.2.	Elektromotor
электропри́во́д 2.1. C	Elektroantrieb
электропрово́дность 4.2.	elektrische Leitfähigkeit
элеме́нт 2.1.	Element
леги́рующий ~4.2.	Legierungselement
стано́чный ~9.3.	Werkzeugmaschinenbauelement
элеме́нты	
трансура́новые ~4.1.	Transurane
эрли́фт 12.1.	Air-Lift, Druckluftförderer
этало́н 8.1.	Normal; Eichmaß
~чистоты́ пове́рхности 8.1.	Oberflächenvergleichsstück
яви́ться / явля́ться чем 4.1.	sein
явле́ние 2.1.	Erscheinung
я́щик 7.1.	Kasten
стержнево́й ~7.1.	Kernkasten

Abkürzungsverzeichnis

АН	Академия наук	Akademie der Wissenschaften
ВМТ	Верхняя мертвая точка	oberer Totpunkt
ГОСТ	Государственный общесоюзный Стандарт	GOST
НМТ	Нижняя мертвая точка	unterer Totpunkt
ОТК	Отдел технического контроля	TKO
СЭВ	Совет Экономической Взаимопомощи	RGW
к. п. д.	коэффициент полезного действия	Wirkungsgrad
э. д. с.	электродвижущая сила	EMK
вод. ст.	водяной столб	Wassersäule
рт. ст.	ртутный столб	Quecksilbersäule
и пр.	и прочее	und sonstiges
и т. д.	и так далее	usw.
и т. п.	и тому подобное	u. dgl., u. ä.
и др.	и другое, и другие	u. a.
т. е.	то есть	d. h.
напр.	например	z. B.
см.	смотри	siehe
рис.	рисунок	Bild, Abb.
фиг.	фигура	Abb.
табл.	таблица	Tab.
стр.	страница	S.

Quellenverzeichnis

Л. Е. Алекин и др.: Общая технология металлов. Москва 1960
Н. Х. Андреев/А. И. Малахов/Л. С. Фуфарев: Новые материалы в технике. Москва 1968
В. А. Батушев: Электронные приборы. Москва 1969
А. Т. Блажкин: Общая электротехника. Ленинград 1971
В. Н. Боков: Детали машин. Москва 1964
Н. Ф. Болховитинов: Металловедение и термическая обработка. Москва 1961
М. П. Вукалович/И. И. Новиков: Термодинамика. Москва 1972
М. П. Вукалович/И. И. Новиков: Техническая термодинамика. Москва 1968
А. Г. Головинцов/Б. Н. Юдаев/Е. И. Федотов: Техническая термодинамика и теплопередача. Москва 1970
А. П. Гуляев: Металловедение. Москва 1963
В. А. Добровольский/К. И. Заблонский/С. А. Мак/А. С. Радчик/Л. Б. Эрих: Детали машин. Москва 1963
Н. П. Дубинин и др.: Технология металлов и других конструкционных материалов. Москва 1969
В. Т. Жаран/Б. Г. Гринберг/В. Я. Никонов: Технология металлов и других конструкционных материалов. Москва 1970
В. И. Золотарев: Программа экономического сотрудничества социалистических стран. Москва 1973
Н. В. Иноземцев: Курс тепловых двигателей. Москва 1954
А. С. Касаткин: Электротехника. Москва 1973
Н. А. Ковалев: Теория механизмов и детали машин. Москва 1974
Г. С. Куклин: Детали машин. Москва 1973
А. Н. Лаврищев: Экономическая география СССР. Москва 1967
И. А. Майзель: Наука, автоматизация, общество. Москва 1972
А. И. Маслов: Электронные полупроводниковые приборы. Москва 1967
И. И. Новиков/М. В. Захаров: Термическая обработка металлов и сплавов. Москва 1962
Л. Я. Папилов: Новые материалы в машиностроении. Ленинград 1967
В. К. Пенинкичиев: Металлорежущие станки. Москва 1973
К. М. Погодина-Алексеева: Металловедение и термическая обработка. Москва 1966
В. С. Попов/С. А. Николаев: Электротехника. Ленинград 1965
А. Ф. Репьях/И. А. Смирнов: Электрооборудование и автоматизация металлорежущих станков. Ленинград 1967
Э. А. Сатель: Проблемы развития технологии машиностроения. Москва 1968
М. С. Семидуберский: Насосы, компрессоры, вентиляторы. Москва 1966
В. В. Степанов: Справочник сварщика. Москва 1974
С. М. Торг: Краткий курс теоретической механики. Москва 1968
К. К. Хренов: Сварка, резка и пайка. Москва 1970
К. К. Хренов: Словарь-справочник по сварке. Киев 1974
В. М. Черкасский: Насосы, компрессоры, вентиляторы. Москва 1968
Б. Е. Черток/В. А. Пермяков: Технология металлов и конструкционные материалы. Москва 1964
И. А. Чинаев: Роторные насосы. Ленинград 1969

Anhang

Г. А. Шаумян: Комплексная автоматизация производственных процессов. Москва 1973
Г. А. Шаумян/М. М. Кузнецов/Л. И. Волчкевич: Автоматизация производственных процессов. Москва 1967
М. В. Щуров: Руководство по двигателям внутреннего сгорания. Ленинград 1955
М. С. Якобсон: Технология станкостроения. Москва 1966
А. И. Якушев: Взаимозаменяемость, стандартизация и технические измерения. Москва 1974
А. И. Якушев: Основы взаимозаменяемости и технические измерения. Москва 1968
А. И. Якушев: Справочник контролера машиностроительных заводов. Москва 1963

Плановое хозяйство № 6, 7, 8, 9 / 1974

Das Fachwissen des Ingenieurs. Leipzig 1966
H. Opitz: Allgemeine Werkstoffkunde für Ingenieurschulen. Leipzig 1966
Taschenbuch Maschinenbau, Band I. Berlin o. J.